国家自然科学基金青年项目"中国出口产品多样化路径研区域—企业协同演化视角"（批准号：41701124）

U0615799

中国出口贸易突围

走向产品多样化和市场多元化

郭　琪　贺灿飞◎著

经济管理出版社
ECONOMY & MANAGEMENT PUBLISHING HOUSE

图书在版编目（CIP）数据

中国出口贸易突围：走向产品多样化和市场多元化/郭琪，贺灿飞著 . —北京：经济管理出版社，2022.6

ISBN 978 - 7 - 5096 - 8560 - 0

Ⅰ. ①中⋯　Ⅱ. ①郭⋯ ②贺⋯　Ⅲ. ①出口贸易—研究—中国　Ⅳ. ①F752. 62

中国版本图书馆 CIP 数据核字（2022）第 119649 号

组稿编辑：申桂萍
责任编辑：申桂萍　丁凤珠
责任印制：黄章平
责任校对：陈晓霞

出版发行：经济管理出版社
　　　　　（北京市海淀区北蜂窝 8 号中雅大厦 A 座 11 层　100038）
网　　址：www. E - mp. com. cn
电　　话：（010）51915602
印　　刷：北京晨旭印刷厂
经　　销：新华书店
开　　本：720mm × 1000mm/16
印　　张：15
字　　数：229 千字
版　　次：2022 年 8 月第 1 版　　2022 年 8 月第 1 次印刷
书　　号：ISBN 978 - 7 - 5096 - 8560 - 0
定　　价：78. 00 元

· 版权所有　翻印必究 ·

凡购本社图书，如有印装错误，由本社发行部负责调换。
联系地址：北京市海淀区北蜂窝 8 号中雅大厦 11 层
电话：（010）68022974　邮编：100038

前　言

改革开放后，中国抓住全球生产转移和贸易自由化的历史机遇，实现出口规模的飞速增长，创造了国际贸易史的出口奇迹。尤其是加入世界贸易组织（WTO）后，进出口额年均增速达到22.4%，即使受到金融危机的影响，2008年之后中国的货物进出口总额的世界占比仍然持续提高，于2013年达到11.05%，跃居世界第一，并连续多年维持这一地位。出口作为驱动经济增长的"三驾马车"之一，对中国经济发展和融入全球化进程意义重大。

然而，伴随着经济的迅速腾飞和国际贸易地位的日趋重要，中国不仅面临着生产要素价格大幅上涨、技术升级困难重重、国际贸易摩擦不断加剧等多重困难和挑战，又赶上新冠肺炎疫情冲击所带来的世界经济深度衰退、贸易保护主义抬头、经济全球化倒退和国内经济下行压力加大的境况。面对如此严峻的国内国际形势，2020年5月14日，中共中央政治局常委会会议提出，深化供给侧结构性改革，充分发挥我国超大规模市场优势和内需潜力，构建国内国际双循环相互促进的新发展格局。习近平总书记也多次强调，要逐步形成以国内大循环为主体、国内国际双循环相互促进的新发展格局，培育新形势下我国参与国际合作和竞争的新优势。这是中国力求从各种重大困难挑战中突围、实现中华民族伟大复兴的重要战略调整。

在国内国际双循环体系中，国内循环虽然处于主体地位，但国际循环仍然起着带动和优化的作用，是国内循环的外延和补充（张学良和杨朝伟，2020）。中国近几十年在对外开放中获取市场、技术、资源、资金、人才等，在国际循环中实现经济的飞速发展。尽管当下国际贸易自由化受阻，但经济全球化仍然是世界经济稳定、协调、持续发展的重要条件和大趋势。中国在扩大内需、强调国内经济循环的同时，仍然需要进一步推进高水平对外开放，主动参与国际合作，提升在国际循环中的竞争力。

中国面对贸易摩擦加剧、国际市场需求下降、产品升级困难等多重压力，寻求新的出口增长路径迫在眉睫。欧美等发达国家在走出中等收入陷阱的关键时期大多经历了产品种类和市场范围的快速扩张，产品多样化和市场多元化为国家经济发展和贸易发展注入了活力。为了鼓励中国出口企业不断创新发展，党的十九届四中全会强调，拓展对外贸易多元化，实施更大范围、更宽领域、更深层次的全面开放。国务院也先后多次出台相关政策，鼓励企业扩大出口产品范围，以培育新的竞争优势，推动外贸商品结构调整。因此，通过出口多样化路径创新，促使出口稳步增长和产品技术转型升级，不仅能解决出口增长乏力的问题，还涉及中国能否摆脱中等收入陷阱、实现民族复兴的宏伟目标。

关于出口多样化的研究包括多样化水平的静态研究和多样化路径的动态研究，过去研究发现多样化水平对经济增长有显著的正向作用，但多样化的实现过程以及多样化路径是理解经济发展路径更为重要的动态研究视角，因此本书从产品和市场两个维度关注出口多样化路径，即向什么新产品、新市场进行多样化以及如何实现多样化。现有文献主要从三个方面展开：一是国际贸易研究学者基于企业与产品异质性理论，讨论企业出口产品多样化过程（或称为"产品扩展边际"），但企业不仅被置于"真空"中，忽视了空间效应的作用，而且完全理性假设也忽视了企业过去积累的经验对扩展边际的影响；二是出口溢出效应理论强调企业所面临的环境对于企业出口行为的影响，是企业出口研究的有益补充，但该理论仅停留在企业的进入退出层面，尚未用来解释企业在产品层面的多样化路径；三是演化经济地理学基于技术关联和认知邻近的视角研究区域或企业发展路径的动态演化过程，但该理论的主要成果集中在国家或区域层面，少有对微观视角的解读。此外，已有研究就企业论企业、就区域论区域，忽视了企业与区域之间相互影响、协同共生的复杂关系，缺乏企业与区域的协同演化研究。

本书从演化视角出发，以区域和企业两个尺度为落脚点，研究中国出口产品多样化和市场多元化过程及其微观机制，为解读中国出口多样化路径提供了一个重要视角。演化理论强调区域发展的动态演化过程，是解读经济空间差异的新视角（Boschma and Frenken，2006；Frenken and Boschma，2007）。该理论将区域发展视为内生和自我强化的过程，依赖历史轨迹和过去的能力，如技术、制度、劳动力和产业结构等，这个过程也被称为"路径依赖"（Path Dependence）（Martin and Sunley，2006；Boschma and Martin，2007）。

大多数实证研究通过衡量产业间技术关联度证实了区域路径依赖的存在，他们发现区域更可能受到过去生产能力的限制而发展与已有优势产业有技术关联的新产业。Hidalgo 等（2007）基于技术关联度在全球尺度上绘制出"产品空间"（Product Space），探究国家在产品空间中位置的演化。产品空间不是真的空间概念，而是产品之间技术关联度的网络图。产品空间不是均质的，有些产品与其他产品的关联较多，而有些产品较少。大多数发达国家位于产品空间的核心位置，其所生产的产品与其他产品有更密集的关联，而大多数发展中国家位于产品空间的边缘，其所生产的产品与其他产品的关联更稀疏。Hidalgo 等学者认为发达国家因为有密集的产品技术关联网络，从而有更多机会沿着密集的关联从已有产品跳跃到其他新产品的生产，但是边缘国家很难追赶核心国家，因为边缘国家专业化的产品与其他产品的技术关联度较低。也就是说，生产结构的演化受制于国家在产品空间中的位置（Hausmann and Klinger，2007）。区域与国家一样，更容易向与自身专业化产品关联度更高的产品演化，因为技术关联产品的生产所依赖的制度、劳动力、技术等要素具有极大的相似性，能够大大降低区域向新产品演化的生产成本与创新成本。如果区域的发展完全遵循路径依赖过程，那么边缘国家或区域将很难缩小与核心国家或区域的差距。

然而，路径依赖理论不足以解释近些年来一些新兴经济体的崛起，因此经济和地理学家开始关注路径突破，即区域发展路径如何突破过去生产能力的限制，实现经济飞跃。他们发现一些外生力量会导致路径突破，从世界性或国家层面的技术革新（Bathelt and Boggs，2003）、经济危机（Meyer‐Stamer，1998）到政府刺激性发展政策（Asheim et al.，2011；Cooke，2007；Boschma，2013；Guo and He，2017），都被认为是避免区域路径锁定的外生力量。以中国为例，21 世纪初的西部大开发、东北振兴、中部崛起等一系列区域均衡发展战略，为内陆地区的城市发展营造了良好的政策环境，吸引了企业向内陆地区转移，众多学者对此做了丰富的研究，也证实了区域优惠政策对吸引企业落户、拉动内陆地区 GDP 和出口增长有重要促进作用。但是此作用是否可持续尚未可知，仅从 2002~2011 年出口额的变化来看，虽然东部地区与内陆地区都在高速增长，但是内陆地区占全国出口额的比重却一直波动下降（见第四章表 4-1），说明沿海地区与内陆地区的差距不降反升，这不禁令我们反思外生力量的作用效果。

外生力量固然重要，但仍需要通过内生演化机制作用于区域经济发展。演化经济地理学强调的路径依赖始终在起作用，中国东部地区强劲的发展势头与其位于产品空间的核心位置有重要关系，多样化的关联产业使企业不仅共享上下游生产联系，而且享受技术关联带来的知识溢出与产品创新，这些优势不仅能促进新企业的诞生，也有利于在位企业的多样化发展，而新企业的出现和在位企业的多样化反过来又加强了东部地区在产业空间的核心位置。内陆地区原本发展落后，即便地方优惠政策能吸引企业落户，带来 GDP 和出口的短期增长，但如果不能从根本上改变内陆地区在产品空间中的位置、提高产业的相关多样化程度，那么落户企业是很难长期存活并进一步发展的，优惠政策没有通过内生演化机制推动经济的持续发展，路径突破可能会成为假象。因此，城市政府吸引更多的企业落户固然重要，但不能忽视企业落户后的长期发展为城市带来的内生发展动力，企业扩展的新产品和新市场都能为城市带来新的知识与技术，尤其是生产技术关联度高的产品将推动城市逐步走向产品空间的核心位置，实现真正的路径突破。学术界目前更关注企业转移或新企业进入等这些外生力量对内陆地区经济赶超的作用，却忽视了企业进入后的演化发展作为内生力量对内陆地区路径突破的重要性，因此本书从演化理论出发，关注在位企业的出口多样化过程，并尝试从微观视角解读区域与城市的内生发展路径。

本书在中国经济转型背景下，从多尺度、动态演化的视角探究中国出口产品多样化和市场多元化过程，为当前中国从复杂出口环境中突围、寻求出口增长新路径提供新思路。全书可以分为理论分析、事实描述、演化路径、机制解释四个部分，结构安排如下：

第一章"绪论"，介绍本书的研究背景。

第二章和第三章为理论分析：第二章"文献综述"，从国际贸易理论、出口溢出理论、演化理论三个方面对现有理论与实证研究进行总结与归纳；第三章"出口产品多样化与市场多元化的解释框架"，以理论分析为基础，构建"企业经验—空间溢出"解释框架，研究中国出口产品多样化和市场多元化的微观机制。

第四章和第五章为事实描述：第四章"中国制造业出口增长与结构变化"，分析了中国制造业出口增长的区域差异与产品差异，并在国家、区域和企业三个尺度上将出口增长来源分解为集约边际和扩展边际，考察中国出口增长的主要来源；第五章"中国出口产品多样化与市场多元化格局"，在不同尺度上考察静态的出口多样化水平和动态的出口多样化过程，并探究不同企业动态的贡献。

第六章和第七章为演化路径：第六章"技术关联与出口产品多样化路径"，从城市和企业两个尺度，考察产品间技术关联对中国出口产品多样化路径的影响以及不同区域所表现出来的路径差异；第七章"市场关联与出口市场多元化路径"，从城市和企业两个尺度，考察市场关联对中国出口市场多元化路径的影响以及不同区域所表现出来的路径差异。

第八章、第九章和第十章为机制解释：第八章"企业经验、空间溢出与企业出口产品扩展"和第九章"企业经验、空间溢出与企业出口市场扩展"，基于"企业经验—空间溢出"解释框架，分别从产品和市场两个维度，揭示中国出口多样化路径的企业微观机制；第十章讨论产品多样化与市场多元化之间的相互作用。

第十一章"结论与讨论"，总结全书主要研究发现，讨论企业演化路径与区域演化路径的互动关系，并指出研究不足与未来展望。

限于笔者的学识，本书研究有待进一步完善与深化。对于书中不足之处，欢迎广大读者和学界同仁批评指正。

目　录

第一章　绪论

第一节　中国出口发展阶段及出口政策的演变

改革开放前，中国的出口被国有部门垄断，高度集中的计划经济体制导致国际竞争力较低，1978 年出口额仅 99.55 亿美元，占当时世界出口额的 0.76%。[①] 改革开放以后，由于缺乏外汇储备，无法购买先进的技术和制造业装备，中国开始了持续八年的出口创汇期。由于出口产品的国际竞争力低，国家只有通过外汇留成比例、出口退税政策和国家财政补贴、奖励、拨款等政策，鼓励国有外贸企业出口创汇，实行以创汇为主的出口政策。1986 年中国出口额占世界的比重提高到 1.45%，这期间农产品和能源原材料等初级品做出重要贡献，1980 年初级品出口占中国出口总额的比重超过 50%。这一比重在之后持续下降，1986 年下降到 36.43%，与此同时，工业制成品的出口额从 1980 年的 48.1% 迅速上升至 1986 年的 63.57%。可见这一时期，中国出口产品结构已经以工业制成品为主。

1987 年开始，在中国广泛实施的企业承包经营责任制也推行到外贸企业，这一体制的推行有利于改变 1986 年以前企业过度推崇出口创汇而忽视企业效益的现状。1990 年起，国家深化外贸体制改革，逐步取消对出口企业的财政补贴，增加外汇留成比例，加大出口退税力度，由直接干预转变为政策指导。截至 1993

[①]　此处及本节中国出口额、比重等数据均根据 WTO 数据计算得出，均为出口货物总额，不包括商业服务行业出口额，为方便阅读，本节均简写为出口额。网址请见：https：//data. wto. org.

年，中国出口额增至917.44亿美元，比1978年提高了821.59%，占世界出口总额的比重也提高到2.42%。这一期间由于外汇储备的持续增加，无论是国家还是企业，都通过引进先进的技术和生产线，逐渐提高制造与出口能力。1993年初级产品出口比重降到19.53%，工业制成品比重升至80.48%，工业制成品在出口产品结构中已占有绝对优势，其中以纺织服装业为代表的劳动密集型制造业占主导，机电产品出口受到发达国家高科技发展和技术全球化的影响也逐渐崭露头角。

1994年中国拉开社会主义市场经济体制改革的序幕，建立现代企业制度，企业逐步在市场上自负盈亏。国家取消出口创汇指标等行政指令和财政补贴，进一步深化体制改革。1994年起的分税制改革，大幅度调整了财税在中央和地方之间的分配比例，一方面提高了中央的税收比重，另一方面通过建立税收返还制度，充分调动地方政府的积极性。这期间由于财政压力过大，国家调低了出口退税率，出口竞争力短期内受到较大影响。中国在1996年的出口额仅增长1.52%，占世界出口总额的比重也出现改革开放以来的首次下降，工业制成品的比重也出现首次下降，可见中国的货物出口，尤其是工业制成品的出口受到国家政策的影响较大，其对退税、补贴等优惠政策的依赖可能使产品转型升级困难。然而，除了制度红利以外，"人口红利"仍然是中国企业出口的巨大优势，这一时期产品转型的压力不大。值得一提的是，在这一时期，机电产品超过纺织服装跃居中国第一大类出口产品，尽管主要是全球价值链末端的加工和组装环节，但仅从出口产品结构上看，从劳动密集型向技术密集型为主的转变对中国出口结构转型意义重大。

1998年爆发亚洲金融危机，给中国外向型经济的增长造成巨大影响，虽然占世界出口总额的比重并未下降，但1998年中国出口额仅增长了0.50%。为了维持经济快速增长、降低金融危机带来的经济动荡，国家提出了一系列积极性贸易政策，包括提高出口退税率、拨付专项资金鼓励企业出口、提供鼓励性的金融政策等，一定程度上缓解了亚洲金融危机对出口企业的冲击。截至2002年，中国出口额增长至3255.96亿美元，比1998年提高了77.23%，当年中国出口额已经占世界总出口额的5.01%，中国在成功地应对金融危机的同时，工业制成品的出口比重也升至 89.85%。

2003~2007 年是中国出口增长的黄金时期，2007 年出口额首次突破 1 万亿美元，占世界总出口额的 8.70%。即使出口额的飞速增长使中国已经成为贸易大国，但是出口产品结构仍以劳动密集型产业以及技术密集型产业的劳动密集型环节为主，贸易摩擦逐渐增多。为了改变经济增长方式，加快贸易结构的转型升级，国家出台政策鼓励进口国内不具备生产能力的先进技术设备和关键零部件，降低初级品的出口退税，增加高科技和高附加值产品的出口退税，致使工业制成品的出口比重在 2007 年达到 93.09%，其中机械及运输设备的比重急剧增加至47.34%，化学品等产品的出口比重下降。

2008 年由美国次贷危机引发的金融危机，对全球经济产生了巨大的负面影响，国际市场萎缩，致使中国 2009 年出口额迅速下滑了 16.01%，但占世界出口额的比重仍然持续提高至 9.56%，这无疑与中国作为出口大国的产品种类相对丰富和目的国相对多样化有关。然而，沿海大批出口企业倒闭，出口额快速下降，已经威胁到经济增长。为应对危机，国家出台一系列积极的外贸政策，包括提高出口退税率、降低进口关税，同时进一步调整出口产品结构，提高资源型产品的出口关税。

2010 年中国出口额的增长率恢复至 31.30%，占世界出口额的 10.31%。出口额的快速回升使此前出现的巨额贸易顺差问题更加凸显。国家在 2010 年取消部分高耗能、高污染和资源型产品的出口退税，同时完善金融体系和财政政策，积极鼓励企业出口和对外投资。2013 年，中国基本走出金融危机困境，出口额达到 2.21 万亿美元，工业制成品占 94.03%，尤其机械及运输设备出口占47.06%，仍是中国出口的支柱产业。2013 年起，对内设立自贸试验区，推进贸易和投资自由化，对外努力开展自贸协定谈判，构建高标准自贸网络，推进贸易强国建设。

近几年，美国在贸易战中持续施压中国，全球贸易保护主义日益抬头，国际市场需求持续低迷，2020 年在全球暴发的新冠肺炎疫情使形势更加严峻，世界经济深度衰退，贸易自由化和经济全球化受到重击，国内经济下行压力加大。2020 年 5 月 14 日，中共中央政治局常委会会议提出"构建国内国际双循环相互促进的新发展格局"。同年两会期间，习近平总书记再次强调要"逐步形成以国内大循环为主体、国内国际双循环相互促进的新发展格局"。这是党中央在国内外新形势下，推动我国开放型经济向更高层次发展的重大战略部署。

第二节 中国出口多样化的重要性：现实背景

改革开放后，中国抓住全球生产转移和国际贸易规模迅猛增长的历史机遇，对外贸易快速发展，尤其21世纪初加入WTO后，进出口额大幅增长，2008年之前年均增速达到22.4%，即使2008年之后受到金融危机的影响，中国货物进出口总额的世界占比仍持续提高，从2001年的4.02%上升到2013年的11.05%，一跃超过美国，跃居世界第一，中国在国际贸易格局中的地位日益重要。

与此同时，中国外贸依存度逐渐提高，无疑增加了外部冲击的风险。根据官方统计，我国的外贸依存度从20世纪90年代的平均34.3%一路上涨，2006年达到65.2%的顶峰，虽然之后略有下降，但2011年仍高达50.1%[1]。2008年受到金融危机影响，国际市场需求直线下滑，2009年出现了改革开放以来我国出口额的第一次负增长，比2008年下降了16%，其中纺织服装业和机电行业等传统出口优势行业受到较大影响，我国经济总体增长趋势放缓。金融危机给经济增长带来严重冲击，一方面，我国出口产品主要集中于纺织服装业和机电行业，这些行业以劳动力密集型为主，可替代性强，随着中国沿海地区人口红利逐渐消失，东南亚等其他发展中国家迅速抢占市场，积极承接新一轮国际产业转移，以致中国出口锐减；另一方面，中国出口市场结构集中于少数国家，2008年美、日、韩三国占中国总出口的30%，一旦这些国家的市场突然收缩，中国贸易额必然受到较大影响。因此，出口结构单一威胁中国经济的可持续稳定增长，加速提高出口多样性是分散外部风险的必然选择。

出口结构单一也加剧了国际贸易摩擦，导致我国贸易条件日益恶化。20世

---

① 国家统计局. 中国统计摘要（2012）［M］. 北京：中国统计出版社，2012.

纪末以前，中国出口产品结构由以初级品为主转变为以劳动密集型产品为主，低廉的劳动力、优惠的出口政策和出口企业间的激烈竞争使中国出口产品的价格在国际市场上具有较大优势，导致以反倾销为主的国际贸易摩擦急剧增加，贸易条件日益恶化。出口产品种类和出口市场数量的增加有助于缓解产品集中和市场集中带来的国际关注，同时也能分散贸易摩擦导致的风险，从而改善贸易条件。

此外，改革开放早期，出口产品和市场的多样性较低，导致国内企业在出口市场过度竞争，大量资源被浪费，产品升级困难。中国出口企业集中生产低技术、劳动密集型产品，由于缺乏核心竞争力和自主品牌，为争取订单而在国际市场上打价格战，这不仅会加剧国际贸易摩擦问题，更会降低企业的利润空间，使企业没有足够的资本积累进行新产品、新技术的研发与创新，进而更依赖代工，周而复始进入恶性循环，造成资源浪费，阻碍产品与技术升级。近年来，中国持续的出口多样化过程，不仅推动了中国出口产品结构优化，而且大幅提高了产品的国际竞争力。

当下，全球性新冠肺炎疫情暴发，经济全球化遭遇逆流，国际市场需求和投资锐减，国际产业链和供应链受阻，一些国家搞单边主义，全球贸易格局和生产网络或将发生重大调整。中国正值新旧动能转换、由高速增长向高质量发展转型的重要阶段，遭遇目前国际经济金融环境动荡、国内经济下行压力加大的复杂环境，既是挑战又是机遇。新形势下，党中央构建"国内国际双循环"的新发展格局，意在"培育新形势下我国参与国际合作和竞争新优势"，推动我国开放型经济向更高层次发展。无论是全球产业链和价值链攀升，还是从贸易和科技围堵中突围，都需要中国更具战略性地进行多维出口拓展，寻求新的出口增长路径。产品多样化拓展和市场多元化拓展不仅能分散国际经济金融动荡带来的风险，而且能开拓中国参与国际循环的新平台和新路径，在激烈的国际竞争中不断提升自身竞争力，促进国内产业链和价值链在国际生产网络中不断攀升，从而实现我国经济高质量、可持续发展。

第三节　中国出口多样化的重要性：
出口增长来源的学术争论

出口额的增长对中国改革开放后的经济腾飞起了关键性作用，但是对于出口增长的来源在经济学界始终争论不断。纵观研究文献，关于中国贸易或出口的研究成果一直深受国际贸易理论与实证研究进展的影响。传统贸易理论关注贸易流量的分析，即已经出口产品的出口额变化及其结构的分析，例如亚当·斯密的绝对优势理论、李嘉图的比较优势理论、赫克歇尔—俄林的要素禀赋理论，他们从劳动生产率或者生产要素角度解释国家间的贸易流量以及贸易结构，传统引力模型从国家经济发展水平和两国间距离的角度重点解释国家间的贸易流量，这些理论与模型对解释当时的国际贸易现象做出重要贡献，但很多学者日益发现传统贸易理论无法解释现实中广泛存在的零贸易现象以及零出口到正出口的变化（Anderson and Van Wincoop，2004；Haveman and Hummels，2004）。

上述理论又被称为产业间贸易理论，强调已出口产品的贸易流量增长，此后以 Krugman 为代表的新贸易理论提出产业内贸易理论，在规模经济和消费者偏好多样性的假设下强调出口产品种类的增多对出口增长的重要作用。[1] 产业间与产业内贸易理论分别强调贸易流量和产品种类对出口的贡献，以 Melitz 为代表的新贸易理论真正从理论上将两者一同纳入解释框架，推进了出口增长二元边际的理论与经验研究。基于 Feenstra（1994）对新产品界定的开拓性研究，Hummels 和 Klenow（2005）将出口增长分解为两个来源：一是集约边际（Intensive Margins），即已出口产品的出口额增加；二是扩展边际（Extensive Margins），即新产品种类增加带来的出口额增加。[2] 前者更多体现的是出口集约化，后者体现的是出口多样化，区分两个来源对于理解出口增长路径具有重要意义（Bernard

---

[1] 后文的文献综述部分将会详细梳理国际贸易理论发展脉络及其相对应的出口增长来源研究。

[2] 因翻译不同，也有文献将集约边际翻译为出口深化或出口深度，将扩展边际翻译为出口广化或出口广度，本书采用集约边际和扩展边际的翻译方法。

et al. , 2009）。

出口增长的二元边际被提出以后，关于出口增长来源于集约边际还是扩展边际，受到了国内外的广泛关注与讨论，至今未得到一致结论。部分学者认为集约边际是出口增长的主要来源。Felbermayr 和 Kohler（2006）在国家层面定义二元边际，研究全球国家间出口的增长来源，发现 20 世纪 70 年代到 90 年代出口增长主要来源于集约边际，即已存在贸易的两国间的出口增长，但在这个阶段之前和之后均来源于扩展边际，即两国从零贸易到开始贸易带来的出口增长。Helpman 等（2008）也证实了这一个结论，集约边际是 1970～1997 年世界上 158 个国家之间贸易流量增长的主要来源。Amurgo – Pacheco 和 Pierola（2008）在 HS 六位码产品层面上对 24 个国家出口增长的分析发现，扩展边际的贡献仅为 14%，而集约边际的贡献为 86%。Brenton 和 Newfarmer（2007）在 SITC 产品层面，发现 1995～2004 年发展中国家的出口增长更多来自集约边际，扩展边际的贡献约占 20%。

另一部分学者的研究成果则支持扩展边际对出口的贡献。Evenett 和 Venables（2002）通过对 23 个发展中国家 1970～1997 年出口增长的研究，发现扩展边际十分重要，大约 1/3 的出口增长来源于地理扩展边际，即向目的国扩展。Hummles 和 Klneow（2005）利用 126 个国家向 59 个目的国出口 5000 个产品种类的数据，研究出口增长的来源，将出口增长分解为扩展边际、集约边际和产品质量的提升，结果发现大国出口增长的 60% 来自扩展边际，产品种类更多、质量更高是贸易大国的重要特征。Hillberry 和 McDaniel（2002）与 Hummles 和 Klneow（2005）的分解方法一样，研究 1993 年北美自由贸易协定实施以后美国与加拿大、墨西哥贸易增长的来源，结果发现美国贸易增长主要是由美国和墨西哥之间贸易产品种类的增加导致的，也就是说，产品多样化是贸易增长的主要原因。Eaton 等（2008）利用法国制造企业层面数据对出口增长进行不同层面的分解，发现出口额增长的大部分是已经出口的企业贡献的，但是对于初始就出口较少市场的企业，出口增长主要来源于进入新市场，也就是扩展边际的贡献。Kehoe 和 Ruhl（2013）利用北美和大多数欧洲国家的出口数据研究发现，这些国家都存在扩展边际的增长，其中还强调了贸易自由化对于扩展边际的作用尤为明显。

国内外学者也考察了中国出口增长的来源，与国际研究的结果类似，也存在较大争论。Feenstra 和 Kee（2007）研究了 1990～2001 年中国对美国出口的多样性，发现扩展边际的贡献逐年增加。Amiti 和 Freund（2010）也研究了中国出口到美国的贸易流量变化，发现在中国对美国的出口增长中，集约边际贡献了 85% 以上，而扩展边际的贡献相对小得多。大多数国内学者在企业异质性贸易理论和模型框架下的研究也发现，中国出口增长的主要来源是集约边际，扩展边际的贡献较小。钱学锋（2008）发现 2003～2006 年中国出口增长的大部分来自集约边际。施炳展和李坤望（2009）也以中国对美国出口为例，在 HS 六位码产品层面上把出口增长分解为扩展边际、已有产品出口增长以及产品价格增长，发现集约边际占中国对美国出口增长的 70%。柴华（2009）利用 Hummels 和 Klenow（2005）的分解方法，发现中国出口增长来源因阶段不同而不同，1993 年之前主要依赖扩展边际，2001 年以后主要依赖集约边际，扩展边际的变化不大。钱学锋和熊平（2010）、施炳展（2010）、黄先海和周俊子（2010）、黄玖立和徐旻鸿（2012）、陈勇兵等（2012）采用不同的分解方法均得出一致结论，即集约边际是中国出口增长的主要来源，扩展边际的比重较小。然而，钱学锋等（2013）又发出不同的声音，他们从企业多产品假定出发将二元边际扩展至企业内部，发现出口增长主要来源于扩展边际。

出口增长到底来源于集约边际还是扩展边际，上述文献分析得出了不同的结论，其原因主要有以下几点：

（1）研究的样本范围不同，可能导致结果不同。样本范围包括世界各国、区域、两国双边贸易、一国与其他国家等，一般来说，国家越多，扩展边际的贡献越大，国家越少且贸易关系越稳定，扩展边际的贡献一般越小；发达国家和发展中国家所表现出来的扩展边际贡献也不一样。

（2）产品分类不同，可能导致结果不同。产品分类主要包括不分产品类别、产品粗分类（例如 3000 个 SITC）、产品细分类（HS 六位码产品、HS 十位码产品）等。一般来说，产品分类越粗，集约边际的贡献越大，产品分类越细，扩展边际的贡献越大。

（3）研究时间阶段不同，可能导致结果不同。在自由贸易协定后贸易壁垒大幅下降的阶段，扩展边际的贡献可能更大，因为很多原来的零贸易因贸易成本降低而开始贸易，而随着贸易关系的进一步稳定，集约边际的贡献可能更大；若发展中国家的出口处于起步阶段，例如中国在改革开放以后到20世纪90年代初，原本出口产品种类较少，那么出口增长主要来源于扩展边际，而随着中国出口产品种类的迅速增多，产品类型日趋稳定，出口增长主要来源于集约边际。

（4）最后一点，也是理论发展上最重要的一点，二元边际的分解标准不同，可能导致研究结果不同。有些研究是从国家双边贸易层面分解全球贸易增长，已经有贸易关系的国家间出口增长被理解为集约边际，从零贸易关系到开始贸易的增长被理解为扩展边际，这类国家层面的粗糙分解很容易得出集约边际是出口增长主要来源的结论；有些研究从国家—产品层面将出口增长分解为已出口产品的出口额增长和新产品种类增加带来的出口额增长，前者是产品集约边际，后者是产品扩展边际；有些研究从国家—市场层面将出口增长分解为已出口市场的出口增加和新市场的出口增加，前者是市场集约边际，后者是市场扩展边际；有些研究受企业异质性贸易理论的影响，在企业层面上分解出口增长的二元边际，集约边际被定义为已出口企业的出口额增长，扩展边际被界定为新出口企业数量增加所导致的出口增长。

以Melitz为代表的企业异质性贸易理论，一直秉持着企业只生产并出口一种产品的严格假定，在此理论影响下，企业层面的分解是理解出口增长来源的最细层面。不同生产率水平的企业出口动态包括出口额增长、进入和退出出口市场，前者是集约边际，而企业的进入和退出是企业间扩展边际。Melitz（2003）认为高效率企业才能克服出口沉没成本而进入出口市场，高效率企业的进入与低效率企业的退出是资源在企业间重新配置的过程。基于企业出口单一产品的假定对出口结构进行分解并考察其影响因素和贸易利得，可能会得出与现实不符的结论，而且忽略企业内扩展边际可能导致高估集约边际的贡献（Arkolakis and Muendler，2010；Manova and Zhang，2009；钱学锋等，2013）。

产品异质性贸易理论不仅推翻了企业出口单一产品的假定，还突破了产品同质性假定，从而在理论上更能解释国际贸易中普遍存在的多产品企业的情况，并且将出口分解视角进一步深入企业内部，从企业—产品的微观视角更加细致地将出口增长分解为企业内集约边际和企业内扩展边际，前者指出口企业在已出口产品上的出口增长，后者指出口企业对新产品出口带来的出口增长。基于该理论发展，国内外学者在经验研究上也开始关注企业内扩展边际，并证明了企业产品范围调整的重要性。Goldberg 等（2010）发现印度制造业在 1989~2003 年，产出增长的 25% 来自企业内扩展边际，其贡献不可小觑。Bernard 等（2010）认为企业增加新产品或退出旧产品是企业产品范围的调整，其反映了企业对资源最优配置的追求，他们研究发现美国制造业企业的产品范围调整具有普遍性，企业内扩展边际对产出增长具有重要贡献。在多产品企业框架下，Manova 和 Zhang（2009）利用 2003~2005 年中国海关数据发现，集约边际，即旧企业旧产品对旧市场的出口对出口增长的贡献为 42%；企业内扩展边际对出口增长的贡献为 58%，扩展边际又可以进一步分解为新出口企业进入出口市场和旧企业出口新产品、新目的地，分别对中国出口增长贡献 30% 和 28%。钱学锋等（2013）利用中国海关数据挑战了"中国出口增长主要来自集约边际"的结论，发现企业内的扩展边际是中国出口增长的主要动力。

综上所述，随着国际贸易理论从传统的产业间贸易理论、以 Krugman 为代表强调产业内贸易即新贸易理论、以 Melitz 为代表的新新贸易理论直到产品异质性贸易理论，完全竞争市场、企业同质性、企业出口单一产品、产品同质性等假设被逐步放开，使经验研究中对扩展边际的定义从国家间扩展边际，到国家—产品扩展边际，再到企业间扩展边际，最后走向企业内扩展边际，定义越来越微观细致，使得扩展边际被发现是中国出口增长的主要动力。这既有利于从根本上揭示出口增长来源之谜，也有利于进一步解释扩展边际的影响因素和贸易利得，从而总结出口扩展路径的规律。前文也论述了出口扩展和多样化对降低外部冲击带来的风险、解决贸易摩擦、促进产品技术转型升级以及经济持续稳定增长都有重要意义，那么对出口扩展和多样化路径的研究在中国现实国情下就显得尤为重要。

第二章　文献综述

出口多样化研究包括多样化水平的静态研究和多样化过程的动态研究，过去研究发现多样化水平对经济增长有显著的正向作用，但多样化的实现过程以及多样化方向也是理解经济发展路径的重要视角，因此本书关注多样化过程或多样化路径，即国家、区域或企业向什么新产品或新市场进行多样化以及怎样多样化，多样化过程在国际贸易理论中也被称为"扩展边际"。国际贸易理论、出口溢出理论和演化经济地理都关注出口多样化过程①，但三者的研究视角、研究范式和研究方法差异较大，本书从这三个角度出发，梳理有关出口多样化过程的理论与实证研究成果。

第一节　国际贸易理论：企业内扩展边际

一、从传统国际贸易理论到新贸易理论

传统贸易理论假设企业与产品具有同质性，同时消费者偏好相同，那么偏好相同的消费者对于同质性产品愿意支付相同的价格，因此如果一国拥有生产某种产品的绝对优势或比较优势，其依靠较低价格可以实现出口增长的目标，这意味着传统贸易理论中的出口增长是同种产品出口额的增长，后来被称为集约边际

---

① 不同学科和理论对产品多样化过程的文字表达习惯不同，国际贸易理论习惯用产品扩展边际，而演化经济地理学习惯用产品演化，但三种表达的内涵一样，即国家、区域或企业等不同主体增加新产品的动态过程。本章文献综述遵循各学科的使用习惯。

（Intensive Margins）。传统贸易理论无法解释现实中大量存在的产业内贸易现象，Krugman（1980）用规模经济报酬递增理论来解释这一现象，国内市场规模会通过规模经济效应降低生产成本，取得出口的竞争优势。以 Krugman 为代表的学者在规模经济效应、不完全竞争与多样性消费偏好的假设下解释产业内贸易，所取得的理论成果又被称为"产业内贸易理论"或"新贸易理论"。新贸易理论认为规模经济报酬递增是国际贸易发生的基础，即便在要素禀赋、技术条件和消费者需求等方面都无差别的两国之间，也会发生贸易，因为如果一个国家某种产品的生产规模足够大，就会稀释该产品的固定生产成本，降低平均成本，使该国获得比较优势从而出口该产品。同时，发达国家具有相似的市场需求，但消费者对产品种类的偏好是多样的，这就解释了发达国家之间为什么存在产业内贸易，同时也意味着新贸易理论更强调出口增长中产品种类的重要性，这被称为扩展边际（Extensive Margins）。无论是产业间贸易还是产业内贸易，两者都有一个理论假定，即所有产品出口到所有市场，但现实中零贸易现象广泛存在，国家不可能出口所有产品到所有市场。产业间贸易强调已出口产品的出口增长，产业内贸易强调产品种类增加对出口增长的作用，直到 Melitz（2003）才真正将两者纳入同一个理论框架，被称为"新新贸易理论"。

二、新新贸易理论

Melitz（2003）放松企业同质性假设，发展了 Krugman（1980）的理论模型，引入企业异质性（Firm Heterogeneity）假设，建立异质企业动态产业模型，回答了在现实中存在的只有少数企业才能出口的现象，进而解释零出口如何转变成正出口的过程，这些在新贸易理论基础上所获得的成果被称为"企业异质性贸易理论"或"新新贸易理论"（Baldwin，2005），该理论在微观企业异质性角度所取得的理论成果开启了学术界对企业出口决定和出口表现的研究。Melitz（2003）发现只有高效率的企业才能进入出口市场，低效率的企业只能供应国内市场。不是所有企业都能够出口，因为企业向市场出口某种产品需要付出固定成本，该固定成本在企业进入出口市场以后就变成一种沉没成本，企业为了进入出口市场必须达到能够承担这种沉没成本的门槛值，否则只能供应国内市场或者直接退出市场。Melitz（2003）被认为是解释贸易成本如何影响出口集约边际和扩展边际的经典模型，它假设企业在决定是否出口时要同时面对固定成本和可变成本，当贸易自由化使贸易壁垒降低后，企业进入出口市场的门槛即固定成本或沉没成本也随之降低，使很多原本没有出口的企业在门槛值之上，从而进入出口市场，这是扩展边际所贡献的出口增长；贸易壁垒下降的同时也降低已出口企业的可变成本，使原本出口的企业获得更多的利润，这是集约边际所贡献的出口增长。因此，在企业层面可以理解为，固定成本降低所带来的出口扩展边际是指出口企业数量增加对出口增长的贡献，而可变成本降低所带来的出口集约边际是指已出口企业的出口额增加对出口增长的贡献。企业异质性贸易理论在企业层面上对出口增长的分解，有利于理解产业内企业动态对出口增长的影响。

新新贸易理论虽然放松了企业同质性假定，但仍然假定企业只出口一种产品，然而现实的国家贸易中多产品企业广泛存在。Bernard 等（2007）发现多产品企业在美国制造业出口企业中占57.8%，其出口额占制造业总出口额的99.6%。Berthou 和 Fontagné（2013）发现1998年法国多产品出口企业占所有出口企业的70%。新新贸易理论的单一产品假定只能将扩展边际限定在企业间，无法考虑企业内扩展边际，这可能导致对集约边际的高估。此外，企业内扩展边际实际上是企业对产品范围或目的地市场的调整，对于理解出口多样化的微观机制大有裨益。

Mayer 等（2014）、Bernard 等（2011）、Arkolakis 和 Muendler（2010）等在企业异质性贸易理论基础上对多产品企业假定的理论模型做出开创性贡献。他们不仅关注了企业异质性，而且考虑企业内的产品异质性，同时考虑不同市场对特定产品的偏好或在市场—产品层面具有差异的固定成本。企业生产率决定企业间的自我选择，即高效率企业因为利润较高而有能力支付沉没成本，可以出口更多种类的产品到更多的目的国市场；中等效率的企业因为只能负担国内市场的固定成本而服务国内市场；效率最低的企业因付不起国内市场的固定成本而退出市场。不同市场对特定产品的偏好决定企业内产品间的自我选择，企业会选择目的国市场偏好程度高的产品进行出口，而将偏好程度低的产品供应国内。Mayer 等（2014）、Arkolakis 和 Muendler（2010）都认为企业新增的产品种类会使企业偏离原来的核心能力，导致企业整体生产率的下降，因此企业为了扩大产品范围，不得不支付一笔额外的成本，所以只有高效率企业才有能力负担这笔额外成本从而扩大自己的产品范围。既然存在额外成本，大企业仍然选择进行出口扩展，是因为范围经济的存在，即进入出口市场的固定成本可以被多种产品分摊，也就是说，多产品出口企业在进行产品扩展或市场扩展时只需付出较低的额外固定成本，而且企业出口多样化会降低风险，避免单一产品出口增长所带来的竞争效应。

企业多产品假定使企业维度的生产率扩展到企业—产品—目的国维度的生产率，即企业内每个产品出口到每个目的国的成本以及所获得的利润都不同，因此市场均衡的结果也从企业维度的简单均衡扩展到企业—产品—目的国层面的均衡。也就是说，模型的均衡最终以不同企业出口不同产品到不同国家而告终，因此多产品企业模型框架下扩展边际的影响因素和影响机制也不同于单一产品企业模型。

将企业间扩展边际进一步微观化，进而提出企业内扩展边际是十分必要的，不仅因为企业内扩展边际和企业间扩展边际的影响因素不同，也因为影响机制不同。以贸易自由化为例，前文已经论述了贸易壁垒下降会降低固定成本，从而使出口企业数量增多，同时降低可变成本从而使已出口企业的出口额增加，两种力量同时推动出口增长。但是企业内扩展边际不同，贸易壁垒降低可能从两个方向影响企业产品范围：贸易成本下降使原本没有出口的产品种类的利润超过门槛值，企业表现为产品范围增加或产品扩展；但贸易成本下降同时会导致很多其他企业也出口该产品，激烈的竞争可能反而降低产品的盈利水平，导致企业产品萎缩。贸易自由化导致多产品企业扩大还是缩小产品范围，取决于两方面因素影响的大小以及企业自身的能力。

三、经验研究中扩展边际的影响因素

基于以上理论模型研究，学者们对扩展边际的影响因素在经验研究上取得了大量研究成果，总结起来主要包括以下几个方面：

1. 宏观贸易条件和货币政策的变化，如贸易成本的下降、汇率的变化、贸易协定等

贸易成本下降主要是贸易自由化的结果，早期研究发现，贸易自由化显著影响出口扩展边际（Eaton et al.，2004；Kehoe and Ruhl，2013；Feenstra and Kee，2007；Eaton et al.，2008）。贸易自由化对扩展边际的影响可以从固定成本和可变成本两种类型成本的变化入手进行分析，固定成本下降有利于出口扩展边际的增加（Bergin and Glick，2007），而可变成本有利于出口集约边际的增加（Kancs，2007）。此外，国内市场进入成本也对扩展边际有显著影响，即国内成本的下降促进产品种类的增加（Jones and Olken，2008；Dennis and Shepherd，2007；Persson，2008）。

货币政策对扩展边际也有显著影响。Auray 等（2008）研究发现，货币联盟通过名义利率政策使国家间经济的相互依赖程度提高，从而增加出口扩展边际。Flam 和 Nordström（2007）发现欧元的使用对制成品和半制成品的扩展边际有重要影响。Berthou 和 Fontagné（2008）利用法国数据也得出欧元显著影响扩展边际的结论。

对于自由贸易协定对扩展边际的影响，一些学者得出了明确结论。Helpman 等（2008）发现区域贸易协定使两国开始贸易的可能性提高了15%。而另一些学者发现区域贸易协定对扩展边际的影响因国家和产业的不同而不同（Subramanian and Wei，2007）。这些宏观因素多用来解释世界、区域或国家层面的出口扩展边际，通常不足以解释微观企业层面、企业—产品层面或企业—产品—市场层面的出口决定。

2. 企业层面因素，如企业生产率、组织能力、企业规模与经营持续时间等

企业层面因素是影响企业间扩展边际和企业内扩展边际的重要因素。企业生产率通常被用来衡量理论模型中的企业异质性，是企业能力的象征，在经验研究中也被广泛验证。Bernard 等（2011）发现企业生产率对美国企业的出口扩展边际有显著的正向影响。Bernard 等（2014）利用比利时企业数据发现企业生产率同时影响企业出口集约边际和扩展边际。彭国华和夏帆（2013）将2002～2006年中国工业企业数据库和海关数据库合并，在中国验证 Bernard 等（2011）和

Bernard 等（2014）的结论，发现企业生产率有利于提升企业出口扩展边际，同时还促进集约边际的增长。

企业核心能力是在产品异质性理论模型中讨论的重要概念之一。Nocke 和 Yeaple（2006）在发展多产品企业理论模型的基础上，认为组织能力是理解企业产品种类变化的重要因素之一。通过理论模型发现，企业组织能力越强，越容易生产更多种类的产品，但更多种类产品会降低其企业整体的生产率，因此产品种类较少的企业反而拥有较高生产率。Bernard 等（2011）在多产品企业假定的一般均衡模型中也印证了相似结论。贸易自由化不仅带来规模效应，即更多企业或产品进入出口市场，也导致竞争效应，迫使企业放弃非核心产品的生产，专注于自身核心能力。Iacovone 和 Javorcik（2010）利用墨西哥 1994～2003 年的企业数据，也发现自身核心能力显著影响企业产品决策，它们更容易退出不擅长的边缘产品，保留具有核心竞争力的产品。Eckel 和 Neary（2010）、Feenstra 和 Ma（2007）、Baldwin 和 Gu（2009）在理论模型或经验研究中均使用核心能力来研究多产品企业的行为。

随着数据质量越来越高和理论模型的发展，研究还发现企业出口到某国的概率也依赖于历史经验的影响。Roberts 和 Tybout（1997）、Bernard 和 Jensen（2004）通过检验过去是否出口对现在出口的影响验证进入成本的存在，他们发现过去出口经验对出口概率有重要影响。Bernard 和 Wagner（2001）在德国也发现类似结论。Sinani 和 Hobdari（2010）将现在的出口决定作为前两年出口历史的函数建立模型，发现企业的出口历史显著影响进入特定市场的概率。企业自身所积累的关于目的国市场的知识会内化于企业基因中，如果之前与该国发生过进口或出口的联系，就会增大其新产品进入该市场的概率。Muñoz - Sepúlveda 和 Rodriguez（2015）验证企业之前出口过一国会提高重新出口该国的概率。Freund 和 Pierola（2010）观察到秘鲁的出口企业如果之前有过该产品的出口经验，重新出口该产品比出口其他产品的概率更大。Iacovone 和 Javorcik（2010）用墨西哥企业—产品层面的数据发现过去的出口经验对出口产品多样化路径有重要影响。一些理论研究关注过去出口经验的作用（Freund and Pierola，2010；Albornoz et al.，2012），还有些研究探讨多产品企业和多市场企业的行为（Arkolakis and

Muendler，2010；Bernard et al.，2009；Moxnes，2010；Mayer et al.，2014；Eckel and Neary，2010），但却没有研究验证历史经验的重要性。更细致的研究来自Álvarez、Faruq 和 López（2013）的贡献，他们认为出口企业出口新产品或进入新市场并不容易，会面临一系列进入成本，如产品广告宣传、研究新市场的制度环境以及重新建立分销渠道等，他们通过对智利企业数据分析发现过去出口经验显著影响企业进入新市场或出口新产品的决策。

3. 企业—产品层面的因素

企业间扩展边际的研究限定在企业层面，所以只能关注到企业生产率、企业规模等企业特征要素，而且此类研究继新新贸易理论以来已经有十多年的发展，因此对扩展边际的企业层面影响因素的研究较多，而多产品企业模型的发展较晚，现在仍处于理论模型不断完善的阶段，经验研究对企业—产品层面影响因素的讨论较少。

四、市场扩展边际的相关研究

上述研究结论多适用于对产品扩展边际的解释，针对市场扩展边际的理论发展与影响因素研究主要围绕引力模型进行。传统引力模型认为两国间贸易流量与两国经济发展水平成正比，与地理距离成反比（Eckhardt，2002；Shenkar，2001）。Eaton 和 Kortum（2002）、Helpman 等（2008）在引力模型基础上有所发展，将地理距离扩展到贸易距离、文化距离、经济距离等多维度距离，发现母国与市场的经济、社会、教育或文化等方面的距离越近，出口的不确定性越低，成功率则越高。Tadesse 和 White（2010）用修正引力模型分析文化差异是否影响贸易流量，他们发现母国与目的国市场之间的文化差异越大，出口越少。这些模型不仅对解释国家间贸易流量有重要意义，而且对解释企业层面贸易的集约边际也有重要意义，但却因为忽视了零贸易而没有解释扩展边际的影响因素。

在引力模型的基础上，Morales 等（2011）提出"扩展引力模型"，强调企业出口市场的顺序，引力模型讨论的是市场与东道国之间的邻近，扩展引力模型讨论的是新市场与已出口市场之间的关系。Morales 等（2011）不仅证明母国与目的国之间的相似特征会影响出口市场的进入与退出，还发现出口市场扩展也依赖企业过去的出口经验，即如果一个企业出口某国，它更可能在未来出口与该国在某些方面相似或有某种关系的国家。扩展引力模型在一些研究中被验证。Albornoz 等（2012）和 Defever 等（2015）发现企业已经出口到哪儿会影响它将来出口到哪儿，这被称为顺序出口。Chaney（2014）强调企业在出口市场扩展过程中采用远程搜索模式，即在现有出口市场网络的基础上扩展新市场。

与产品适应性、营销和分销有关的出口特定知识通常是隐性知识，它们对出口成功至关重要（Johanson and Vahlne，1977；Albornoz et al.，2012；Fassio，2017）。扩展引力模型认为，一些出口商比其他出口商对于进入某些新市场有更好的准备，因为它们以前曾出口过相似的市场，已经完成了部分沉没成本。Morales 等（2011，2017）解释说，适应新市场的过程可能需要对出口产品进行调整，以使其适应新的当地需求偏好或市场环境。其他的适应成本包括在寻找新的分销商和收集有关新市场信息等方面花费的时间和资源，以及支付给具有一定技能（如语言技能）的新工人的工资。当出口商进入远离本国并与本国大不相同的新市场时，引力扩展效应可能更为显著，因为如果出口商已经进入与新市场相似的市场，则可以降低适应成本（Brancati et al.，2017）。Chaney（2014）将进入新市场的障碍称为"信息壁垒"，并指出出口商在寻找新的目的地时，尤其是在差异化商品的情况下，常常依靠其现有的外国市场网络来克服"信息壁垒"。当需求的不确定性较高且存在跨市场相关时，企业可能会逐渐进入新的目的地，以从以前的出口经验中了解邻近市场的利润（Albornoz et al.，2012）。简而言之，出口企业在扩展出口市场时很可能会遵循路径依赖的空间格局，充分利用过去的出口经验和知识。

除了扩展引力模型，一些实证研究也在探索信息对市场扩展边际的重要作用。Rauch（1999）用共同语言和殖民地联系，Freund 和 Weinhold（2004）用互联网使用率，Fink 等（2005）和 Tang（2006）用通信成本，Cristea（2011）用商务舱旅行来研究信息的重要性。最近关于顺序出口的文献强调信息的获得与学习（Albornoz et al.，2012）。受到信息重要性的启发，一些研究分析网络在国际贸易中的重要作用，他们主要关注跨国或跨区域的人种和商业网络（Rauch and Trindade，2002；Rauch and Casella，2003；Herander and Saavedra，2005；Combes et al. , 2005）。同时，社会网络和信息壁垒也对贸易有重要影响。Rauch（1999）认为信息壁垒显著阻碍贸易，将贸易产品分成差异性产品和同质性产品，然后展示地理邻近对于差异性产品贸易的重要性。尽管 Rauch 对于产品的分类已经被国际贸易研究广泛使用，但信息网络有利于克服信息壁垒的相关研究仍较少。Rauch 和 Trindade（2002）发现华人网络的存在有利于双边贸易，特别是对于差异性产品。他们认为这个发现对于研究信息壁垒有重要意义，社会网络降低了壁垒。Combes 等（2005）利用迁移和多厂家企业衡量社会和商业网络，发现社会和商业网络有利于法国国内区域间的贸易。Garmendia 等（2012）用相似的方法研究西班牙，发现社会和商业网络对扩展边际的影响大于对集约边际的影响。Burchardi 和 Hassan（2013）用东德和西德合并的自然实验，发现那些与东德有更近社会联系的西德区域在德国合并之后经历了更快的增长，为东德提供了更多投资。

第二节　信息溢出效应与企业出口

出口市场具有不确定性和未知性，企业在出口前为了准确判断出口成本和收益，需要获取关于出口的业务流程、客户偏好、竞争程度、法律环境、出口渠道等知识，从而评估自己在国际市场成功的概率。这些信息的获取需要付出一定的固定成本，企业无论能否成功进入出口市场都无法挽回这部分成本，因此这部分成本也被称为"出口沉没成本"。

出口沉没成本和市场风险是理解企业出口决定的重要视角，国家贸易理论认为，高效率企业更有能力负担出口沉没成本，而低效率企业因负担不起而无法进入出口市场。企业异质性是影响企业能否出口的重要因素之一，但并不是唯一的影响因素，假定在完全竞争市场中，企业随机分布在空间内，那么每个企业出口特定产品到特定目的国所需要付出的沉没成本理论上是一样的，此时，企业能否负担沉没成本从而出口只取决于企业自身的能力。

然而，现实中企业并不是随机或均匀地分布在空间内，空间集聚以各种形式存在，集聚带来的"知识外部性"使后进入企业可以享受先驱者的信息溢出，即使这种溢出不是先驱者的主观意愿。信息溢出使后进入企业以较低成本获取到出口市场需求、消费者偏好、出口渠道等信息，甚至可以获取到生产技术，使得集聚中的低效率企业可能比非集聚中的较高效率企业更容易出口。下文将从知识外部性的理论回顾开始，按照出口溢出效应的不同形式对相关研究进行归纳总结。

一、知识外部性理论简要回顾

知识外部性是集聚经济最主要的作用机制，是内生增长理论解释集聚、创新和区域增长的重要概念之一。Arrow（1962）最早阐明了知识累积过程。现有理论认为，知识溢出是不同主体之间通过直接或间接方式进行互动、交流而发生的无意识的传播过程（赵勇和白永秀，2009），其本质是知识的社会回报率高于私人回报率（Griliches，1992），即知识的接受者给知识创造者的补偿远小于所获得的智力成果（Caniels，2000）。

集聚经济理论和新经济地理学也强调知识溢出的重要作用。Marshall（1920）指出，企业在地理上集聚可以通过面对面的社会互动很快地传播信息，发生知识与技术外溢。Tödtling 和 Kaufmann（1999）也指出，集群的创新能力从根本上依赖知识溢出。Jaffe 等（1993）、Audretsch 和 Feldman（1996）、Acs 等（1999）从不同角度论证知识溢出的存在性，并探讨知识溢出在促进企业创新过程中的作用机理和影响因素。Krugman（1991）强调知识溢出对区域增长的作用，将知识溢出看作是集聚经济（或外部递增收益）的三个来源之一。由知识溢出带来的技术外部性使要素边际收益递增，促进企业在空间上集聚，最终实现区域经济增长。

溢出效应的大小受到地理距离的影响，知识在空间上的溢出会随着距离增加而衰减（Jaffe et al.，1993；Thompson and Fox – Kean，2005）。首先 Jaffe 等（1993）对知识溢出的地方化效应做出经济解释，随后地方化的知识溢出被许多学者验证（Rosenthal and Strange，2003；Orlando，2004）。Acs 等（2002）、Anselin 等（2000）、Peri（2005）发现经济主体之间的知识溢出受限于地理空间。

随着距离增加，组织之间的面对面交流和知识的有效传递都受到影响（Green-stone et al.，2010；Lychagin et al.，2010），但在多大程度上受限与知识的类型和传播渠道有关，可编码的知识更容易传播，而隐性知识更需要面对面交流。同样的逻辑也可以应用在出口溢出的研究上。Koenig 等（2010）将出口集聚在不同地理尺度上进行分解，发现溢出效应是高度本地化的，溢出效应的大小随着距离增加有明显的下降趋势。Aitken 和 Harrison（1999）认为外商投资者只对附近企业有正向溢出。当溢出发生以后，邻近的本土企业最先获益，然后再传播到更远的企业。这种出口溢出的地理邻近特征被很多研究证实（Aitken et al.，1997；Girma and Wakelin，2001；Kneller and Pisu，2007；Koenig et al.，2010）。

不同溢出机制受到地理邻近的影响也不同。同行业的水平溢出主要依赖示范效应和竞争效应，它们之间没有投入产出联系，所以相互间的交流以面对面交流或近距离窥探才能实现知识溢出，Choquette 和 Meinen（2014）发现企业之间空间邻近才更容易窥探竞争者的国际市场战略。而产业间联系并不必然受到地理距离的限制，因为投入产出联系本身就意味着频繁的交易，无论距离远近（Kneller and Pisu，2007；Choquette and Meinen，2014）。

出口信息溢出是在出口市场上特定的知识溢出，文献中对于出口溢出的经验研究累积了丰富成果。根据溢出的主体不同，可以分为外资企业溢出、出口企业溢出，根据溢出的客体不同可以分为特定产业或产品溢出、市场信息溢出等。下文将分别讨论外资企业出口溢出效应、出口企业溢出效应、市场信息溢出效应、进口溢出效应的相关研究成果。

二、外资企业出口溢出效应

外资企业是否会对本土企业的出口决策产生影响一直是近年来国内外学者研究企业出口决策的重要视角，也被称为 FDI 出口溢出效应。早在 1990 年，Rhee 等（1990）便引入出口"催化剂"的概念来形容外资企业对当地企业出口活动的影响。Aitken 等（1997）用大样本企业数据验证 FDI 出口溢出效应时提到一个有趣的案例，巴勒斯坦的纺织业从不出口转变为该地区主要外汇收入来源的一个契机就是一家韩国纺织企业的进入，此后导致大量本土企业开始从事纺织业出口。

FDI 出口溢出效应发挥作用的前提是知识外部性的存在，外资企业无法将知识完全隔离在组织边界之内，当知识无成本溢出时，本土企业就以廉价的方式获得了出口前需要获得的知识，从而降低出口沉没成本，提高本土企业竞争力，进而影响本土企业的出口选择。FDI 出口溢出效应的发生机制主要包括三个方面：①信息溢出效应。外资企业来自国外，天然具备一系列优势，如掌握出口渠道和消费者偏好等信息，而这些信息一旦发生外溢，就有可能降低本土企业进入国际市场的固定成本，同时也降低风险。②示范效应。除了关于市场信息溢出以外，外资企业具有较高水平的生产技术和管理经验，为本土企业提供学习和模仿的范本，从而提升本土企业生产率，进而影响企业进入出口市场的决策。③竞争效应。外资企业入驻东道国以后，其天然的信息优势和技术优势会对本土企业形成强有力的竞争，其与本土企业激烈地争夺国内外市场份额，促使本土企业努力提高竞争力，从而逐步具备参与国际竞争的能力。

除了上述三个机制以外，文献中还提到了一些其他影响机制：首先，外资企业本身具有异质性，它们并不都出口，因此为了东道国市场而来的外资企业，对本土企业的出口溢出效应有限，而为了某种或某些生产要素而来、在东道国有出口行为的外资企业通常更容易有出口溢出效应。其次，溢出效应存在地理衰减的现象，邻近的本土企业会首先受到溢出效应的影响，而距离较远的企业所得到的信息与知识会大打折扣，并且还会存在时间滞后。此外，外资企业的大量入驻，会提高本地的集聚经济效应，提高出口基础设施与生产设施、专业劳动力、生产性服务业和生活性服务业的供给数量和质量，这些集聚外部性都有利于企业降低生产成本和出口成本，影响企业的出口决策。最后，外资企业的大量进入会与本土企业争夺国内的劳动力、土地等生产要素，生产要素成本的提高会挤出低效率的本土企业，所以外资企业对本土企业的出口影响应该取决于溢出效应和挤出效应之间的净效应。

大量经验研究试图验证外资企业对本土企业的出口溢出效应，绝大多数得到肯定的答案（Ma，2006；Swenson，2008；Swenson and Chen，2014；赵婷和金祥荣，2011）。当然，实证研究中也有反例，例如，Barrios 等（2003）在西班牙没有发现 FDI 出口溢出效应，Ruane 和 Sutherland（2005）利用爱尔兰制造业数据，发现外资企业的出口密度与出口决定负相关,说明 FDI 没有明显的出口溢出效应。通过对中国的研究,Mayneris 和 Poncet（2015）发现在 1997～2007 年中国本土企业开辟新产品到新市场的能力与邻近外资企业的出口活动正相关,尤其是外资的一般贸易活动。有些国内的研究还对比了出口信息外溢、示范效应以及竞争效应三种机制的作用。赵伟和陈文芝（2008）通过对高技术行业研究,发现竞争效应在 FDI 出口溢出效应中占主导地位,其次是示范效应,信息外溢效应为负。柴敏（2006）利用中国省际出口数据,发现信息外溢效应的作用最显著。杨梦泓和刘振兴（2011）利用中国制造业企业数据发现 FDI 的竞争效应为负,信息溢出效应和示范效应为正。

三、出口企业溢出效应

最早研究出口溢出的国外文献都关注外资企业对本土企业的溢出效应,但如果外资企业不出口,只为打入东道国市场而来,就不容易溢出有关国外市场的信息,促进本土企业出口。根据国外文献的研究,FDI 溢出效应是指出口 FDI 的信息溢出,而外资企业出口是中国出口的重要组成部分,在 20 世纪 90 年代占据很大比重,但随着本土企业逐步崛起,其占比也越来越大,所以探讨出口企业的溢出效应,不能忽略本土企业作为溢出主体的作用。这里将从出口企业的溢出效应入手,而后对比外资企业与本土企业的出口溢出效应之间的差异。

上文已经提到集聚外部性也可以发生在贸易领域。空间上与其他出口企业的邻近可以降低信息搜集和加工成本,因为面对面交流是一种可靠且低成本的信息来源。企业之间频繁地交流关于特定国际市场机会、需求趋势和出口渠道等信息,可以使新出口企业大大降低出口沉没成本和风险,从而更容易出口。这种现象在国际贸易文献中被称为"出口溢出效应"（Export Spillovers Effect）。不同于外资企业溢出效应,这里强调的是出口企业之间的空间邻近所带来的知识溢出。出口企业的空间集聚有利于随时窥探竞争者的国际市场战略,面对面交流使信息流动更有效、更快速。随着距离增加,学习和模仿成本会随之增加。

国外对出口溢出的实证研究没有得出一致结论。Aitken 等（1997）对墨西哥、Malmberg 等（2000）对瑞典、Greenaway 等（2004）对英国、Koenig

（2009）对法国的研究均发现出口集聚对企业出口决定有显著正向影响，而 Barrios 等（2003）在西班牙没有找到出口溢出效应的证据，同样 Bernard 和 Jensen （2004）也没有发现出口集聚对同行业企业的出口行为有作用。

对于中国出口溢出效应的研究，早期主要跟随国外研究进展，集中于 FDI 出口溢出效应（柴敏，2006；何艳，2009；刘修岩等，2011），近年来才有国内学者开始关注出口企业集聚带来的溢出效应。赵婷和金祥荣（2011）发现出口集聚对本土企业出口决策具有显著的正溢出效应，并且这种"出口溢出效应"因出口企业所有权和行业差异而有所不同。邱斌和周荣军（2011）基于 1999～2007 年 140 多万个微观企业的数据样本，发现同类行业出口企业在空间上集聚有利于企业出口倾向的提高，且两者之间表现为非线性的倒"U"形关系。

出口企业溢出效应主要通过两种机制来发挥作用：同行业信息溢出和上下游信息溢出。信息溢出可以发生在同行业竞争对手之间，出口企业可以发出市场机会信号来实现信息外部性（Greenaway et al.，2004），如果一个企业在国外市场上获得成功，其他竞争企业会模仿它的出口战略从而降低信息搜寻成本和失败风险，这种模仿行为被 Belderbos 等（2011）证明；信息溢出也可以发生在上下游企业之间，如果下游企业具有较多出口市场的信息，在向上游订购中间投入产品时，会把产品质量、样式、技术需求和市场机会等信息传递给上游企业，从而有利于上游企业出口。

对比外资企业与本土企业的出口溢出效应，如果区分同行业溢出和上下游溢出，外资出口企业的溢出效应可能截然不同。在同行业层面上，外资企业可能对同行业潜在出口企业有溢出效应，但这种效应可能远远小于负向的挤出效应，因为外资企业具有强大的资本优势和市场优势。而与外资企业相比，本土出口企业在拓展出口渠道、业务流程、了解客户偏好、熟悉法律环境等方面更容易被模仿，所以对潜在出口企业有更明显的示范效应和信息溢出。因此，对同行业而言，本土出口企业的溢出效应可能更大。Greenaway 等（2004）建立理论模型，将外资企业的示范效应、出口信息外溢以及竞争效应分别予以模型化，并以 1993～1996 年英国 3662 家企业数据为样本，实证检验外资企业对英国企业的出口概率及其出口倾向的影响，发现示范效应、出口信息外溢和竞争效应都显著为正，其中竞争效应影响最大。Fernandes 和 Tang（2014）不仅发现企业做出口决定时能够学习邻居的出口经验，还发现邻居是本土企业比是外资企业的溢出效应大，这可能说明外资企业更有能力将知识内部化，限制其溢出，也可能说明外资企业与本土企业之间的信息交流较少。他们还发现企业既能从同城市的邻居中学习，也能从同省其他城市的邻居中学习。

与同行业相比，外资企业溢出效应可能更多体现在上下游企业间。外资企业在向上游本土企业进行中间品采购时，会泄露出口市场的消费者偏好和市场需求，同时本土企业为了满足外资企业的高要求，不得不在外资企业的帮助下采用更先进的生产技术和管理方式，因此无论从市场信息还是生产技术与管理制度方面，本土企业在外资企业的溢出或帮助下能够做好出口准备；另外，外资企业通过向下游本土企业提供高质量的中间品以及专业化服务，提升本土企业生产效率以及产品质量，会大大提高这些企业产品进入国际市场的概率。Kneller 和 Pisu（2007）构建了一个同时包含水平关联、前向关联与后向关联三个机制在内的FDI 出口溢出模型，利用英国企业数据研究 FDI 对英国本土企业出口概率的影响，发现水平关联机制和后向关联机制是影响本土企业出口决策的主要渠道。何艳（2009）对中国 2001～2005 年制造业企业的研究发现，FDI 出口溢出效应因溢出对象的所有制不同而不同，私营企业受到出口溢出的影响大于国有企业；她还发现 FDI 溢出效应也因 FDI 类型不同而不同，以海外市场为导向的 FDI 一般通过前向关联和水平关联发生出口溢出，而以国内市场为导向的 FDI 则通过后向关联和水平关联发生出口溢出。Anwar 和 Nguyen（2011）研究发现 FDI 可以借助水平关联和前向关联提高越南本土企业的出口概率。

四、市场信息溢出效应

企业出口选择有两个关键维度——产品和市场，因此，除了选择什么产品出口以外，产品出口到哪里也是出口决策的重要方面，同时，企业进入新市场在出口增长中的贡献也非常重要。Zahler（2007）发现发展中国家产品进入新市场对出口增长的贡献高达 37%，远远超过新产品对出口增长的贡献。因此，出口市场是企业出口研究不容忽视的维度。目的国的市场特征在很多方面都表现出差异，如市场发展程度、政治稳定性、消费者偏好、法律制度和贸易政策等。因此，出口决定显然受到目的国市场的影响。出口市场所带来的不确定性和风险使企业不得不在出口前获取市场信息，为此所付出的搜寻成本是企业出口沉没成本的重要组成部分（Melitz，2003；Das et al.，2007；Morales et al.，2011）。

如上文所述，外部性是低成本获取目的国市场信息、克服沉没成本的途径，因此逐渐有研究将出口企业集聚的溢出效应细化到出口市场维度集聚的溢出效应。Albornoz 等（2012）指出企业进入出口市场所面对的不确定性是理解出口模式的关键，通过建立模型进一步发现，出口企业的确能够从信息溢出中获益，降低沉没成本，进入出口市场。Koenig（2009）和 Koenig 等（2010）指出企业出口在获取市场信息时所要付出的沉没成本随着出口到此国的企业数量增加而递减，并用法国出口企业数据证明市场信息溢出效应的存在。Maurseth 和 Medin（2016）发现有关市场信息的沉没成本受到溢出的影响，并指出其他出口企业所拥有的市场知识可以溢出给潜在出口企业从而降低出口成本。Sinani 和 Hobdari（2010）构建模型，将现在的出口决定作为企业过去两年出口历史的函数，发现沉没成本、企业特征和来自邻居的知识溢出是解释出口决定的主要因素。Krautheim（2012）发现出口同一市场的企业之间频繁的信息交流能够降低固定成本，提高出口概率。Silvente 和 Giménez（2007）对西班牙、Cassey 和 Schmeiser（2011）对俄罗斯的研究均发现市场集聚的正向作用。Ramos 和 Moral – Benito（2018）通过对西班牙的数据进行分析，发现出口同一市场的企业集聚会提高其他企业进入该市场的概率，同时也降低退出概率。Muñoz – Sepúlveda 和 Rodriguez（2015）发现市场之间地理距离和其他企业知识溢出有利于企业进入新出口市场，还发现两者的影响都小于历史经验的影响。

五、进口溢出效应

内生增长模型认为进口是经济长期增长的一个渠道，因为进口可以为国内企业提供必需的中间要素和外国先进技术（Coe and Helpman，1995）。进口作为一种媒介，可以使国外研发知识从发达国家向发展中国家转移（Lawrence and Weinstein，1999）。

一国的生产结构不仅受到自身历史的影响，同时也嵌入在与其他国家的关系网络中（Boschma and Capone，2016），这些关系能够影响多样化过程的方向和强度。出口学习效应和进口学习效应是国际贸易领域的重要研究成果之一。在实证研究中，宏观尺度的研究关注贸易对国家（Singh，2010）或区域（Boschma and Iammarino，2009）效率和经济增长的影响，他们观察到学习效应对多样化过程的解释力。

　　进口溢出效应一般有两种渠道：一种是通过间接学习获得技术转移或溢出（Castellani et al.，2010；Bas and Strauss－Kahn，2014）；另一种是通过需求效应降低中间投入成本（Boschma and Capone，2016）。学习效应是指企业通过进口可以接触到多样化且高质量的中间投入品，能力较强的企业通过接受知识溢出效应并进行自主研发，可以仿照甚至创新出该种进口产品，能力较弱的企业即使不具备研发实力，通过挖掘产品特征也可以仿照出低技术产品，从而实现自身的产品扩展。需求效应是指某产品大量进口说明这个产品是该国或该企业高度需求的中间产品，国家或企业为了降低生产成本和进口风险，更有动力生产并出口该产品，如果以前没有生产经验，则需要重新培养生产能力，但若遭遇激烈的国际竞争，这个新产品的开发和出口过程会更加艰难（Boschma and Capone，2016）。

　　进口溢出效应因国家或企业的吸收能力不同而不同。欠发达国家没有明显从进口溢出中获益，而发达国家更容易获取进口溢出。Boschma 和 Capone（2016）发现欧盟国家有较强的能力通过进口学习效应，开发进口相关产品进行出口，而经济欠发达的欧洲睦邻政策国家则不具备这样的吸收能力或转化能力，出口的产品与进口无关。

第三节　演化经济地理：技术关联与产品演化

一、演化经济地理

21 世纪以来，经济地理学者吸收演化经济学的经典理论与分析框架，逐渐提出演化经济地理理论，将时间与空间要素内在地联系起来，从历史角度研究经济活动空间分布的渐进演化机制（刘志高等，2005）。演化理论的研究框架主要有三个来源——广义达尔文主义（Generalised Darwinism）、复杂性理论（Complexity Theory）、路径依赖理论（Path Dependence Theory），其中基于路径依赖的演化理论是演化经济学理论的重要组成之一，其从历史维度解释经济增长，强调偶然性、自我强化和锁定的重要作用。这种将历史纳入区域发展分析框架的路径依赖理论是演化经济地理学最受关注的理论框架，研究者认为经济系统并不趋近于单一均衡状态，而是一个开放的系统，其演化依赖于系统过去的发展路径，即使新路径也是源于已有路径的发展，因此经济系统的发展路径是内生的过程，而不仅仅因为外生的冲击。演化经济地理学涌现出大量的理论与经验研究成果，包括产业集群的形成与演化（刘志高等，2011；王周杨等，2013）、企业网络演化（Hagedoorn，2002）、制度与企业惯例的协同演化（Nelson，1994；Schamp，2010）以及区域产业衍生与区域弹性（Frenken and Boschma，2007）等，其中，技术关联与产业演化路径的研究是近年来演化经济地理学发展最为迅速的分支之一，引起了学术界的广泛讨论，其重要贡献是通过重新探讨知识溢出和知识创造的路径挑战了集聚外部性的经典理论。

经典集聚经济理论认为，企业间的地理邻近有利于知识溢出和创新，但对于集聚外部性到底来源于同一行业（马歇尔—阿罗—罗默外部性，简称 MAR 外部性）还是不同行业（雅克布斯外部性）始终没有定论（Beaudry et al.，2009），这可能与知识溢出的本质和范围有关。演化经济地理学通过引入技术关联（Technological Relatedness）和相关多样性（Related Variety）的概念，打破了MAR 外部性和雅克布斯外部性的两分法（Frenken et al.，2007；刘志高等，2016）。已有研究认为，不同行业之间存在认知距离，知识不会在任意两个行业间无障碍地溢出，企业之间认知距离太远则存在沟通障碍，认知距离太近则不能给对方带来新的信息或知识，从而容易产生路径锁定，只有认知距离处于合适区间，才能促进产业之间的学习过程和知识溢出（Nooteboom，2000），因此，集聚外部性既需要行业多样性，又需要行业间存在技术关联。

技术关联是现阶段演化经济地理学的重要概念，是认知距离在实证研究的进一步发展。21世纪初，Boschma、Frenken、Rigby等学者打破了城市经济学、经济地理学以及创新研究从地理邻近角度对经济增长的传统解释，从认知距离角度强调技术关联对区域内生增长路径、产业演化和创新路径的解释力，不仅对演化经济地理学的快速发展有重要贡献，而且对知识溢出和集聚经济的研究也有十分重要的意义。我国正处在经济转型的关键时期，基于演化经济地理学探究技术关联如何通过产品创新和演化来开拓新的增长路径，对我国出口增长路径的探索有重要意义。

本节试图在演化经济地理学的视角下，厘清技术关联的概念及其对产品演化的微观机制，进而在不同尺度上对相关实证研究进行梳理，并探讨技术关联对中国产品演化的影响。

二、技术关联：概念与测度

在经济地理学领域，认知距离与地理距离相对应，是指异质性个体之间在知识和能力方面的邻近程度（Cantner et al.，2010）。认知隐藏在个人的大脑中或组织的记忆里，其内涵丰富且很难测量。技术关联是认知邻近在产品层面的表现，是实证研究中用来验证认知邻近的重要概念。技术关联通常被定义为两个产业或产品之间在生产技术、管理机制、生产要素、基础设施等方面的相似性（Hidalgo et al.，2007；Neffke et al.，2011；Boschma et al.，2013）。按照这一定义，技术关联中的"技术"是一个更广义的概念，更接近在理论中探讨的认知邻近，也是Hidalgo共存分析法背后的理论支撑，在测度上更容易实现（Hidalgo et al.，2007；Boschma et al.，2013），后文将具体阐述。

（一）技术关联的重要性

技术关联之所以重要，可以从两个方面来理解。首先，从知识溢出角度看，认知距离与技术关联挑战了知识外部性的经典研究成果。大量研究已经证明，知识外部性导致经济活动在空间上趋于集聚（Jaffe et al.，1993），从而促进经济增长。经典的知识外部性理论认为，企业在地理上邻近，管理者或员工通过面对面交流相互学习，从而实现知识溢出，但最近创新理论和演化经济地理学发现，即使产业或企业在地理上邻近，也不一定能产生知识溢出。认知距离对知识溢出也有一定约束作用，因为不同的产业或企业在生产技术、管理经验等方面拥有不同的知识积累，认知距离的远近直接影响知识溢出的效果（Nooteboom，2000）。自从 Boschma（2005）开始，越来越多的研究证实企业之间的认知邻近比地理邻近对知识溢出的影响可能更重要。

其次，从技术创新角度看，产业或企业的技术创新不是随机的，而是受到认知邻近的约束。一方面，技术创新往往需要花费大量沉没成本，同时面临较高风险，企业为了节约成本和降低风险，一般会选择整合现有的技术、知识、资产、生产能力等资源，向认知距离较近的产品进行演化，即使不考虑成本和风险，企业想要在认知距离较远的产品上有突破，其本身的成功率也较低；另一方面，创新不是凭空的，通常是相似知识或技术的重新组合，认知邻近恰恰为这种创新创造了机会（Nooteboom et al.，2007）。

技术关联概念的出现及其对认知邻近的强调，突破了传统的知识外部性理论和创新理论对产品演化路径的解释。技术关联中的"关联"不仅可在横向空间层面来理解，即知识溢出过程中技术关联所起的作用，也可从纵向时间层面来阐释，即技术创新过程中创新主体对历史路径的依赖，因此技术关联为演化经济地理学所强调的时间与空间的统一也做出了重要贡献。

（二）技术关联的测度方法

20世纪末之前，演化经济地理学主要停留在理论分析与案例研究，技术关联概念的出现及其测度方法的创新，使历史维度可以作为一个变量进入计量经济学模型，大大推动了演化经济地理学实证研究的发展。产品技术关联的测度方法对于演化经济地理学者来说始终是一个挑战，随着这个难题被逐步解决，有关技术关联的研究成果迅速增加。总体来说，在文献中有三种方法测度产业或产品间的技术关联（Neffke and Henning，2013；Essletzbichler，2015）。

第一种方法基于标准行业分类（Standardized Industrial Classification，SIC），将产业划分为不同等级、相互嵌套的系统，也就是标准行业分类的"位数"，不同的位数代表不同的等级，如果两个产品属于共同的上一级分类，就定义它们为技术关联，否则定义为技术相关。此方法被 Caves（1981）开发，由于操作简单而被广泛使用（Frenken et al.，2007；Boschma et al.，2009），同时也因为缺乏理论依据而受到质疑，因为它忽略了不在同一行业大类的产品由于投入—产出联系或跨行业的知识溢出也可能存在技术关联（Essletzbichler，2015）。

第二种方法关注产业生产过程，通过计算不同产业所使用资源的相似性来衡量技术关联。Lemelin（1982）、Fan 等（2000）和 Guo 等（2016）使用投入产出表计算不同行业在投入结构上的相似程度①，Jaffe（1989）、Breschi 等（2003）则利用专利数据来测度两个产业所使用专利的相似程度，而 Chang（1996）和 Farjoun（1998）关注人力资本，测度不同产业所使用的劳动力在技能上的相似程度。这种方法假设如果两个行业有相似的资源投入，它们就更可能有相似的生产技术。然而，不是所有资源在所有行业都同等重要，这种方法会导致技术关联的计算结果有偏差，如基于专利的指标只适用于计算技术密集型产业，基于上游产品的指标一般只适用于制造业而不是服务业（Essletzbichler，2015）。

第三种方法是基于共存分析来测度两种产品的技术关联，尤其是国家层面的共存分析是目前应用最广泛的方法。Hidalgo 等（2007）假设如果两种产品高频率地被同一国家生产，说明这两种产品共享相似的制度、基础设施和生产要素组合②，所以他们计算两种产品同时被同一国家出口的条件概率来测算产品间技术关联，随后有很多学者仿照这一思路计算两种产品同时被同一城市或同一省份生产的条件概率来近似测算产品关联或行业关联（贺灿飞等，2016；Guo and He，2017）。这种方法的优势在于只要有某种产品层面的生产地理数据，就可以计算该产品层面的技术关联，不再受到投入产出数据的限制。但是这种在地理尺度上计算产品共存的条件概率也有缺陷，因为被同一城市高概率地出口或生产，可能是因为需要共享除技术以外的其他生产条件，如制度、土地和基础设施，因此计

---

① 公式如下：$\omega_{ij} = \dfrac{\sum_k \alpha_{ik} \times \alpha_{jk}}{\sqrt{(\sum_k \alpha_{ik}^2 \times \sum_k \alpha_{jk}^2)}}$，其中，$\alpha_i$ 和 α_j 分别是产业 i 和产业 j 投入系数的矩阵，k 是第 k 个投入产品，ω_{ij} 越接近 1，两个产业间的技术关联越大。

② 公式如下：$\varnothing_{ij} = \min\{P(RCA_{c,i} > 1 \mid RCA_{c,j} > 1), P(RCA_{c,j} > 1 \mid RCA_{c,i} > 1)\}$，其中，$RCA_{c,i} = \left[\dfrac{x(c,i)}{\sum_i x(c,i)}\right] / \left[\dfrac{\sum_c x(c,i)}{\sum_{c,i} x(c,i)}\right]$，$c$ 和 i 分别代表国家和产品，x 是出口额，$RCA_{c,i}$ 表示 c 国出口 i 产品的比较优势。

算出来的条件概率不能准确地衡量出技术关联。

与城市相比，企业才是最微观的生产主体，将共存分析的尺度从国家或地区细化到企业层面，测量技术关联的准确性和严谨性将得到很大程度的提高。如果两种产品高概率地被同一生产企业生产，说明这两种产品对企业的生产技术、劳动力资本组合、劳动力素质等有相似的要求。这种在企业层面用共存分析的思路计算技术关联的方法最早被 Teece 等（1994）提出和使用，与之前的方法相比虽然更严谨和准确，但这种方法也存在一些问题：一方面，Teece 等无法处理条件概率的不对称性，而且只计算了两种产品在同一企业共存的频数而非概率，频数受到行业规模（行业内企业数量）等影响较大；另一方面，企业—产品层面的数据难以获得，使企业层面的共存分析方法目前没有被广泛采用。如果未来能够综合 Hidalgo 等（2007）和 Teece 等（1994）的优点，在企业层面计算两种产品被同时生产的条件概率，将是技术关联测度方法的重要进步。

三、技术关联影响产品演化的微观机制

企业是产品演化的微观主体，无论是宏观层面还是中观层面的产品演化，归根结底都来源于企业的产品演化。根据演化经济地理理论，企业的产品演化一般遵循路径依赖过程，即企业更容易生产与过去产品有关联技术的新产品，因为技术关联意味着新产品与旧产品有相似的生产要素投入比例、共享生产设备及管理经验，使新产品一旦开始生产就享受着技术与信息的外部性和企业规模经济或范围经济，从而降低生产成本，提高市场竞争力和存活率。企业资源观点（Resource – Based View，RBV）是企业产品演化的重要理论视角，起源于 Penrose（1959），Teece 在此基础上，对企业产品的演化路径做了更深入的理论探讨（Teece，1982；Teece et al.，1994）。

（一）多余资源、可转换性与静态视角

RBV 是围绕着"多余资源"（Excess Resources）展开的。因为资源的不可分割性，企业内通常都拥有"多余资源"，即未被现有生产活动充分利用的剩余资源，多余资源不仅可以是生产设备、配送系统等硬件资源，也可以是劳动力、生产技术、管理制度等软件资源，还有些学者认为多余资源可以是企业在"干中

学"过程中所累积的产品与市场知识。多余资源是 RBV 的核心概念，RBV 认为新古典理论无法解释企业产品演化行为，新古典理论中企业面对无限技术和市场，具有无限理性和完全信息，交易成本为零的假设使企业没有理由采用多产品结构，因为市场的零交易成本使企业通过市场合同可以共享任何投入和服务，即使对于不可分割资源，企业也可以通过租赁等形式与市场上其他企业共享"多余资源"（Teece，1980）。

除了不可分割性，企业资源通常还具有可转换性。过去的生产与销售活动使企业逐步成长为一系列技术、资产、组织惯例和能力等资源的集合，是企业的核心竞争力，这些资源不仅适用于生产某一种产品，通常也可以用于其他类型产品的生产活动，这就是企业资源在不同产品之间的可转换性。当企业向新产品演化时，如完全重新购置物质与人力等各种资本需要付出较大成本，但如果充分利用企业已有综合生产能力，将大大降低生产范围改变的机会成本（Penrose，1959）。这种综合生产能力是信息加工不是电脑，是奶制品不是奶酪或黄油，是农用机械不是拖拉机或收割机，是时间测量不是钟表，它是企业向关联产品演化的重要基础，同一种企业能力可同时生产多种类型产品，通常这些产品技术关联度较高。

（二）组织学习与动态视角

利用已有企业能力是从静态视角解释企业产品演化的原因，但企业能力在企业的"干中学"（Learning by Doing）过程中会发生动态变化，因此从学习的动态视角解释企业产品的演化十分必要。学习是一个复制和试验的过程，反复试验中积累的知识使任务可以完成得更快更好，也可以发现新的生产机会。组织学习有两个关键特征（Simon，1991）：首先，组织学习的主体是组织而非个人，组织学习本质上是社会和集体行为，不仅有个人的模仿和学习，也有解决复杂问题时的组织沟通与合作，所产生的知识被 Nelson 和 Winter 称为"组织惯例"（Nelson and Winter，1982），是组织运行的标准和规则，隐藏在组织行为中，不能被完全编码和表达，既包括生产知识，也包括管理知识，这类隐性知识是在特定的外在环境和企业内部环境中通过"干中学"所累积的，构成了企业独一无二的核心竞争力。这些知识嵌入在企业组织内，不会因为某个员工的离开而轻易被模仿，也不会因为某个员工的进入而轻易改变。

其次，组织学习是日积月累的，现在所学的是基于之前的知识储备，重新学习需要付出转换的机会成本。知识邻近是学习发生的前提，学习过程既可以是无意识的，也可以是有意识的（Breschi et al.，2003）。无意识的学习是因为知识外部性的存在，企业间的合作和劳动力流动都会导致知识的溢出。有意识的学习过程是指企业有目的地开发与以往技术关联的新技术，因为企业面对不确定性和信息不完全性，并不能找到利润最大化的选择，因此企业通常是有限理性的，即开发与自己擅长领域相似的技术或产品，利用知识的相似性降低问题解决的难度和成本（Nelson and Winter，1982；Dosi，1997）。学习是一个尝试、反馈和评价的过程，这一过程深深依赖于过去的积累。管理者与技术开发者的认知局限也是企业路径依赖的原因，不仅因为技术变化和市场演化动态比较复杂，也因为这种动态的跨产业差异非常显著（Teece et al.，1994）。技术创新是组织学习的最高表现，创新过程需要来自相关领域的灵感，如果某技术的研发走入死胡同，它可从其他相关领域获得灵感，获得灵感的可能性取决于这个技术与其他领域的关联程度，关联的领域越多则出路越多。因此，从学习的动态视角看，企业产品演化过程通常是路径依赖的，即沿着关联产品演化。

四、实证研究进展

技术关联越来越多地被经济学家和演化经济地理学家用于解释国家、区域和企业等不同层面的产品演化规律，在不同尺度上发现技术关联对于产品演化具有显著影响。

（一）国家层面的产品演化

技术关联对国家产品演化的作用之所以重要，是因为关联产品对劳动力、土地、资本、技术、制度等有相似的要求，因此国家更容易向优势产品的关联产品演化。Hidalgo 等（2007）用技术关联和路径依赖解释了南北差异持续存在并在日益扩大的原因。他们采用国家层面的世界贸易数据计算产品间技术关联程度，并绘出"产品空间"，即产品间关联程度的网络图，然后用产品间技术关联度在空间单元加权计算出某产品与某国家的技术距离，发现新产品与国家"技术包"的距离越近，国家越容易专业化于这种新产品。所谓技术包就是这个国家所具备的技术能力，例如在文化、制度、基础设施及其他生产条件等方面有比较优势，如果新产品所需要的生产条件与某国家所能提供的越近似，其出现的概率就越大。发达国家专业化于产品空间中的核心产品，更容易通过密集的产业联系而发展距离较近的产品，从而实现结构转变；而发展中国家则专业化于边缘产品，与其他产品的距离较远，很难实现区域产品更新，他们以此来解释全球经济持续不平衡现象。

Hausmann 等（2007）、Hidalgo（2009）进一步用产品空间研究比较优势的演化，也发现产品距离在国家或区域的产业结构演化中发挥着重要作用，即新产品与已有产品之间技术关联程度越高，企业越容易向这种新产品跳跃。例如一个国家在出口苹果上具有比较优势，那么它所具备的条件——例如土壤、气候、地形、技术、劳动力、基础设施甚至制度和法律等——用来出口梨的可能性非常大，因为转换成本低，技术上易实现，且风险也更小。Hausmann 等（2010）将这些不可进行贸易的生产要素定义为"能力"，如果这些生产要素可以无成本进行贸易，企业在任何地方都可以获得所需生产要素，新产业的出现就是随机的。但现实并非如此，基础设施、技术、人力资本、制度或法律规范等要素具有本地化特征。如果一个国家具备一个新产业所需要的大多数条件，这个新产业出现的概率就会大大提高。换句话说，一个国家的产品演化路径依赖于他已经具备的技术基础和生产能力，它更容易向技术关联度高的产品转化。

路径依赖对产品演化过程的影响因国家能力不同而不同，发展中国家通常没有能力向与自己生产结构不相关的产品进行演化。国家不仅受自身生产结构的影响，也受到与其他国家关系的影响，如地理邻近、政治关系和国际贸易进出口联系等。依赖于这些国际网络因素实现路径突破是发展中国家摆脱贫困魔咒的途径之一（Boschma et al.，2016）。

（二）区域层面的产品演化

除了国家层面，技术关联对区域层面产品演化路径的作用被更多的实证研究所证实。即使在国家内部，很多能力在区域间也很难流动，因此区域若要向新产品演化，也需要具备与该产品相关联的技术基础和生产能力。位于产品空间边缘的区域因为缺乏必要的关联，很难向更核心的产品演化。Boschma 和 Frenken

（2012）将区域产业发展描述为一种由区域内已有产业衍生出关联产业的"分化过程"（Branching）。Neffke 等（2011）系统研究了区域产业演化的过程，发现瑞典的区域产业演化显著遵循着路径依赖过程，即与区域生产能力有较高技术关联度的新产业更可能进入该区域，技术关联越弱的产业，退出区域的可能性越大。Essletzbichler（2015）利用美国大都市区数据证明了 Neffke 等人的结论。Boschma 等（2013）不仅验证了 Neffke 等人的结论，还进一步发现区域层面的技术关联比国家层面的技术关联对西班牙区域产业演化的影响更大，这说明这些技术能力跨区域流动并不容易，本地化特征更显著。

经济地理学领域有大量文献强调区域能力对于区域竞争力的重要性（Storper, 1995；Lawson, 1999；Maskell et al., 1999；Maskell, 2001）。Storper（1995）提出"非贸易相互依赖性"（Untraded Interdependecies）。例如本地化的技术与传统，这些因素在全球化背景下对区域竞争力的作用越来越大。Maskell 等（1999）提出"地方化能力"（Localized Capabilities），是指知识、技术、制度环境等在区域或地方累积或沉淀的一系列能力的总和。这些地方化能力是高度隐性的无形资产，不容易被其他区域模仿，这些能力需要长期积累，既不能在市场上买卖，也不能通过公共政策干预而被轻易设计（Gertler, 2003）。因此，区域更倾向于沿着特定的历史轨迹演化，这个过程也被演化经济地理学称为"区域路径依赖"。在实证研究中，Boschma 和 Wenting（2007）用英国数据、Boschma 等（2012）用西班牙数据、Colombelli 等（2014）用欧洲数据、Essletzbichler（2015）用美国数据，在城市或区域层面上证明了"区域路径依赖"过程的普遍存在。

（三）企业层面的产品演化

企业的能力不仅包括企业层面的能力，例如生产率、规模、所有制等，更为重要的是产品层面的能力，包括生产设备、技术、熟练劳动力、研发能力等。如果说企业能力影响的是企业在市场上的进入、退出和存活概率，那么企业的产品和市场层面能力则影响企业对产品和市场的选择。产品生产是制造业企业的灵魂，所以产品层面的能力是影响企业的核心能力，它构成了企业产品演化过程的重要知识基础，使企业向技术关联的新产品进行拓展（Danneels, 2002）。前文已经从静态视角和动态视角对技术关联程度如何影响企业产品演化的理论进行梳理，但由于企业—产品层面的数据获取难度较大，企业层面的实证研究远不如加总层面的研究成果多。

由于数据和方法的局限，早期的研究成果一般基于 SIC 或投入结构相似性方法测度产业关联程度。有研究利用加拿大或美国的数据，发现企业倾向于向已有产业的同类或关联产业进行演化（Lemelin，1982；MacDonald，1985；Chang，1996）。Breschi 等（2003）用美国、意大利、法国、英国、德国和日本授予欧洲专利权的数据验证了 Teece 等在 1994 年的发现，企业不是以随机方式拓展技术与生产范围，而是围绕在知识上关联的领域进行技术创新。所谓知识关联是指这些领域之间共享相同的知识基础、依赖共同的探索方法与科学准则，他们得到稳健的结论：知识关联是影响企业技术演化的关键要素。Neffke 和 Henning（2013）创造性地采用劳动力在产业间的流动数据计算技术关联程度，进而绘制出瑞典的产业空间，发现产业间技术关联网络远比 SIC 标准行业分类复杂得多，证明企业不仅存在大量跨行业的产品扩展行为，同时更容易拓展到与核心领域有更高技术关联程度的产业。Poncet 等（2015）采用 Hidalgo 共存分析法计算产品技术关联度，首次将企业产品演化研究拓展到中国，也证明了产品关联度对中国企业出口表现的正向作用，同时发现这个作用显著受到企业效率和吸收能力的影响。

（四）技术不相关与路径突破

路径依赖通常不是企业长期存活的保障（Neffke et al.，2018）。从长远来看，经济环境不是静态的，技术和需求的变化让企业所掌握的技术逐渐被淘汰，从而使其失去原有的竞争优势（Tushman et al.，1986）。因此，RBV 的研究重点不仅包括企业如何向新产品演化，也包括企业怎样拥有高水平的动态能力，更新自身的核心技术（Henderson et al.，1995；Teece et al.，1997；Eisenhardt et al.，2000；Helfat et al.，2003）。企业层面的技术不相关研究十分少见，但对区域路径突破的探讨日益增多。Castaldi 等（2015）发现，不相关多样性与区域突破式技术创新相关。不相关技术或服务之间知识整合很少成功，但一旦成功，这种激进创新不仅能开拓出新市场和创新机会，也能为长期竞争优势的形成奠定基础。在新增长路径的研究中，新路径创造被定义为全新产业或产品的出现，而路径更新是指本地经济向不同但相似的产业发展。为了突破路径依赖、创造新增长路径，区域不得不更依赖其他区域的知识和资源。跨国公司、企业家和政府政策都可能是导致新路径创造的因素（Dawley, 2014；Neffke et al., 2018）。

五、技术关联与中国产品演化研究

大量利用发达国家或地区的数据研究证明，无论是国家、区域还是企业，通常都沿着产品间技术关联网络进行产品演化。如果国家或区域的发展完全遵循路径依赖过程，是否意味着发展中国家或地区只能受限于自己的技术和产业基础，沿着自己的发展路径，永远没有机会追赶上发达国家或地区？答案当然是否定的。近些年来，一些新兴经济体的崛起与路径依赖过程相悖，经济地理学家开始关注路径突破（Path Breaking），即区域发展路径突破了过去生产能力和技术的限制，实现了经济或产业发展的飞跃。他们发现，一些外生力量或突变，例如世界性或国家层面的技术革新（Bathelt and Boggs, 2003）、经济危机（Meyer - Stamer, 1998）或政府刺激性发展政策（Asheim et al., 2011；Cooke, 2007），都被认为是导致区域路径突破的外生力量。

中国改革开放以来所创造的经济奇迹就是路径突破的典型案例。作为社会主义国家，中国的区域发展路径很大程度上受到了中央政府的影响，21世纪初的西部大开发、东北振兴、中部崛起等一系列区域均衡发展战略，为内陆地区的发展营造良好的政策环境，吸引企业向内陆地区转移，帮助内陆地区实现路径突破。中国在建立社会主义市场经济的同时，通过分税制改革和以经济目标为导向的官员绩效晋升体制，使中国地方政府在经济发展中也发挥着举足轻重的作用。贺灿飞等（2016）、Guo和He（2017）分别用海关数据和工业普查数据，描绘出中国出口产品和制造业产品的"产品空间"，并发现中国沿海地区的产业演化路径显著依赖于过去的产业关联度，而西部则实现了路径突破，向技术不相关的产业演化，其中贷款、补贴和财政支持等地方政府优惠政策起了重要作用。除了地方政策以外，市场化程度和全球化水平也是帮助区域衍生出关联度低的产业、创造新发展路径的重要内生力量（He et al., 2016）。Zhu等（2017）不仅发现政府支持对于区域产业发展路径突破有显著作用，还发现不断提高基础设施以及教育、R&D投入和培养开放的社会制度环境都有利于区域实现路径突破。文献虽鲜有对发展中国家的讨论，但中国作为最大的新兴经济体和转型中的社会主义国家，为演化经济地理理论与实证研究的发展提供了很好的素材，因此关于中国产业演化路径的研究对发展中国家或落后地区有更为重要的意义。

六、演化经济地理理论研究进展评述

本节在演化经济地理学的背景下，探讨技术关联的概念、测度方法及其影响产品演化的作用机制，并在国家、区域和企业等不同尺度上梳理了相关研究成果，发现绝大多数文献证实产品演化路径是沿着产品间技术关联网络进行的，即遵循路径依赖过程。但也有少数文献挑战了路径依赖，证明了路径突破现象的存在，并对其原因进行剖析，发现金融危机和扶持政策等外生力量和地方环境与制度等内生变量都会导致路径突破，对中国的讨论则丰富了演化经济地理学的研究，同时也为发展中国家或落后地区带来希望。

技术关联与产品演化的相关研究虽然在 21 世纪以后得到广泛关注，也取得了丰厚的研究成果，但仍有一些重要问题亟待进一步研究与解决。首先，演化经济地理学基于技术关联和认知邻近的视角研究产品演化路径的动态过程，但该理论的主要实证研究成果集中在国家或区域层面，缺乏从微观视角的验证。区域产品演化的根本来源是企业，探讨企业产品演化的影响因素，可以更系统全面地揭示区域演化路径的微观机制。

其次，在复杂的社会经济系统内，区域和企业等各个层面之间错综复杂、相互影响，区域不仅是企业行为的外生环境，同时企业也是区域经济增长的重要载体，已有研究就企业论企业、就区域论区域，忽视了企业与区域之间相互影响、协同共生的复杂关系，缺乏企业与区域的协同演化研究。

再次，虽然制度一直被认为是影响区域发展的重要因素（Gertler，2010；Rodríguez - Pose，2013），但无论是在理论上还是实证研究中，演化经济地理学对制度的研究还远远不够。实证研究中通常把制度作为一个解释变量引入计量模型，但这种简单的线性化一方面忽略了制度内生于经济系统中，与个人、企业和地方政府之间存在交互作用；另一方面忽略了制度对微观个体和企业的作用不是均衡的，会受到个人异质性和组织异质性的影响。因此，在产品演化路径的研究

中，既需要强调制度对微观个体的重要作用（Hodgson，2009），又需要关注多尺度的相互作用（MacKinnon et al.，2009；Pike et al.，2009）。

最后，演化经济地理学虽然是经济学与地理学之间的一座桥梁，但是它的开放性远不只这些，在不同的研究问题上与其他学科相互交叉、相得益彰。如对国家产品演化的研究与国际贸易理论相结合才能更好地勾勒出国家产品演化的理论框架，对区域产品演化的研究与区域经济学相结合才能对区域路径依赖有更深入的理解，对企业产品演化的研究只有结合企业组织理论才能揭示企业产品演化路径的内在机制。因此，演化理论的开源特征使其在创立和探索阶段吸收各学科大量的优秀成果从而得到快速发展，为产品演化路径提供一个重要视角。

第四节　小结

综上所述，关于出口扩展边际的研究，国际贸易理论、出口溢出理论和演化经济地理学从不同视角、不同层面进行了探索，三者之间各有优势，相互补充。国际贸易理论在多产品企业假设下有重要的理论突破，是企业出口扩展研究的重要理论基石，其在微观企业层面讨论较多，但模型中企业仍处于"真空"中，缺乏空间效应的探讨；出口溢出理论建立在集聚经济理论基础上，强调出口集聚带来的外部性通过降低企业的出口沉没成本，从而影响企业的出口决定，出口集聚强调地理邻近，但同时影响溢出效果的还有认知邻近；演化经济地理学近年来通过技术关联产品的识别将认知邻近具体化，为企业或区域发展路径研究提供了演化与动态视角，但演化经济地理学仍然缺乏对微观视角的细致解读以及企业与区域多尺度协同演化的研究。具体来说，现有研究有以下不足：

（1）中国出口扩展的微观机制研究仍有很大空间。企业产品异质性理论模型强调企业内扩展边际对出口增长的重要贡献，该理论发展较晚，导致以其为基础的经验研究不多。企业内扩展边际是中国出口增长的主导力量（钱学锋等，2013），企业内如何扩展是解读中国出口增长动力来源的重要视角。

（2）企业内扩展边际的空间视角研究不足。已有研究中宏观或微观的视角较多，缺乏对此问题的空间解读。企业层面特征（如生产率或企业规模等）是企业克服出口沉没成本、实现企业内产品扩展或市场扩展的重要影响因素，但是现实中企业并不是随机或均匀地分布在空间中，空间集聚以各种形式普遍存在。集聚带来的"外部性"使跟随者以较低成本获取到出口市场需求、消费者偏好、出口渠道等信息，从而使集聚中的低效率企业可能比非集聚中的较高效率企业更容易出口。因此，除了宏观环境或微观企业特征，地方出口集聚所带来的信息溢出效应也是影响企业内扩展的重要因素。

（3）多尺度之间的交互影响研究较少。已有研究多是从某一层面出发，或是宏观或是微观来解释出口扩展边际，没有考虑多尺度之间的相互作用，尤其是区域或城市层面与微观企业层面可能会有非常重要的交互作用。上文所提到的集聚溢出效应使集聚中的低效率企业可能比非集聚中的较高效率企业更容易进行出口扩展，就是很好的例子。

（4）缺乏演化视角对企业内扩展边际的解读。从演化视角出发研究技术关联与国家、区域、城市产品演化路径的文献越来越多，最近研究产业内企业进入与退出等企业动态的文献也日益丰富，技术关联强调历史对现在或未来的影响，很多研究都证实技术关联对于产品多样化过程的重要作用，即路径依赖的存在。虽然企业产品异质性理论模型正在发展与完善，由此衍生的实证研究也越来越多，但具有明显数学特征的经济学目前无法建立严谨的理论模型，来论证企业历史发展路径或城市历史发展路径对企业内扩展边际的影响，这些不同尺度、不同层面的技术关联可能会大大降低所需要付出的沉没成本，从而使企业更容易向某种产品或市场扩展。

因此，国际贸易理论、出口溢出理论和演化经济地理学在出口多样化过程的研究中可以相互补充，结合三者的理论优势，本书既从微观企业层面切入，又探讨区域与企业的多尺度协同演化，既关注空间溢出的作用，又关注企业自身经验的作用，同时强调认知距离的重要性，以期深入解读中国制造业出口扩展路径及其微观机制。

第三章 出口产品多样化与市场多元化的解释框架

企业内扩展边际包括产品扩展边际（产品多样化过程）和市场扩展边际（市场多元化过程），是研究出口增长来源以及出口多样化的重要微观切入点。本书以此为研究对象，从产品和市场两个维度，深入企业内部，研究企业在产品多样化和市场多元化的过程。第二章文献综述遵循各学科的表达习惯，在国际贸易理论和演化经济地理学中分别使用产品扩展边际和产品演化，但在本书中，产品扩展边际、产品演化和产品多样化的定义和内涵没有差别，均指国家、区域或企业等不同主体增加新产品出口的动态过程。市场亦是如此，市场扩展边际、市场演化和市场多元化均指国家、区域或企业等不同主体增加新出口市场的动态过程。

新新贸易理论模型中的"企业异质性"特指企业生产率，从而将研究单元限定为企业，企业作为模型中最微观的研究单元不能被进一步拆分，但即便是具有相同生产率的企业，其内部也存在较大差异，因为企业的出口范围不同决定了企业出口不同产品所需要支付的成本是不同的，这就是多产品企业模型中的"企业—产品异质性"假设，即每个企业在每种产品上的生产和出口能力是不同的，企业在所有产品的能力之和决定了企业的先天禀赋，而这种禀赋进一步决定了企业面对不同新产品时所要付出的沉没成本不同，通常利润最大化的企业应该更倾向于选择沉没成本最低的产品。市场维度的扩展也是同样的道理。不同企业对于市场所掌握的信息具有差异性，而这种信息差异性决定了企业出口新市场的沉没成本，进而影响企业对新市场的选择。那么什么因素影响企业出口新产品或新市场的成本呢？

基于已有理论与实证研究，企业在扩展新产品或新市场的初期需要支付一定的沉没成本，这个成本通常可以反映在供给侧和需求侧两个方面。前者包括产品生产过程中的生产设备投入、技术研发、劳动力以及中间产品投入等成本；后者包括产品需求数量、质量、消费者偏好、竞争程度、业务环境等市场需求信息的搜集以及出口渠道获取的成本。企业对生产资源的合理配置以及对市场需求的准确判断等均会影响企业出口多样化过程能否成功，稍有不慎就可能宣告失败。有研究发现中国企业扩展新出口关系的失败率较高，在扩展一年后的退出率达到70%左右（杨汝岱和李艳，2016）。无论是供给侧还是需求侧的沉没成本，都关系着企业能否成功实现出口多样化，因此如何降低这些成本是关键。本章将以如何降低企业出口沉没成本为出发点，构建"企业经验—空间溢出"解释框架，揭示中国出口多样化的微观机制，研究多尺度因素及其互动对企业产品多样化和市场多元化过程的影响。

第一节 企业经验

一、企业出口经验

为了降低沉没成本和失败风险，企业通常不会选择全新的产品或市场进行扩展，而是充分考虑自身掌握的资本、经验、技术、劳动力等优势，选择成本最低和风险最小的产品或市场。最容易被选择的就是企业有直接出口经验的产品，因为企业无论是对于该产品的技术还是出口渠道都可以直接获得，可以最大程度降低出口沉没成本和创新风险。一些理论研究关注过去出口经验的作用（Impullitti et al.，2013；Freund and Pierola，2010；Albornoz et al.，2012），还有些研究探讨多产品企业和多市场企业的行为（Arkolakis and Muendler，2010；Bernard et al.，2009；Moxnes，2010；Mayer et al.，2014；Eckel and Neary，2010）。实证研究上，Freund 和 Pierola（2010）观察到秘鲁的出口企业如果之前有过该产品的出口经验，重新出口该产品比出口其他产品的概率更大。Iacovone 和 Javorcik

（2010）用墨西哥企业—产品层面的数据发现过去的出口经验对出口产品的多样化路径有重要影响。

对于市场的选择也是如此。企业对某国有出口经验，企业可以零成本直接获取企业边界内关于该国的市场信息和出口渠道，最大程度降低了出口沉没成本和市场风险。不仅理论研究证明了过去出口经验的作用（Impullitti，2013；Freund and Pierola，2010；Albornoz et al.，2012），实证研究也发现企业出口到某国的概率依赖于历史经验的影响。Roberts 和 Tybout（1997）、Bernard 和 Jensen（2004）通过检验过去是否出口对现在出口的影响验证进入成本的存在，他们发现过去出口经验对出口概率有很重要的影响。Sinani 和 Hobdari（2010）将现在的出口决定作为前两年出口历史的函数建立模型，发现企业的出口历史显著影响着进入特定市场的概率。企业自身所积累的关于目的国市场的知识会内化于企业基因中，如果之前与该国发生过进口或出口的联系，就会增大其新产品进入该市场的概率。Muñoz – Sepúlveda 和 Rodriguez（2015）验证了企业之前出口过一国会提高重新出口该国的概率。Álvarez 等（2013）认为企业出口新的产品或进入新市场并不容易，也会面临一系列进入成本，例如产品广告宣传、研究新市场的制度环境以及重新建立分销渠道等（Das et al.，2007），其用智利的企业数据发现过去出口经验显著地影响企业进入新市场或出口新产品的决策。

二、企业进口经验

除了出口经验以外，进口也是企业获取产品生产技术和出口渠道的另一重要途径。某产品的进口经验对于企业出口该产品的影响主要有两种渠道：一种是通过间接学习获得技术转移或溢出（Castellani et al.，2010；Bas and Strauss – Kahn，2014）。企业通过进口可以接触到多样化且高质量的中间投入品，能力较强的企业可以进行自主研发，仿照甚至创新出该种进口产品，能力较弱的企业即使不具备研发实力，通过挖掘产品特征也可以仿照出低技术产品，从而实现自身的产品多样化。另一种是通过需求效应降低中间投入成本（Boschma and Capone，2016）。某产品大量进口说明这个产品是该企业高度需求的中间产品，企业为了降低生产成本和进口风险，更有动力生产并出口该产品，如果以前没有生产经验，则需要重新培养生产能力（Boschma and Capone，2016）。

进口也是企业获取市场信息和出口渠道的重要途径。企业通过从某国大量进口，可以获得两方面好处：一是通过和出口商协商订单、产品样式和规格等途径了解出口商所在国家的市场需求；二是通过贸易关系熟悉出口商所在国家的法律制度、语言文化，这些知识也是企业在向该国出口之前的重要准备。通过进口渠道所获取的市场信息和制度文化信息，有利于降低企业出口新市场的固定成本和拓展风险，提高向该国出口的概率。

三、企业关联经验

即使企业对于某产品或市场没有直接的出口经验和进口经验，也可以企业已有的技术基础和生产能力为核心，向技术关联度高的产品或市场关联度高的国家扩展。

（一）转换成本与产品多样化

对于产品多样化来说，如第二章所述，企业过去所储备的技术、资产、组织惯例和管理制度等内部资源和能力可以被企业再利用，作为后来进行产品多样化的基础（Penrose，1959）。这些资源具有不可分割性，可以是生产设备、配送系统等硬件资源，也可以是劳动力、生产技术、管理制度等软件资源，还可以是企业在"干中学"过程中所积累的产品与市场知识，它们构成企业的核心竞争力，不只是适用于生产某一种产品，通常也可以用于其他类型产品的生产活动，故而在不同产品之间具有可转换性（Teece，1982；Teece et al.，1994）。当企业试图改变生产范围时，如果完全重新购置固定设备与人力等资本则需要付出较高的前期投入成本，但如果充分利用企业已有资源，对自身储备的原有资本进行转换，将大大降低生产新产品的沉没成本。

新产品与已有产品之间技术上越相近，即生产要素投入比例、生产设备、管理经验甚至是出口流程等越相似，导致新产品一进入出口市场就享受着技术与信息的外部性和企业规模经济或范围经济，从而降低成本和出口风险，提高出口以后的竞争力和存活率。企业有目的地开发与以往技术关联的新技术，是因为面对不确定性和信息不完全性，并不能找到利润最大化的选择，因此企业通常是有限理性的，即开发与自己擅长领域相似的技术或产品，利用知识的相似性降低问题解决的难度和成本（Nelson and Winter，1982；Dosi，1997）。另外，管理者的认知局限也是企业相关多样化和路径依赖的原因，不仅因为技术变化和市场演化的动态比较复杂，也因为这种动态的跨产业差异非常显著（Teece et al.，1994）。Lemelin（1982）、MacDonald（1985）、Chang（1996）、Breschi 等（2003）和 Boschma 等（2012）均发现企业更倾向于向技术关联的新产业跳跃，验证了技术关联对企业多样化方向的重要作用。因此，企业的出口多样化过程通常是路径依赖的，即沿着技术关联网络扩展新产品。

（二）扩展引力模型与市场多元化

上文讨论的转换成本不仅适用于产品，也适用于市场，市场关联直接影响企业出口新市场所需要付出的沉没成本，新市场与企业已出口市场越相似或者关系越近，那么沉没成本和风险越低，成功率也就越高。对于市场多元化过程的解释主要围绕着引力模型展开。传统引力模型关注的是可变成本，它通常以冰山成本或运输成本的形式进入模型，因此东道国与目的国的地理距离被认为是企业选择出口市场的主要影响因素。Tinbergen（1962）率先提出了国家间贸易引力模型，认为两国的双边贸易流量与它们各自的经济总量成正比，与它们之间的距离成反比，Bergstrand（1985）、McCallum（1995）、Anderson 和 Wincoop（2003）、盛斌和廖明中（2004）、林玲和王炎（2004）等在实证分析中验证了引力模型对贸易流量和流向的作用。

传统引力模型无法解释很多距离较远国家之间的频繁贸易现象，因此地理距离后来被扩展到贸易距离、文化距离、经济距离等。母国与目的国的经济、社会、教育或文化等方面的距离越近，出口的不确定性越低，成功率就越高（Eckhardt，2002；Shenkar，2012）。Tadesse 和 White（2010）用修正引力模型分析文化差异是否影响贸易流量，他们发现母国与目的国之间的文化差异越大，出口越少。

上述模型假设企业是完全理性的，并且前后的出口决定彼此独立，但现实并不如此。企业是有限理性的，其在出口过程中所累积的经验可以影响未来的出口决定。基于这个视角，Morales 等（2011）在 Eaton 和 Kortum（2002）、Helpman

等（2008）的引力模型基础上，又增加了贸易网络对市场扩展的重要性的讨论，称为"扩展引力模型"（Extended Gravity Model）。引力模型讨论的是市场与东道国之间的邻近，扩展引力模型讨论的是新市场与已有市场之间的邻近。Morales等（2011）将两者同时引入理论与实证模型，研究企业出口新市场的影响因素，发现企业出口市场动态不仅依赖于目的国与东道国之间的距离，而且依赖于目的国与企业已出口目的国之间的相似程度。他们强调企业对出口目的国的选择存在顺序，如果一个企业出口到某国，它更可能出口到与该国在某些方面相似或有关系的国家，因为当进入新目的国时企业要面对沉没成本，沉没成本可能包括当地的特定需求、法律要求、寻找分销商的时间成本和特殊技能劳动力的工资。一些企业由于过去出口过类似的市场，已经付出了部分沉没成本，因此比另一些企业有更强的竞争力。目的国市场与东道国的差异越大，这些沉没成本越高，扩展引力效应越显著，即已有市场所积累的知识和信息越有用。Albornoz等（2012）与Defever等（2015）发现企业所遵循的扩展路径依赖于它们之前的目的国市场。Sinani 和 Hobdari（2010）也构建模型，将现在的出口决定作为企业过去两年出口历史的函数，发现沉没成本、企业特征和来自邻居的知识溢出是解释出口决定的主要因素。Maurseth 和 Medin（2016）、Muñoz – Sepúlveda 和 Rodriguez（2015）都发现历史经验对于降低企业出口沉没成本的重要作用。

Chaney（2014）更是弥补了这一空白，他建立理论模型解释了企业市场多元化过程，认为目的国扩展受到东道国与目的国之间距离的影响属于直接搜索方式，受到新目的国和已出口目的国之间邻近性的影响属于间接搜索方式。以企业为例，一旦企业已经出口一些市场，它会以已有贸易伙伴为中心向外远程搜索新的贸易伙伴，即如果法国出口商出口日本，他们会以日本为远程中心向外扩展继续寻找新市场，而不是以法国为中心重新搜索新市场，当企业获得更多的国外联系时，它们更容易将出口市场扩展到更远的国家或地区。因此，与已有贸易伙伴距离越近的国家或地区，可能越容易成为新出口市场。这里的"距离"不仅指地理距离，也包括经济、社会、文化或外交距离，这些距离可以统称为国家或地区间的市场关联性，关联性越高越容易被同一东道国出口，因为这样可以大大降低东道国企业的出口沉没成本，提高进入新市场的成功率。

相比于传统引力模型，扩展引力模型的进步在于将出口市场的多元化过程看成是内生的，未来的市场多元化路径受到已有的路径影响。这与最近发展迅速的演化经济地理学观点不谋而合，都强调区域发展的演化与动态过程（Boschma and Frenken，2006；Frenken and Boschma，2007），将区域或企业的发展看成是内生、自我强化的过程，其依赖自身的历史发展路径和过去所拥有的能力，例如技术、制度、熟练劳动力或产业结构等，这个受限于过去能力的发展过程也被经济学和经济地理学称为"路径依赖过程"（Boschma and Martin，2007）。扩展引力模型从出口市场演化的视角验证路径依赖的存在。

第二节　空间溢出效应

企业不是独立存在于空间中，其所面临的环境也影响企业进行产品多样化或市场多元化的成本。现实中企业并不是随机或均匀地分布在空间中，空间集聚以各种形式普遍存在，集聚效应可以显著降低企业出口多样化过程中的成本和风险，从而提高成功率。

马歇尔外部性理论强调，企业在地理上集聚可以使企业因共享当地专业劳动力、中间投入品和技术溢出从而降低生产与搜索成本。同样地，出口集聚使后进入企业不仅可以在集聚中以较低成本获取匹配的劳动力、投入要素甚至新技术，还可以享受先进入企业在投入要素、中间产品供给等方面积累的经验。与一般的集聚效应不同的是，出口集聚的外部性不仅包括供给侧的外部性，也包括需求侧的外部性，如出口市场信息与渠道等。也就是说，空间上与其他出口企业邻近，可以使后进入企业以低成本获取市场需求、消费者偏好、出口渠道等信息，甚至窥探竞争者的国际市场战略，从而大大降低信息搜集和加工的成本。面对面交流是一种可靠有效且低成本的信息交流方式，在以往的研究中地理邻近被认为是影响集聚效应发挥作用的重要因素，随着地理距离的增加，学习和模仿成本也会随之增加（Jaffe et al.，1993；Greenstone et al.，2010）。如果企业之间能频繁地交流特定目的国的市场机会、需求趋势和出口生产等问题，新出口企业将以较低的成本进入出口市场，其面临的出口风险也相对较低。出口企业在地理上集聚使企业更容易接受其他企业溢出的相关信息，从而降低出口多样化的沉没成本和风险。基于地理邻近的出口集聚效应得到了很多研究的支持（Aitken et al.，1997；Koenig，2009）。

除了地理距离，认知距离对集聚效应的发挥也十分重要。学者对认知距离的研究可以追溯到马歇尔外部性和雅各布斯外部性对产品边界的讨论。根据产品类型差异可以将集聚效应分为同产品集聚效应和不同产品集聚效应，在城市经济学中前者被称为马歇尔外部性，后者被称为雅各布斯外部性。同产品集聚能够使企业在频繁交流过程中获取到最容易利用的出口信息。无论是同产品的生产要素信息还是市场需求信息，都更容易被转换或加工，甚至可以被企业直接利用。不同产品集聚效应体现为多样性的好处，区域产品种类越多样化，知识也越多样化，技术创新越容易发生。然而，不是任何产品之间都能发生知识交流和信息溢出，产品间认知距离太大会影响知识学习的有效性，所以只有认知距离处于适当范围内才能促进产品之间知识溢出的发生（Nooteboom，2000）。马歇尔外部性和雅各布斯外部性哪个作用更大曾引起学术界的激烈讨论，但未得到确定结论。

雅各布斯外部性未得到验证可能由于许多技术和知识之间很难碰撞出火花。创新的灵感被熊彼特归结于知识的组合，即已经存在的技术以一种前所未有的方式实现部分重组从而获得创新（Fleming，2001）。基于此，产品多样化程度高的区域可能更有创新能力。然而，不是任何技术和知识之间都能实现重组，产品间认知距离越远，重组难度越大。因此，多样性必须具有相关性，即认知邻近，否则不容易产生创新（Frenken et al.，2007）。相关多样性的提出打破了马歇尔外部性和雅各布斯外部性的两分法（Frenken et al.，2007；Boschma et al.，2013），将雅各布斯外部性进一步分解为相关多样性和不相关多样性。认知距离越近，跨产品的互动、复制和知识重新整合的机会越大，该机制是集聚效应发生的源泉，被称为相关多样性效应（Bishop and Gripaios，2010）。近年来，技术关联概念的提出和计算方法的创新（Hidalgo et al.，2007）使产品间的认知距离开始得以数量化，随后大量实证研究在国家层面和区域层面均证实了相关多样性对区域发展、新产业形成和新技术出现有重要作用（Hidalgo et al.，2007；Boschma et al.，2013；邓向荣和曹红，2016）。因此，知识溢出多发生在拥有相似知识的产品之间，区域在某产品上的相关多样化程度越高，越能为当地企业提供与该产品有关的生产经验和市场信息，从而提高企业出口该产品的概率。因此，本书将不同产品集聚限定在技术关联产品集聚。

在国际贸易中进口也是一种媒介，可以为企业提供必需的中间要素和外国先进技术（Coe and Helpman，1995）。上文企业经验的论述中提到进口对出口影响的两种渠道，企业所在的环境中如果存在某产品的进口集聚，无论是从需求倒推效应还是信息溢出效应都有利于集聚中的企业出口该产品。

总之，相同产品出口集聚、技术关联产品出口集聚以及产品进口集聚都可能通过溢出效应降低出口沉没成本，作用于企业的出口产品多样化过程。

对于市场多元化过程，企业出口新市场需要获取该国的市场需求、出口渠道等信息，市场集聚因为能帮助企业以较低成本获取到相关信息而显得十分重要。目的国市场在很多方面都表现出差异，如市场发展程度、政治稳定性、消费者偏好、法律制度和贸易政策等。因此，目的国市场所带来的不确定性和风险使企业不得不在出口前获取目的国市场信息，付出的搜寻成本是企业出口不得不面对的沉没成本之一（Melitz，2003；Das et al.，2007；Morales et al.，2011）。如前文所述，外部性是低成本获取目的国市场信息、克服沉没成本的有效途径，因此逐渐有研究将产品层面的出口溢出效应拓展到出口市场溢出效应。Albornoz 等（2012）指出企业进入新出口市场所面对的不确定性是理解出口模式的关键，他们建立模型进一步发现出口企业的确能够从信息溢出中获益，降低沉没成本，进入新出口市场。Koenig（2009）和 Koenig 等（2010）指出企业出口在获取市场信息时所要付出的沉没成本随着出口到此国的企业数量增加而递减，并用法国出口企业数据证明市场溢出效应的存在。Maurseth 和 Medin（2016）发现有关市场信息的沉没成本和固定成本受到溢出影响，他们指出被其他出口企业所拥有的知识可以溢出给潜在出口商从而降低出口成本。Ramos 和 Moral - Benito（2018）、Requena 和 Castillo（2007）、Cassey 和 Schmeiser（2011）、Krautheim（2012）对西班牙、丹麦、俄罗斯的研究都发现了市场集聚的正溢出效应。

出口市场集聚为企业提供了大量有关该国的信息，进口集聚也同样能够提供该国信息，虽然大多数文献研究的是进口产品集聚的影响，但从市场角度研究特定国家的进口集聚对企业出口该国的影响也十分重要。除了进出口集聚以外，如果某国家与当地的主要出口市场有较紧密的联系，"贸易网络"或"间接搜索方式"会降低企业对新市场信息的搜索成本，关联度越高，企业出口该国的可能性越大，但这里的关联市场出口集聚反映的是其他企业所积累的间接知识，间接知识的溢出比直接的出口经验溢出需要更多的转换成本或更强的吸收能力，其对企业市场多元化方向的影响无法准确预测。某个国家的出口集聚、进口集聚和关联市场集聚通过溢出效应降低企业出口的沉没成本，影响区域内企业出口该国的成本，三者可以统称为空间溢出效应。

第三节　组织边界效应和"企业经验——空间溢出"的交互作用

企业并不情愿将知识溢出给竞争企业，降低竞争者的成本，但由于知识外部性的存在，空间溢出效应才显得尤为重要。然而，企业在溢出知识时，跨越组织边界后溢出的信息会有衰减，其作用也可能大打折扣。鉴于此，本书对比企业经验和区域内企业间溢出对企业出口多样化的影响，进一步验证信息溢出是否存在组织边界效应，即信息是否更容易在组织内部流动。

企业产品多样化与市场多元化过程本质上是知识积累到一定程度后的企业创新行为，因为无论是出口新产品还是新市场，都是对旧有状态的突破和对新事物的探索。企业是趋利的但也是规避风险的，所以在做出决定之前都要经历一个知识积累的过程，知识的来源可以是企业自身，也可以是企业的外在环境，前者是指企业能力与经验，依赖企业内的知识传承，后者是指空间溢出效应，依赖空间邻近的企业之间的知识溢出。企业经验与空间溢出都是通过降低企业的出口固定成本和风险而有利于企业向新产品和新市场进行多样化，那么，为了回答两者作用哪个更大，必须先弄清楚企业组织边界对于知识溢出的意义。

在微观理论中，企业的生产转型都可以用生产函数来表达，完全信息假设使得企业能完全掌握市场动向，并及时根据利润最大化原则调整自己的生产，企业所具备的这些知识可以用符号或编码的形式清晰地表达出来。然而，现实中有一些重要知识是隐性的、不可用语言清晰表达或编码的。以个人知识为例，许多个人行为不是深思熟虑后的结果，而是基于技术熟练程度的无意识反应。组织知识也是如此，许多企业行为是企业根据自身惯例和能力对市场信号的无意识反应。个人知识可以完全储存在个人记忆中，即使不能表达出来，但可以跟着个人迁移，然而组织知识不同，它分散在每个组织成员的记忆中，并基于组织背后特殊的沟通系统连接起来，这类知识或经验在特定的外界环境和组织环境中产生，以较复杂的形式储存在组织记忆中而非某个人的头脑中，所以很难由于组织成员的跳槽而发生跨组织转移，因此超越组织边界的知识外溢很困难，因为脱离了组织环境，个人具备的组织知识可能毫无用处（Teece，1982）。此外，从企业主观意愿看，耗费大量人力、物力、财力进行新产品与新市场的探索，企业通常尽可能将具有外部性特征的技术创新限制在其企业内部，减少跨越组织边界的知识外溢导致的"搭便车效应"。

企业能力与经验很难被完全模仿，这种不完全可模仿的特点被 Barney（1991）总结为三个原因：①历史依赖性。企业获取和开发资源的能力在特定的历史时点和地点形成，受到当时当地的环境影响，一旦过了历史时机或者外部环境变化，该企业的能力将不可复制（Arthur et al.，1987；David，1985）。同时，企业早期历史阶段的组织文化与当时的历史环境交叉，进一步增加了模仿和复制的难度。②模糊的因果关系。企业哪种资源最终导致成功是一个很难解答的问题，成功企业自身可能也不完全清楚，对于模仿企业就更难通过模仿某些资源来复制企业的成功，尤其是有些资源是隐性的且相互依赖，无法被清楚地解析（Nelson and Winter，1982）。就像 Demsetz（1973）发现，很难理解为什么一些企业总是比另一些企业更成功。③社会的复杂性。社会现象的复杂已经超过了企业的学习能力。企业所掌握的资源在社会上纵横交错，包括企业内管理者之间的关系、企业文化、企业在上游供应商和下游分销商中的声誉等，这些资源比生产设备和信息系统复杂得多，模仿的难度也大得多。

在实证研究中，Pfirrmann（1994）以德国中小型企业为例，Sternberg 和 Arndt（2001）以欧洲中小型企业为例，Beugelsdijk（2007）以荷兰企业为例，Wang 和 Lin（2013）以中国企业为例，都发现企业自身的能力比企业所面临的区域环境对产品创新更重要。Álvarez 等（2013）认为贸易成本是企业出口决定的重要影响因素，企业自身的经验和其他企业溢出的经验都有利于降低贸易成本，从而提高出口概率。他们利用智利 1991～2001 年企业—产品—市场层面的数据，通过将企业自己的经验和来自其他企业溢出的经验分别分解为同产品不同市场、同市场不同产品、同产品同市场三个方面的经验，估计线性概率模型，验证了上述理论假设，无论是企业自身经验还是其他企业溢出的经验都有利于提高企业扩展新产品和新市场的成功概率，重要的是他们还发现企业从其他企业溢出经验中的获益明显不如自身经验。Turco 和 Maggioni（2016）不仅发现企业能力比区域环境对企业多样化过程更重要，而且还阐释了区域环境在什么情况下更能发挥作用。他们将国家层面关于路径依赖对生产结构演化的研究拓展到企业层面，揭示企业和区域两个维度的产品生产能力对于企业产品多样化方向的影响。结果验证了路径依赖对于新产品选择的显著作用，也就是说，与旧产品技术邻近的新产品被企业选择的概率较大。与本地的生产能力比，企业的生产能力对企业产品演化的影响更大。Muñoz - Sepúlveda 和 Rodriguez（2015）发现企业自身的出口经验对出口市场选择的影响大于市场间距离与其他企业知识溢出的影响。

企业层面因素与区域层面因素对企业出口多样化的影响不是分立的，它们的作用可能交织在一起，彼此影响。首先，每个企业所积累的知识与资源不同，对集聚中溢出的知识和经验有不同的吸收和转换能力。与生产率、出口规模、所有制等反映的企业层面特征相比，企业在产品层面的生产与出口经验其实更为重要，例如特定产品的生产设备、技术、熟练劳动力、研发能力等方面。如果说企业层面的能力与经验影响的是企业在市场上的进入、退出和存活概率，那么企业在产品层面的能力与经验则影响企业是否进行产品多样化以及具体的产品选择。产品生产是制造业企业的灵魂，企业围绕着自身产品积累的能力和经验是影响企业调整产品范围的核心能力，构成了企业扩展新产品的知识与技术基础（Danneels，2002），将会影响企业能否从出口集聚中获益以及获益的程度。通常认为，能力强的企业接受和吸收知识溢出的能力更强，所以更容易从知识溢出效应中获益。

另外，从知识溢出的接受者角度出发，能力强的出口企业信息来源更多、信息来源距离更远，不必然被本地的出口集聚所限制，可能表现出不同的出口路径，因此高能力企业很可能不依赖区域环境，较高的国际化程度或较大的生产关系网络使其有能力在更高的平台上组织生产，而且自身的力量足以支付沉没成本和应对风险；而低能力企业可能更加依赖区域所提供的信息从而提高自身扩张的能力。

综上所述，出口多样化过程更多依赖的是企业自身，还是来自其他企业的空间溢出效应？真正推动企业向什么新产品或新市场进行多样化的是企业还是区域？企业经验与空间溢出的影响是相互促进还是相互替代？这些问题都将是本书尝试回答的重要问题。

第四节　企业所有制与区域差异

企业所有制会影响企业获取信息的能力和方式，外资企业与国外市场具有天然联系，其掌握的国外市场信息以及获取信息的能力和渠道比内资企业具有天生的优势；内资企业中国有企业的出口目的不仅仅是市场扩张或利润最大化，受到国家意志的影响较大，同时由于国家的政策倾斜，国有企业的生产率一般较高，更有能力支付出口沉没成本；私营企业最符合西方理论模型的假设——追求利润最大化且处于信息劣势，与其他所有制企业相比，可能更依赖企业自身的出口经验。

中国的东部、中部、西部和东北四大区域是目前研究和政策实施上常用的区域划分方法，四个区域在地理区位、人口密度、经济发展水平、产业结构、国家政策等各个方面都表现出区域内的收敛性和区域间的差异性。一般认为，内陆地区企业出口新产品或新市场更依赖企业自身经验，因为本地集聚水平与多样性较差，不能满足企业进行出口多样化的各项条件；相反，东部地区企业更依赖当地集聚水平与多样性（Turco and Maggioni, 2016）。因此，本章也将考察区域差异是否对企业产品多样化和市场多元化路径有影响。

第五节　小结

综上所述，本书建立"企业经验—空间溢出"分析框架来解释企业出口多样化过程，如图 3 - 1 所示。对于产品多样化过程，企业经验包括相同产品的出口经验、进口经验和关联产品出口经验，三者都不同程度地为企业产品多样化过程提供生产技术和出口信息的支撑，降低出口沉没成本。企业不是孤立的，除了从自身汲取信息以外，还可以接受所在环境中其他企业的信息溢出。信息溢出效应受限于地理距离，因此企业邻近导致的出口集聚能产生"知识外部性"，使后进入企业可以享受先驱者的经验。空间溢出可以分为相同产品的出口溢出、进口溢出以及关联产品的出口溢出，集聚中所蕴藏的关于某产品的生产技术、市场需求、出口渠道的信息交流有助于降低企业向该产品扩展时所付出的沉没成本，从而提高企业向该产品扩展的概率。

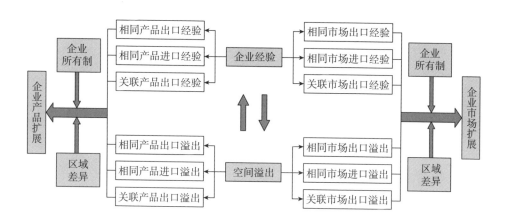

图 3 - 1　"企业经验—空间溢出"分析框架

对于市场多元化过程，企业经验包括相同市场的出口经验、进口经验和关联市场出口经验，空间溢出包括相同市场的出口溢出、进口溢出以及关联市场出口溢出。市场关联的理论机制与产品技术关联不同，但两个角度的"关联"都强调认知距离的重要性，这也是本书的重要视角之一。

企业经验和空间溢出都是通过降低企业的出口沉没成本和风险而有利于企业产品或市场扩展，但因为跨企业组织边界的知识溢出会遇到重重困难，可能导致空间溢出对企业扩展的影响小于企业经验的影响。由于历史依赖性、模糊的因果关系和社会的复杂性等，跨越企业组织边界的知识溢出有边界衰减效应。因此，企业自身经验可能比企业所面临的区域环境对产品创新和企业多样化过程更重要。此外，两者的作用可能交织在一起，彼此影响，或相互促进，或相互替代。最后，企业经验和空间溢出是从不同尺度影响企业产品多样化和市场扩展的重要因素，这种影响也会受到企业所有制和区域差异的影响。

第四章 中国制造业出口增长与结构变化

出口作为中国经济增长的"三驾马车"之一,对改革开放以来中国的经济腾飞起到关键性作用,但是对于中国出口增长的来源经济学界一直存在争论。出口增长来源的两分法使用至今,集约边际是指已出口产品或市场的出口额增加,扩展边际是指新产品或市场扩展带来的出口额增加。本书第一章对出口增长来源的研究发现做了梳理,大部分学者研究中国的出口增长发现,集约边际是中国出口增长的主要来源,扩展边际的贡献较小(Amiti and Freund,2010;钱学锋,2008;施炳展和李坤望,2009;钱学锋和熊平,2010;施炳展,2010;黄先海和周俊子,2010;黄玖立和徐旻鸿,2012;陈勇兵等,2012),主要因为其在国家或区域层面定义二元边际,分解尺度较大。钱学锋等(2013)从企业多产品假定出发,将二元边际扩展至企业内部,发现2000~2005年中国出口增长主要来源于企业内扩展边际,这一研究结果与最新的经验研究结果一致,即企业内扩展边际的贡献要远远超过企业间扩展边际的贡献(Goldberg et al.,2010;Bernard et al.,2010)。近年来,中国出口增长来源于什么,是像大多数研究成果一样,更多地依赖集约边际,还是像最近的少数成果一样,更多地依赖扩展边际?企业内扩展边际对中国出口增长做出多大贡献?本章将要回答这些问题,并从区域、城市和企业等多层面的角度解读中国出口多样化过程。

第一节　全书的数据介绍与处理

本书主要使用1992~2011年中国海关进出口数据库，该数据库包含中国所有进出口记录，每条出口记录包括企业编码、企业名称、企业所有制类型、企业所在地址、出口额、HS八位码、产品计量单位及对应的进（出）口数量、进（出）口国别、贸易方式、运输方式、海关关区等详细信息。海关数据库的具体情况以及处理主要包括以下内容，对每种信息的使用与处理参见各章的具体介绍。

（1）企业所有制类型包括国有企业、集体企业、私营企业、外商独资企业、中外合资企业、中外合作企业六种。

（2）企业所在地址最细到地级行政单元，也识别了省直属县级市和经济技术开发区、高新技术开发区、出口加工区和保税区等国家级开发区。

（3）HS编码是商品名称及编码协调制度（The Harmonized Commodity Description and Coding System），简称"协调制度"（HS编码），是世界海关组织为了协调国际上多种商品分类目录而制定的国际贸易商品分类目录。HS编码每隔几年会调整一次，在本书所掌握的年限内主要包括1992版、1996版、2002版、2007版，因此本书需要将不同版本的HS编码统一到同一版本进行分析。由于本书主要的分析时段是2002~2011年，所以将2007年以后的进出口数据统一到2002年HS编码。

（4）进（出）口国别包括世界上226个国家或地区，国别编码是海关地区编码，既不是国际标准化组织的ISO国别字母编码，也不是联合国统计局建立的三位数字编码，由于本书实证部分需要使用CEPII数据库的国家间距离数据以及BACI的国家间贸易额等数据，所以将三种编码进行了匹配，当然有个别未能匹配上的国家或地区只能予以删除，例如留尼汪、萨巴、盖比群岛、土布艾群岛、马克萨斯群岛、土阿莫土群岛等。

（5）贸易方式包括一般贸易、来料加工贸易、出料加工贸易等18种。本书未使用产品进（出）口数量、运输方式、海关关区等信息。

中国海关进出口数据库是中国目前最翔实、最准确、最微观的贸易数据，在国际贸易领域应用较多，且多在国家加总层面或微观产品层面使用，从经济地理学视角切入捕捉出口企业的空间分布及其与企业出口行为之间的关系十分少见，本书希望通过识别出口企业的空间属性，不是将中国看作世界贸易舞台的一个国家，而是关注国家内部的空间格局及其对企业出口产品多样化与市场多元化的影响。

本书还使用了 CEPII 数据库的 GeoDist 数据和 BACI 数据：前者包括国家或地区间地理距离、是否邻近、是否有过殖民关系、是否共用同一官方语言等，无时间维度；后者主要是国家或地区间贸易额。此外，本书识别了一些城市区位信息，包括是否位于东部、中部、西部和东北地区，是否有海港、是否有河港、是否是省会城市等，作为控制变量进入计量模型。

第二节 中国制造业出口增长

1992～2011 年中国制造业出口额得到迅猛增长（见图 4-1），从 1992 年的约 850 亿美元上涨到 2011 年的约 18980 亿美元，从图 4-1 可以看出，2001 年之前中国未加入 WTO，出口额稳步增长，加入 WTO 以后出口额呈指数增长，增速远高于 2001 年之前。如此快速的出口增长是中国 2013 年进出口总额跃居世界第一的关键，也是中国 21 世纪初以来中国经济腾飞的重要驱动力，因此本书重点讨论 2002～2011 年中国制造业在出口额和出口结构上的变化及其原因与影响。

从大趋势上看，2002～2011 年中国制造业出口额飞速增长，但受到 2008 年全球金融危机影响，出口额在 2009 年出现大幅下降，所受影响比 1998 年东南亚金融危机更加深远和剧烈。尽管如此，中国制造业出口很快从金融危机的动荡中恢复，2010～2011 年不仅恢复而且超越了危机前的出口水平和增速。在中国制造业出口总额的变化背后，空间结构与产业结构是如何变化的？下面将进一步考察出口变化的区域差异与产品差异。

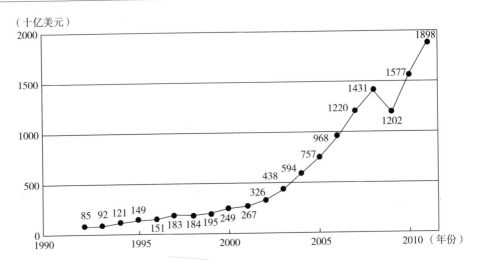

图 4 - 1 中国制造业产品出口额变化（1992 ~ 2011 年）

资料来源：笔者根据中国海关数据库（1992 ~ 2011 年）计算。

一、出口规模变化的区域差异

从出口额角度看，东部、中部、西部和东北地区四大区域的制造业出口额在 2002 ~ 2011 年均得到较大幅度增长（见表 4 - 1），东部地区从 2773.5 亿美元提高到 16996.9 亿美元，中部和西部分别从 102.9 亿美元和 99.0 亿美元提高到 410.4 亿美元和 432.3 亿美元，东北地区从 133.9 亿美元上涨到 708.1 亿美元。东部和东北地区受到金融危机影响较大，2008 年两个区域的出口额出现大幅下降，但中、西部地区在此期间没有出现明显的大幅下降。

表 4 - 1 的右侧展示了四大区域制造业出口额占全国的比重，结果发现，中国制造业出口主要来源于东部的贡献，占比高达近 90%，内陆地区的贡献仅在 10% 上下徘徊。从制造业总体来看，2002 ~ 2011 年中国出口额的区域分布没有发生剧烈变化，东部地区的出口额占比缓慢增长，从 89.20% 增长到 91.64%，内陆地区的出口额占比总体上呈下降趋势，其中东北占比略高，中部和西部不相上下。可见，中国的制造业出口没有出现向内陆地区的空间扩散，反而向东部集中。相比东部和东北地区，金融危机对中西部出口的影响相对较小，中西部占比

在 2008 年后不降反升，但由于东部和东北地区从金融危机中迅速恢复，2009 年以后进一步向东部集中。

表 4 - 1　中国四大区域制造业出口额及其比重变化（2002 ~ 2011 年）

年份	出口额（十亿美元）					占全国比重（%）			
	全国	东部	中部	西部	东北	东部	中部	西部	东北
2002	310.93	277.35	10.29	9.9	13.39	89.20	3.31	3.18	4.31
2003	420.41	376.54	13.71	13.26	16.9	89.56	3.26	3.15	4.02
2004	572.89	511.68	21.27	17.24	22.7	89.32	3.71	3.01	3.96
2005	720.88	645.65	24.19	21.52	29.51	89.56	3.36	2.99	4.09
2006	926.89	830.19	32.04	29.58	35.08	89.57	3.46	3.19	3.78
2007	1190.43	1083.37	28.6	26.21	52.24	91.01	2.40	2.20	4.39
2008	1062.84	961.78	28.33	28.41	44.32	90.49	2.67	2.67	4.17
2009	1175.79	1069.78	34.98	33.55	37.49	90.98	2.98	2.85	3.19
2010	1545.4	1416.17	39.35	34.5	55.39	91.64	2.55	2.23	3.58
2011	1854.77	1699.69	41.04	43.23	70.81	91.64	2.21	2.33	3.82

　　表 4 - 2 进一步展示四大区域制造业出口的年均增速。2002 ~ 2011 年，中国制造业出口的年均增速为 21.95%，如此高的增速主要是由东部地区拉动，东北地区增速略低于全国平均水平（20.32%），中部、西部地区增速明显低于其他地区，分别为 16.61% 和 17.80%。分阶段看，中国加入 WTO 后、金融危机发生之前，制造业出口年平均速度达到 30.80%，东部和东北地区的增速均超过 31%，东北地区势头良好，中西部地区也超过 20%。但是金融危机以后，全国制造业出口增速发生较大动荡，2008 年除了西部地区以外其他地区均为负增长，东部和东北地区受到的影响最大，降速超过 10%。2008 ~ 2009 年除了东北地区以外其他地区开始缓慢回升，中部地区出口增长最快，增速为 23.47%，东北地区出口仍快速下降。2009 ~ 2011 年各地区增速逐步恢复，全国制造业出口也开始稳步增长。

表 4-2 全国及分区域出口额年均增长率 单位:%

年份	全国	东部	中部	西部	东北
2002~2011	21.95	22.32	16.61	17.80	20.32
2002~2007	30.80	31.33	22.68	21.50	31.29
2008~2011	20.39	20.90	13.16	15.02	16.90
2007~2008	-10.72	-11.22	-0.96	8.40	-15.17
2008~2009	10.63	11.23	23.47	18.06	-15.41
2009~2010	31.44	32.38	12.49	2.84	47.76
2010~2011	20.02	20.02	4.31	25.32	27.82

综上所述，中国加入 WTO 以后制造业出口呈指数增长，其中东部地区做出了决定性贡献，2002~2011 年没有出现向内陆空间扩散的现象，反而向东部进一步集中。金融危机对全国和四大区域的出口及其增速均有短暂的负面影响，2009 年以后逐步恢复稳健增长，东部与内陆地区的增速差距逐步缩小。这些出口额变化的背后是否有显著的产业结构变化，四大区域的产业结构变化是否存在明显差异，下面将进一步解答这些问题。

二、出口规模变化的产品差异

(一) 产品结构变化程度

本节计算全国所有 HS 四位码产品的出口额在不同年份之间的相关系数，衡量 2002~2011 年中国出口产品结构的变化。如表 4-3 所示，不同年份之间产品出口额的相关系数变化较大，2003~2011 年，与初始 2002 年的相关系数从 0.99 下降到 0.74，说明我国出口产品结构有较大变化。

表 4-3 全国 HS 四位码产品的出口额在不同年份之间的相关系数

年份	2002	2003	2004	2005	2006	2007	2008	2009	2010	2011
2002	1.00									
2003	0.99	1.00								
2004	0.96	0.99	1.00							

续表

年份	2002	2003	2004	2005	2006	2007	2008	2009	2010	2011
2005	0.94	0.97	0.99	1.00						
2006	0.91	0.94	0.97	0.99	1.00					
2007	0.84	0.86	0.89	0.91	0.92	1.00				
2008	0.81	0.83	0.86	0.88	0.89	0.99	1.00			
2009	0.79	0.81	0.84	0.86	0.87	0.97	0.98	1.00		
2010	0.76	0.78	0.81	0.83	0.85	0.96	0.98	0.99	1.00	
2011	0.74	0.75	0.78	0.81	0.83	0.95	0.97	0.98	0.99	1.00

表4-4展示以2002为基年的分区域产品出口额的年份间相关系数，发现四大区域出口产品结构变化程度差异较大，东部地区与全国变化幅度一致，从0.99下降到0.73，但中西部和东北地区变化非常大，尤其是中西部，相关系数从0.9左右下降到0.1左右，出口产品结构发生翻天覆地的变化，与中西部相比，东北地区相对稳定，但变化也较大，从0.97下降到0.47。

表4-4　四大区域HS四位码产品出口额在不同年份之间的相关系数

年份	2002 年			
	东部	中部	西部	东北
2002	1.00	1.00	1.00	1.00
2003	0.99	0.97	0.94	0.97
2004	0.96	0.86	0.89	0.92
2005	0.94	0.90	0.84	0.89
2006	0.91	0.79	0.79	0.85
2007	0.85	0.22	0.14	0.34
2008	0.73	0.24	0.13	0.42
2009	0.79	0.15	0.11	0.34
2010	0.76	0.16	0.17	0.53
2011	0.73	0.17	0.12	0.47

与区域产品出口额变化相比，区域优势产品的变化更能反映区域产品结构变化。为了考察每个区域的优势产品结构变化，下面计算每个区域对每种产品的显性比较优势（Revealed Comparative Advantage，RCA）[①]，RCA≥1 表示该区域是优势产品，否则不是优势产品，由此每个区域在每一年有一列二元数列，计算各年之间的相关系数，如表 4 - 5 所示。以 2002 年为基年，相关系数下降幅度远大于出口额的相关系数。在 2008 年之后，各区域甚至出现出口产品结构反转，相关系数为负，即原优势产品失去优势或原非优势产品转为优势产品。下文按照产品大类加总，进一步验证并考察全国及各区域的产品结构如何变化。

表 4 - 5　四大区域的优势产品在不同年份的相关系数

年份	2002 年			
	东部	中部	西部	东北
2002	1.00	1.00	1.00	1.00
2003	0.76	0.77	0.70	0.72
2004	0.67	0.66	0.65	0.68
2005	0.64	0.60	0.58	0.61
2006	0.61	0.57	0.55	0.58
2007	0.03	0.02	0.03	0.01
2008	- 0.29	0.14	0.06	0.08
2009	- 0.02	0.02	0.02	- 0.01
2010	- 0.06	- 0.03	- 0.10	- 0.01
2011	- 0.02	0.02	- 0.06	- 0.06

注：产品是 HS 四位码产品，优势产品用显性比较优势指数大于等于 1 来衡量。

（二）出口产品结构变化

图 4 - 2 和表 4 - 6 考察全国出口产品结构的变化，出口额及其增长率展示出

[①]　RCA =（当地某产品出口额/当地所有产品出口额）/（全国某产品出口额/全国所有产品出口额）。

显著的产品差异。电气机械及电子通信设备制造业、纺织服装业在 2002～2011 年始终居第一、第二位，2002 年分别出口 815 亿美元和 718 亿美元，占当年总出口的 27.1% 和 23.9%，2011 年分别出口 4772 亿美元和 2805 亿美元，占当年总出口的 28.1% 和 16.5%，可见此期间电气机械及电子通信设备制造业的比重提高了一个百分点，而纺织服装业比重出现大幅下降。进一步计算各产品的出口增速，如表 4－6 所示，纺织服装在所有产品中增速较慢，仅为 290.5%，比造纸和食品稍快。化学工业的出口始终居第三位，从 2002 年的 321 亿美元增长至 2011 年的 2050 亿美元，增长 538.5%。机械工业、金属冶炼及制品业也一直紧随以后，前者在 2002～2011 年超过后者，升至第四位。机械工业的增速仅慢于交通运输设备制造业，2002～2011 年增长 967.3%。虽然交通运输设备制造业出口额在 2002 年和 2011 年的排名没变，但增速最快，增长 1123.2%。总之，虽然电气机械及电子通信设备制造业、纺织服装业始终是出口强势行业，两个产业共占总出口的一半左右，但交通运输设备制造业、机械工业和金属冶炼及制品业等资本密集型行业表现出更快的增长趋势。

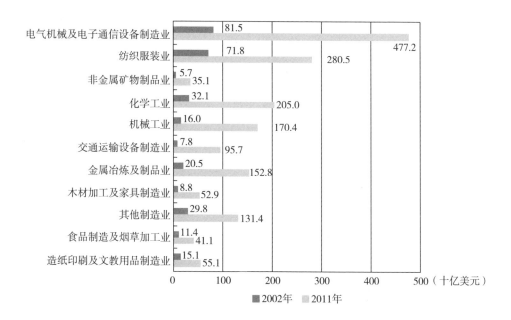

图 4－2　2002 年和 2011 年出口额的产品差异

表 4 - 6　2002 ~ 2011 年各类产品的出口额增长率

行业	增长率（%）
交通运输设备制造业	1123.2
机械工业	967.3
金属冶炼及制品业	646.5
化学工业	538.5
非金属矿物制品业	513.1
木材加工及家具制造业	501.8
电气机械及电子通信设备制造业	485.7
其他制造业	341.2
纺织服装业	290.5
造纸印刷及文教用品制造业	264.3
食品制造及烟草加工业	259.9

图 4 - 3 展示了四大区域的出口产品结构变化，东部各产品的出口额都远远超过其他三个区域，与图 4 - 2 对比可以发现，全国出口产品结构的变化主要源于东部的变化。对于东部来说，与全国几乎一致，电气机械及电子通信设备制造业和纺织服装业始终是出口强势行业，但交通运输设备制造业、机械工业和金属冶炼及制造业等资本密集型行业表现出更快的增长趋势。中部、西部地区与东部地区差异较大，两者的产品结构及其变化趋势更为相似，在 2002 ~ 2011 年发生较大变化。具体来说，2002 年中部和西部均以出口纺织、化学和金属冶炼等产品为主，2002 ~ 2011 年电气机械与电子通信设备制造业出口得到飞速发展，从较低排名跃居第一，且出口额远远高于其他产品。同时，中西部的机械工业也得到快速发展，原本出口规模远远低于化学工业，2011 年几乎与化学工业持平。其他传统强势出口产品，如纺织、化学和金属冶炼也有较快增长，但增速远慢于电气机械及电子通信设备制造业。这就解释了上文根据相关系数所得到的结论，中西部产品结构变化较大，2011 年各产品出口额与 2011 年的相关系数仅为 0.1 左右，仅从出口结构看，尽管中西部传统优势行业如纺织服装业、化学工业和金属冶炼及制品业等低技术、高污染行业仍然保持一定优势，但其在电气机械及电

子通信设备制造业、机械工业等中高技术密集型产品上得到更快发展。

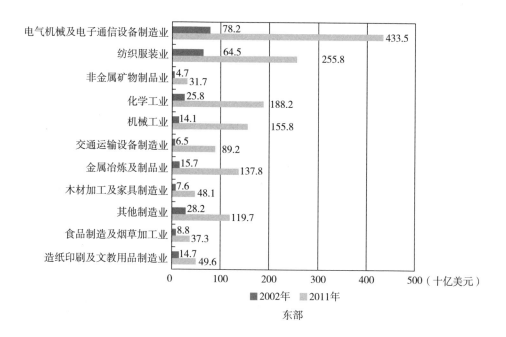

东部

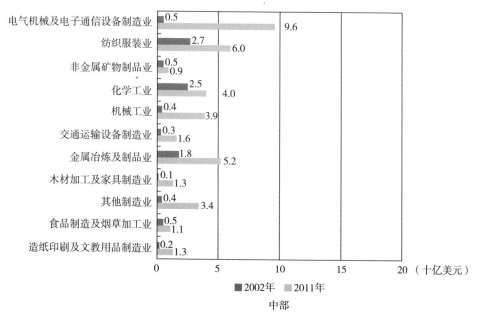

中部

图 4-3　2002 年和 2011 年各产业出口额的区域差异

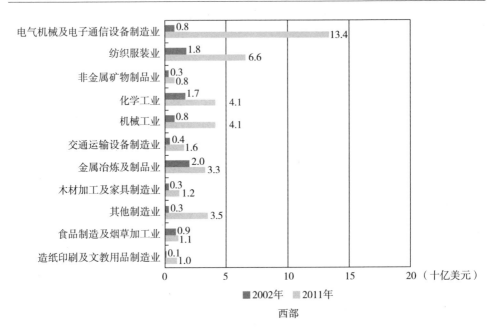

西部

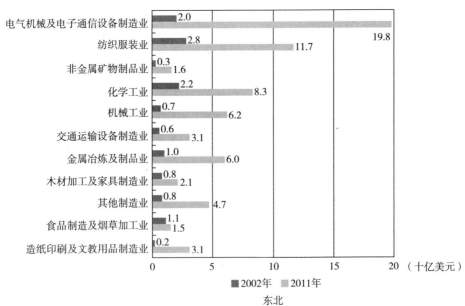

东北

图4-3　2002年和2011年各产业出口额的区域差异（续）

注：由于区域差异过大，东部的标尺与中西部、东北的不同，后三者一致是为了区域间的对比。

东北地区虽然只有三个省份，但各产品出口额的表现几乎都好于中西部，除了木材加工和食品以外，其他产品的出口增长率均较大。与中西部相似的是，电气机械及电子通信设备制造业在 2002～2011 年跃居首位，远远超过其他行业。东北地区造纸印刷及文教用品出口一路赶超，2011 年与交通运输设备制造业几乎持平。总体来说，东北地区的出口结构有一些变化，但变化程度不如中西部大。

综上所述，东部地区主导了全国 2002～2011 年出口产品结构变化，中西部产业结构变化较大，综观各区域，2002～2011 年纺织服装业的出口比重均大幅下降，交通运输设备制造业、机械工业、金属冶炼及制品业等资本密集型行业表现出更快的增长趋势，2011 年电气机械及电子通信设备制造业已经成为东部、中部、西部和东北地区四个区域的最大出口行业，其出口变化对中国制造业出口变化起着举足轻重的作用。

第三节　出口增长的分解：扩展边际与集约边际

一、定义及分解方法

出口贸易的实证研究通常将出口增长分解为两部分：一部分是已出口产品的贸易量增加，即集约边际（Intensive Margins）；另一部分是新出口产品的进入所导致的贸易量增加，即扩展边际（Extensive Margins），这种分解对理解出口额变化和贸易结构变化十分重要（Bernard et al.，2009）。国际贸易中将出口扩展边际分为产品扩展和市场扩展两个维度，因此本书将出口额的增长分解为集约边际、产品扩展边际和市场扩展边际。

为了分解，首先需要对新、旧产品和新、旧市场进行界定。本章仿照 Amiti 和 Freund（2010）、钱学锋和熊平（2010）的方法，采用一年期界定法，即在两年对比中如果前一年 i 产品的出口额为零，后一年 i 产品出口大于零，则定义 i 为新产品，如果前一年 i 产品出口额大于零，则定义 i 为旧产品。新旧市场在产品层面上界定，如果某产品在前一年没有出口过 j 国，后一年出口到 j 国，则定义 j 为新市场；如果某产品前一年出口到 j 国，则定义 j 为旧市场。传统上对于旧产品和旧市场的定义只看前一年是否存在，忽视后一年的变化，事实上后一年也有两种情况——继续出口和退出，产品和市场的退出对于产品扩展边际也十分重要，因此本书将传统的集约边际分解为净集约边际（后文称为集约边际）、产品退出边际和市场退出边际。综上，出口额的增长可以被分解为五部分：集约边际、产品扩展边际、市场扩展边际、产品退出边际和市场退出边际。公式如下：

$$\Delta E = \Delta E_1 + \Delta E_2 + \Delta E_3 + \Delta E_4 + \Delta E_5$$

其中，ΔE_1 是集约边际，即已有产品已有市场的出口额变化；ΔE_2 是产品扩展边际，即新产品带来的出口额变化；ΔE_3 是市场扩展边际，即已有产品向新市场扩展所带来的出口额变化；ΔE_4 是产品退出边际，即已有产品退出的出口额变化；ΔE_5 是市场退出边际，即已有产品退出旧市场所带来的出口额变化。ΔE_2 和 ΔE_3 是正的，ΔE_4 和 ΔE_5 是负的，ΔE_1 的正负号依赖于集约边际的出口额是增长还是下降，总出口额变化 ΔE 的正负号不定。计算各个部分对于出口额增长的贡献，公式如下：

$$100\% = \frac{\Delta E_1}{\Delta E} + \frac{\Delta E_2}{\Delta E} + \frac{\Delta E_3}{\Delta E} + \frac{\Delta E_4}{\Delta E} + \frac{\Delta E_5}{\Delta E}$$

这里的产品是指 HS 四位码出口产品，全国在 2002~2011 年共 1084 个 HS 四位码制造业产品，共 225 个出口市场或地区。在不同空间尺度上的界定会得到不同空间尺度的分解结果，下文将分别从全国、城市、企业层面上对出口增长进行分解。

二、不同地理尺度的分解结果

（一）全国尺度

表 4-7 在全国尺度上将出口增长分解为集约边际、扩展边际和退出边际，纵观 2002~2011 年，集约边际的出口增长占总出口增长的 96.6%，说明从全国尺度上看，我国出口扩展边际对出口增长的贡献微乎其微。具体来说，HS 四位码出口产品扩展边际的贡献几乎为零，市场扩展边际的贡献为 3.68%，产品退出

边际和市场退出边际对出口增长的影响也非常小。由于 2002～2011 年我国出口受到金融危机影响，出口表现可能有阶段性差异，因此将整个研究对象分为三个阶段，即金融危机前 2002～2006 年、金融危机高峰期 2007～2009 年和危机后恢复时期 2010～2011 年。如表 4－7 所示，三个阶段中我国出口增长始终依赖集约边际的增长，虽然金融危机期间集约边际的比重下降到 95.96%，但危机后很快上升至 99.20%。最值得注意的是，2007～2009 年市场边际的变化较大，市场扩展边际和市场退出边际分别为 14.19% 和 18.07%，而产品边际几乎没有变化，说明金融危机对我国出口增长的影响首先是出口市场，其次是出口产品。这说明从需求角度看，全球性金融危机对各个国家的影响不同，个别国家市场需求锐减导致我国出口市场边际变化；从供给角度看，即使在金融危机的恶劣环境下，我国出口产品种类仍没有受到较大影响，受影响较大的是出口市场结构。综上，在全国尺度上，我国产品扩展和市场扩展对出口增长的贡献微乎其微。

表 4－7 中国制造业出口增长的全国尺度分解结果

单位:%

	2002～2011 年	2002～2006 年	2007～2009 年	2010～2011 年
集约边际	96.60	97.96	95.96	99.20
产品扩展边际	0.00	0.01	−0.00	0.00
市场扩展边际	3.68	2.19	−14.19	1.40
产品退出边际	−0.15	−0.00	0.16	−0.00
市场退出边际	−0.12	−0.15	18.07	−0.60

注：2007～2009 年产品和市场扩展边际占总出口增长的比重为负数，是因为全国总出口额在此期间出现下降，但扩展边际的出口额是正的，因此该比重的负数由分母导致。

（二）城市尺度

图 4－4 计算了地级单元层面上的集约边际、扩展边际和退出边际对出口增长的贡献，并计算出各区域的平均值以考察区域差异。纵观 2002～2011 年，只有东部地区城市的集约边际较高，但也仅有 18.07%，其他三个区域集约边际的贡献微乎其微，分别为 1.45%、0.03% 和 3.85%，与全国尺度的分解结果相比，产品及市场在城市层面上的更替频繁得多，说明在 2002～2011 年城市出口动态

变化主要来源于扩展边际和退出边际。东部和东北地区的市场扩展边际较大，分别为 38.99% 和 34.80%，中部和西部的市场扩展边际较小，分别为 15.95% 和 6.89%。与自身的产品扩展边际相比，东部和东北地区没有明显地偏向于哪种扩展方式，而中西部却明显地倾向于产品扩展边际。此外，中西部城市出口动态变化较大，即新产品的出现和退出频繁，产品出口国的变化频繁，而东部和东北地区城市的出口动态主要在于扩展边际，退出边际的比重非常小。

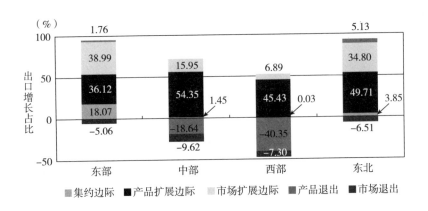

图 4 - 4 城市尺度出口增长分解在各区域的平均表现

资料来源：根据中国海关数据库（2002～2011 年）计算。

图 4 - 4 是计算城市尺度分解结果在各区域的平均值，以考察集约边际和扩展边际的区域间差异，但各个区域的平均表现隐藏了区域内各城市间的差异，为了更为详细地展示出口增长的城市差异，下面根据不同的分类标准将城市归为四类。

集约边际占主导的城市主要是出口额巨大、产品种类繁多的沿海发达城市，包括上海、北京、广州等 15 个城市，如表 4 - 8 所示。它们的共同特征是集约边际大部分超过 50%，产品扩展边际较小，主要依赖市场扩展，同时产品和市场退出的比重也非常低。

产品扩展边际比重特别大的主要是资源型城市，包括克拉玛依、长治、攀枝花、鄂尔多斯等（见表 4 - 9），这些城市出口产品种类单一，出口增长的绝对量较少，但产品更替频繁，即产品扩展边际和产品退出边际都较大，导致其与出口增长的比重远远超过100%。

表4-8　集约边际占主导的城市及其分解结果　　　　　　单位:%

城市	集约边际	产品扩展边际	市场扩展边际	产品退出边际	国家退出边际
上海市	84.82	0.61	14.82	-0.07	-0.18
北京市	72.33	0.26	29.39	-0.08	-1.90
广州市	71.71	0.97	27.91	-0.12	-0.48
宁波市	69.63	4.57	26.25	-0.02	-0.43
深圳市	69.41	1.26	30.10	-0.64	-0.13
苏州市	66.67	3.50	30.38	-0.30	-0.26
南京市	64.32	2.92	36.36	-0.32	-3.28
杭州市	63.95	4.34	33.13	-0.07	-1.35
天津市	62.72	1.54	37.20	-0.09	-1.37
青岛市	60.74	3.97	36.96	-0.08	-1.58
无锡市	59.02	6.13	36.70	-0.08	-1.78
厦门市	58.09	4.23	39.25	-0.07	-1.49
东莞市	55.68	9.48	35.31	-0.28	-0.18
佛山市	51.87	14.58	34.35	-0.21	-0.59
常州市	45.23	15.13	42.48	-0.04	-2.81

注：筛选标准为集约边际的比重大于产品扩展边际且大于市场扩展边际。

表4-9　产品扩展边际比重特别大的城市及其分解结果　　　　　　单位:%

城市	集约边际	产品扩展边际	市场扩展边际	产品退出边际	市场退出边际
克拉玛依市	0.00	114820.91	16826.15	-111693.14	-19853.92
长治市	3.20	2718.29	23.23	-2412.07	-232.65
咸阳市	-396.38	2147.56	734.99	-1775.82	-610.35
攀枝花市	-1.71	1013.02	67.83	-870.86	-108.28
安顺市	0.00	969.10	8.85	-859.13	-18.81
海东地区	0.00	875.75	34.22	-772.60	-37.38
随州市	-42.88	551.94	121.39	-359.28	-171.17
甘南藏族自治州	0.00	535.03	0.00	-435.03	0.00

续表

城市	集约边际	产品扩展边际	市场扩展边际	产品退出边际	市场退出边际
大兴安岭地区	1.56	−559.49	−34.08	635.59	56.43
达州市	0.00	−606.26	−9.28	704.99	10.55
平顶山市	−12.09	−1083.52	−127.64	1236.51	86.75
鄂尔多斯市	207.88	−2459.64	−493.70	1635.60	1209.86

注：筛选标准为产品扩展边际的绝对值大于500。

市场扩展边际占主导的城市主要是有一定出口规模和基础的省会城市和其他经济较发达的城市，这些城市一般也有较大的产品扩展边际（见表4-10）。

表4-10 市场扩展边际主导的城市及其分解结果 单位:%

城市	集约边际	扩展边际		退出边际		城市	集约边际	扩展边际		退出边际	
		产品	市场	产品	市场			产品	市场	产品	市场
晋中市	2.28	111.85	153.97	−139.39	−28.72	连云港市	19.53	34.96	65.83	−2.23	−18.09
西宁市	5.4	75.27	113.78	−84.09	−10.35	成都市	30.96	10.66	64.77	−0.94	−5.46
乌鲁木齐市	−3.59	31.58	112.61	−1.72	−38.88	合肥市	31.49	16.86	63.43	−0.68	−11.11
舟山市	14.57	47.41	101.11	−32.96	−30.13	芜湖市	10.05	48.27	63.27	−1.41	−20.18
保定市	4.38	15.25	94.32	−3.12	−10.83	泉州市	19.67	19.8	62.52	−0.03	−1.96
哈尔滨市	7.62	19.89	90.2	−2.35	−15.36	扬州市	29.13	19.58	62.05	−0.15	−10.61
鞍山市	8.05	43.11	89.87	−10.6	−30.44	漳州市	17.46	28.49	61.8	−0.23	−7.51
铁岭市	1.34	38.72	86.34	−21.18	−5.23	唐山市	5.66	45.64	61.58	−0.87	−12.01
呼和浩特市	0.73	22.19	86.21	−4.23	−4.9	廊坊市	9.22	38.65	60.84	−0.49	−8.22
吉安市	1.79	41.93	86.19	−5.35	−24.56	日照市	−2.17	54.08	60.39	−1.88	−10.43
昆明市	29.7	10.32	84.5	−15.97	−8.55	武汉市	37.74	9.98	60.2	−1.55	−6.38
丹东市	7.67	17.68	83.21	−0.97	−7.6	江门市	29.36	12.91	59.77	−0.05	−1.99
益阳市	0.69	53.21	81.61	−25.27	−10.24	牡丹江市	9.66	35.43	59.22	−1.11	−3.2
拉萨市	1.58	39.6	81.15	−3.23	−19.1	淄博市	11.41	46.04	58.73	−1.82	−14.37
吉林市	5.96	71.89	80.26	−33.7	−24.42	长春市	14.47	33.66	58.15	−1.21	−5.06
南宁市	18.27	33.54	80.03	−12.1	−19.74	桂林市	8.18	51.62	55.77	−1.29	−14.28
太原市	65.07	16.1	78.44	−44.9	−14.7	威海市	30.75	15.87	55.49	−0.02	−2.09
长沙市	26.47	11.98	78.42	−1.68	−15.19	大连市	45.81	1.02	55.23	−0.27	−1.79

续表

城市	集约边际	扩展边际		退出边际		城市	集约边际	扩展边际		退出边际	
		产品	市场	产品	市场			产品	市场	产品	市场
南昌市	31.17	6.39	77.09	-1.57	-13.08	台州市	38.32	10.59	54.9	-0.65	-3.17
石家庄市	12.98	23.16	76.26	-1.38	-11.02	南通市	24.75	23.54	54.69	-0.03	-2.97
贵阳市	15.44	55.18	75.81	-29.04	-17.38	阳江市	7.2	42.32	54.07	-0.99	-2.6
沧州市	-5.57	58.48	74.83	-2.85	-24.9	珠海市	42.24	5.73	53.96	-0.23	-1.69
郑州市	19.03	22.08	74.69	-2.07	-13.72	福州市	39.96	9.1	53.26	-0.17	-2.14
沈阳市	22.27	5.46	74.62	-0.1	-2.25	汕头市	29.56	20.11	52.38	-0.15	-1.91
株洲市	3.49	54.22	73.92	-19.17	-12.47	清远市	8.91	47.07	51.86	-0.53	-7.31
德州市	-0.36	53.19	73.19	-5.06	-20.96	肇庆市	29.52	22.23	51.61	-0.3	-3.07
延边朝鲜族自治州	1.43	33.85	72.91	-2.1	-6.1	绍兴市	19.77	35.08	50.85	-0.06	-5.64
韶关市	20.54	33.95	72.8	-11.38	-15.91	西安市	46.83	9.1	50.79	-0.5	-6.23
潍坊市	11.05	24.95	72.44	-1.5	-6.93	泰州市	15.17	46.72	50.22	-4.89	-7.22
秦皇岛市	0.19	55.56	71.77	-12	-15.52	惠州市	37.46	14.87	50.09	-0.43	-1.98
烟台市	20.66	14.31	70.5	-0.31	-5.16	中山市	44.15	8.72	47.76	-0.14	-0.48
淮安市	11.37	39.41	69.32	-1.13	-18.97	梧州市	42.76	37.47	47.19	-11.03	-16.39
镇江市	31.18	16.25	69.19	-2.53	-14.09	湖州市	17.51	44.46	46.95	-0.8	-8.12
海口市	35.28	15.29	67.63	-2.4	-15.81	潮州市	23.65	39.4	46.58	-1.95	-7.68
盐城市	11.75	33.65	66.56	-1.36	-10.6	金华市	37.56	20.02	42.68	-0.04	-0.22
重庆市	30.5	14.23	66.19	-0.91	-10.02	温州市	36.77	24.18	41.63	-0.01	-2.58
济南市	37.24	5.72	66.11	-2.34	-6.73	嘉兴市	38.24	24.54	38.41	-0.05	-1.14
泰安市	8.81	48.35	65.99	-3.31	-19.83	茂名市	17.27	-105.7	-178.8	16.93	350.29

注：市场扩展边际比重的绝对值大于集约边际且大于产品扩展边际。

　　总体来说，与在全国尺度的分解结果相比，城市尺度上的产品及市场的更替频繁得多，在2002～2011年的各个阶段产品和市场扩展边际的贡献之和几乎都超过50%，中部城市在2009～2011年还一度达到76%，说明城市的产品扩展和市场扩展对出口增长有重要贡献。

　　（三）企业层面

　　无论是全国尺度还是城市尺度都是在不同空间尺度上对出口增长进行分解，

但企业才是市场上最重要的主体，在企业尺度上考察集约边际和扩展边际对出口增长的贡献十分必要。表4-11展示了中国制造业出口增长的企业层面分解结果。从短期来看，企业出口产品和市场的持续性较好，集约边际高达50%以上，但从五年的中期看，2002~2006年和2007~2011年企业集约边际的比重不到30%，从十年的长期看，2002~2011年其贡献仅有10%，如果按照传统的集约边际算法，包括产品退出和市场退出，集约边际的贡献将进一步下降。与空间尺度上的分解不同，企业尺度上存在进入、退出等企业的动态变化，因此企业尺度分解的扩展边际还包括企业间扩展边际、企业内产品扩展边际和企业内市场扩展边际，从短期看，企业间扩展边际远远低于企业集约边际，平均贡献在20%左右，说明短期内新企业进入远不如已有企业对出口增长的贡献大。短期企业内扩展边际的贡献（产品和市场扩展边际之和）在37%~67%，在扩展边际中，产品扩展边际的贡献最低，远远低于市场扩展边际，与上文的结果一致，市场扩展比产品扩展更容易，因为企业对于市场信息的掌握比产品技术的掌握更容易；从中长期看，企业间扩展边际，即新出口企业进入对出口增长的贡献超过50%，企业内产品扩展边际和市场扩展边际的贡献比短期小，但从五年的中期看，2002~2006年两者贡献之和为30%，2007~2011年为53%。

表4-11 中国制造业出口增长的企业层面分解结果　　　　单位:%

	短期									长期		
	2002~2003年	2003~2004年	2004~2005年	2005~2006年	2006~2007年	2007~2008年	2008~2009年	2009~2010年	2010~2011年	2002~2011年	2002~2006年	2007~2011年
企业集约边际	64.44	64.73	62.60	65.12	62.63	58.92	94.89	77.62	52.18	10.49	28.16	28.24
企业间扩展	22.45	23.76	22.48	24.28	18.96	26.52	-24.78	12.45	39.64	82.05	56.59	77.29
企业内产品扩展	11.40	11.74	13.46	12.79	29.72	23.75	-15.06	9.99	14.14	8.84	12.56	19.97
企业内市场扩展	25.87	22.31	31.62	28.81	30.37	43.55	-35.34	27.94	37.47	9.75	17.51	33.51

续表

	短期									长期		
	2002～2003 年	2003～2004 年	2004～2005 年	2005～2006 年	2006～2007 年	2007～2008 年	2008～2009 年	2009～2010 年	2010～2011 年	2002～2011 年	2002～2006 年	2007～2011 年
企业间退出	－5.20	－4.33	－6.25	－7.81	－7.94	－10.62	19.09	－6.38	－8.08	－7.33	－7.88	－29.47
企业内产品退出	－6.24	－5.33	－7.19	－6.37	－13.66	－12.44	16.41	－6.12	－8.98	－1.78	－2.82	－10.62
企业内市场退出	－12.72	－12.87	－16.71	－16.83	－20.08	－29.69	44.78	－15.51	－26.37	－2.02	－4.12	－18.92

　　通过对上文关于出口增长的产品差异分析发现，电子通信设备制造对我国制造业出口增长有重要贡献，同时该行业也是本书作为案例重点讨论的行业，因此在表4－11的基础上对电子通信设备制造业出口增长进行分解，以考察出口增长是来源于集约边际还是扩展边际。结果与制造业全样本分解结果相似（见表4－12）：短期内集约边际的比重较大，但中长期较小；短期内企业间扩展边际的比重较小，但中长期较大；短期企业内扩展边际的贡献波动很大，中期的贡献较稳定，在33%～58%，可见企业内产品和市场扩展对电子通信设备制造业出口增长有十分重要的贡献。与制造业全样本分解结果不同的是，电子通信设备制造业所展示出来的分解结果不太稳定，这可能由于该行业受到国际国内环境的影响较大。

表4－12　中国电子通信设备制造业出口增长的企业层面分解结果　　单位:%

	短期									长期		
	2002～2003 年	2003～2004 年	2004～2005 年	2005～2006 年	2006～2007 年	2007～2008 年	2008～2009 年	2009～2010 年	2010～2011 年	2002～2011 年	2002～2006 年	2007～2011 年
企业集约边际	68.06	70.75	68.37	70.08	120.32	41.84	154.85	86.49	－29.67	7.86	32.00	10.00
企业间扩展	16.79	17.41	16.71	19.11	53.88	22.29	－80.31	26.32	169.16	84.94	45.97	94.68
企业内产品扩展	9.58	10.37	11.84	12.46	103.36	32.95	－30.68	10.47	38.93	10.57	15.21	23.80

续表

	短期									长期		
	2002 ~ 2003 年	2003 ~ 2004 年	2004 ~ 2005 年	2005 ~ 2006 年	2006 ~ 2007 年	2007 ~ 2008 年	2008 ~ 2009 年	2009 ~ 2010 年	2010 ~ 2011 年	2002 ~ 2011 年	2002 ~ 2006 年	2007 ~ 2011 年
企业内市场扩展	21.15	15.45	22.17	19.53	56.53	43.67	-75.96	25.00	85.40	9.87	17.43	34.45
企业间退出	-2.37	-2.09	-2.17	-4.80	-49.28	-8.87	52.68	-13.46	-25.66	-7.14	-4.48	-29.27
企业内产品退出	-4.73	-3.69	-6.58	-4.65	-76.41	-7.65	24.00	-11.63	-36.00	-2.88	-2.67	-12.72
企业市场退出	-8.48	-8.19	-10.33	-11.73	-108.40	-24.23	55.43	-23.18	-102.16	-3.22	-3.47	-20.95

总体来说，无论短期还是中长期，企业内产品和市场种类的增加对中国制造业出口增长有不容忽视的贡献，因此对企业内产品与市场扩展的深入研究有利于从企业视角揭示中国制造业出口增长来源。

第四节　小结

加入 WTO 以后，中国制造业出口呈指数增长，东部地区出口额始终占全国的 90% 左右，并且向东部进一步集中。2002 ~ 2011 年我国出口产品结构发生较大变化，电气机械及电子通信设备制造业的出口额始终位于各行业首位，纺织服装业虽然是传统优势出口行业，但其占比大幅下降，交通运输设备制造业、机械工业、金属冶炼及制品业等资本密集型行业表现出更快的增长趋势。分区域看，东部地区产品结构变化与全国基本一致，中西部出口产品结构发生了翻天覆地的变化，电气机械及电子通信设备制造业出口得到飞速发展，从较低排名一跃成为中西部各行业首位。本章在不同尺度上分别将出口增长分解为集约边际、产品扩展边际、市场扩展边际、产品退出边际和市场退出边际，发现全国尺度上出口扩展边际的贡献十分有限，但从城市和企业尺度分解看，扩展边际对出口增长有重要贡献。

第五章 中国出口产品多样化与市场多元化格局

出口多样化过程是刻画出口产品种类或市场范围增加的动态过程，从结果上可以提高出口产品多样化水平或市场多元化水平。而前文已经论述过出口多样化对于降低国际市场风险、改善贸易摩擦、促进转型升级等方面有重要意义。本章在考察中国出口多样化水平的基础上，探索城市出口多样化方向及其微观来源。

第一节 产品多样化与市场多元化

本部分将从产品和市场两个维度，在全国、区域、城市多个层面考察中国制造业出口多样化水平及其变化。

一、多样化水平的衡量方法

熵指数是计算雅各布斯外部性或多样化水平最常用的方法之一（Frenken et al. , 2007）。本章利用熵指数，从产品和市场两个角度，分别计算产品多样化和市场多元化水平。产品多样化水平的计算公式如下：

$$Entropy_i = \sum_{i=1}^{R} (p_i/P) \log_2 \left(\frac{1}{p_i/P} \right)$$

其中，p_i/P 是第 i 个产品的出口额占制造业总出口额中的比重，其在不同空间尺度上的计算反映不同空间尺度上的多样化水平。若计算全国的产品多样化水平，p_i/P 是第 i 个产品的全国出口额在全国所有产品总出口额中的比重；若计算城市的产品多样化水平，p_i/P 就是某城市第 i 个产品的出口额占城市出口总额的比重。全国一共有 1084 种 HS 四位数产品。同样的公式，将 p_i/P 理解为对第 i 个国家的出口额占同空间尺度上所有国家总出口额的比重，计算结果即为市场多元化水平。

与熵指数相比，另一种出口多样化水平的衡量方法更为直观，即直接计算产品种类的变化和市场数量的变化。这种方法虽然没有考虑出口额比重变化所带来的影响，但是简单直观的特征有利于进一步对多样化水平进行分解。

二、产品多样化水平

表 5-1 展示了利用熵指数和产品种类数两个衡量指标测算的 2002~2011 年全国和四大区域产品多样化水平的变化。在全国尺度上，出口产品多样化熵指数在2002~2011 年不升反降，从 5.48 下降到 5.38，相对应地，HS 四位码产品的种类也从 1083 下降到 1055。分区域看，东部地区与全国的趋势基本一致，熵指数变化较小，产品种类数下降，虽然中部、西部和东北地区的产品多样化水平始终低于东部地区，但劣势并不十分明显。无论是熵指数还是产品种类数，全国和四大区域的产品多样化水平都受到金融危机的影响，有小幅度回落，危机后又迅速回升。

表 5-1　全国和四大区域 HS 四位数产品的出口多样化水平

年份	熵指数					产品种类数（个）				
	全国	东部	中部	西部	东北	全国	东部	中部	西部	东北
2002	5.48	5.37	5.28	5.30	5.07	1083	1076	990	1009	1008
2003	5.41	5.30	5.17	5.28	4.99	1087	1085	990	1004	1007
2004	5.39	5.27	4.92	5.26	5.07	1082	1079	980	1015	1007
2005	5.39	5.28	5.26	5.43	5.08	1085	1080	1001	1008	1028
2006	5.38	5.28	5.34	5.37	5.17	1084	1081	1007	1028	1032
2007	5.37	5.37	5.29	5.33	5.13	1066	1066	979	985	1015
2008	5.41	5.50	5.30	5.04	5.42	1060	1059	969	953	981
2009	5.31	5.33	4.58	4.69	5.30	1060	1060	951	964	971
2010	5.31	5.30	5.03	5.13	5.51	1060	1060	956	962	985
2011	5.38	5.37	5.34	5.26	5.43	1055	1054	972	972	1012

由于我国幅员辽阔，全国和分区域的尺度过大，表现出来的出口多样化水平变化不大，但从城市尺度上看（见图5-1），多样化水平上升明显，全国平均水平从2002年的2.61上升至2011年的3.59，2006年出现了一次明显的跳跃。东部城市出口多样化水平始终远高于内陆地区，西部城市垫底，中部和东北地区城市出口多样化水平相差不大，所有区域的城市出口多样化水平在2002~2011年均有显著提高。

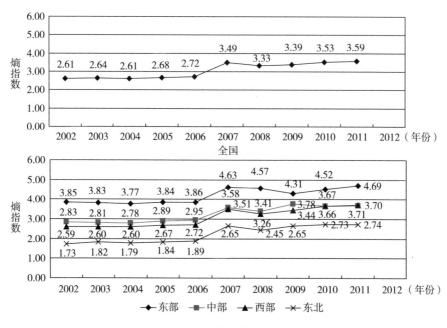

图5-1 城市出口产品熵指数的平均表现

图5-2显示，从城市尺度看，我国地级单元出口产品种类在2002~2011年有很大提高，平均种类数从217个增加至402个，说明我国城市出口能力得到很大提高。从区域平均水平看，与熵指数的结果类似，东部地区的产品种类远远多于其他地区，平均数量从469个升至722个，西部始终最少，从87个升至212个，东北和中部分列第二、第三位。四个区域的城市产品种类在此期间均呈现增长趋势，增速相差不大，西部与其他区域的差异被进一步拉大。与熵指数一样，2006年同样出现跳跃性增长。

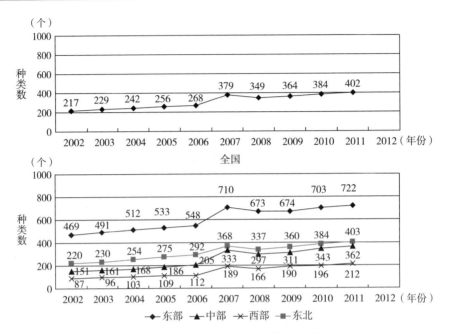

图5-2　城市出口产品种类数的平均表现

三、市场多元化水平

这部分用同样的方法测算 2002～2011 年全国和四大区域出口市场多元化水平及其变化（见表5-2）。在全国尺度上，出口市场多元化水平在 2002～2011 年持续上升，从 2002 年的 3.02 提高到 2011 年的 3.58，2008 年受到金融危机的影响不大。东部和东北的市场多元化水平始终呈现上升的趋势，中部和西部的波动较大，且 2009 年受到较大影响，危机后有明显的回升趋势。可见，无论是产品还是市场，东部和东北的多样化水平都表现出较好的上升趋势，而中西部则波动较大，没有明显提高。从全国和区域尺度上看，我国出口市场种类与产品种类一样，总体也在下降，东部始终多于其他三个区域，与全国的趋势也基本一致，东北和西部赶超中部，三者相差不大。

从城市尺度上看（见图5-3），出口市场多元化水平上升明显，全国平均水平从 2002 年的 2.23 升至 2011 年的 2.78，东部城市出口始终远远高于其他区域，西部城市始终垫底，东北地区一路赶超中部地区，从 2.20 上升至 2.95，四大区

表5－2　全国和分区域的出口市场多元化水平

年份	熵指数					市场数量				
	全国	东部	中部	西部	东北	全国	东部	中部	西部	东北
2002	3.02	2.95	3.50	3.52	2.79	225	225	201	196	189
2003	3.09	3.03	3.51	3.50	2.88	223	223	210	202	195
2004	3.15	3.08	3.47	3.48	2.95	223	223	209	199	194
2005	3.20	3.13	3.53	3.59	2.98	225	225	209	200	199
2006	3.29	3.22	3.58	3.59	3.05	223	223	210	202	201
2007	3.42	3.41	3.42	3.45	3.44	217	217	207	208	206
2008	3.54	3.70	3.67	3.63	3.63	216	215	206	206	207
2009	3.52	3.53	3.35	3.42	3.58	218	218	207	205	208
2010	3.55	3.55	3.41	3.48	3.64	218	218	208	205	211
2011	3.58	3.58	3.56	3.43	3.58	217	217	205	207	210

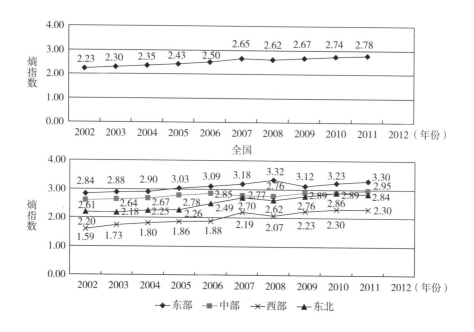

图5－3　城市出口市场熵指数的平均表现

域的城市出口市场多元化水平在2002～2011年均有显著提高。从城市尺度看，我国地级单元出口市场数量在2002～2011年有很大提高（见图5－4），平均从

72 个增加至 126 个，说明我国地级市与国际网络的连接度得到很大提高。分区域看，与熵指数的结果类似，东部城市的市场种类始终最多，从 134 个增加到 182 个，西部始终最少，从 33 个增至 85 个，中部和东北地区的城市分别从 72 个和 60 个增加到 130 个，差距缩小。四个区域的城市出口市场种类在此期间均呈增长趋势，增长速度相差不大。与产品种类数一样，2006 年同样出现跳跃性增长。

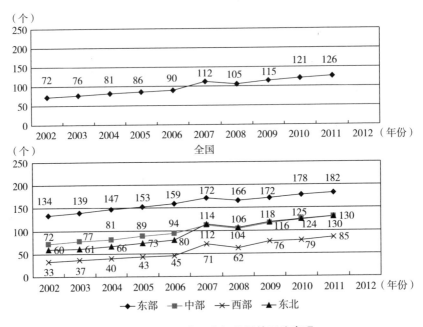

图 5-4 城市出口市场数量的平均表现

第二节 城市出口多样化方向及其分解

一、城市出口多样化方向

前文从静态角度描述中国制造业出口产品多样化和市场多元化水平，发现东部沿海城市始终高于内陆城市，四大区域的出口多样化水平均得到明显提高。那么，是什么产品或市场的扩展提高了这些城市的多样化水平？城市的出口多样化过程是否具有明显的区域差异？①

为了考察城市向什么产品扩展以及与初期的产品差异做对比，图 5 - 5 展示了 2002 年各个区域的出口产品差异，图 5 - 6 展示 2002~2011 年各个区域新产品的出口额，对比发现，东部、中部、西部和东北地区的城市都在向电子通信设备制造业扩展，该类新产品的出口额分别为 310 亿美元、34 亿美元、27 亿美元和 38 亿美元，其中东部在该产业出口有雄厚的基础，在 2002 年出口额就高达 371 亿美元（见图 5 - 5），但是内陆城市在 2002 年才刚刚起步，中、西部和东北地区出口额分别为 2 亿美元、4 亿美元和 13 亿美元，可见向电子通信设备制造业扩展是中国城市出口产品多样化的主要方向。

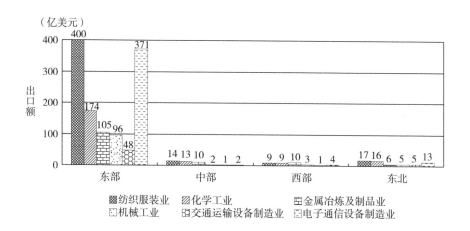

图 5 - 5　2002 年出口的产业分布

2002 年东部城市的纺织服装出口虽然具有绝对优势，出口额高达 400 亿美元，位于各类产品之首，但是 2002~2011 年向该类产品的扩展非常有限，扩展产品的出口额仅有 52 亿美元，在东部出口六大类产品中排名最后，说明纺

① 本节的城市出口产品扩展均在 HS 四位码产品层面计算，为了总结和展示，均加总到行业大类上；城市出口市场扩展均在联合国公布的国家和地区层面衡量，为了总结和展示，均加总到大洲层面上，其中北美洲只包括美国和加拿大，美洲其他国家和地区统称为中南美洲。

织服装产品已经不再是东部城市出口多样化的主要方向。2002 年西部城市的纺织服装出口额在所有区域中最低，但是 2002～2011 年其向纺织服装产品的扩展仅次于电子通信设备制造业，说明纺织服装产品是西部城市出口多样化的方向之一。

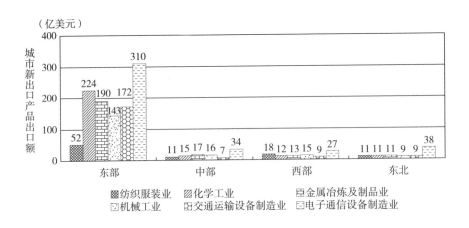

图 5-6 2002～2011 年城市新出口产品的产业分布

除了电子通信设备制造业以外，东部城市也向化学工业、金属冶炼及制品业、机械工业和交通运输设备制造业扩展，扩展的规模是内陆城市无法比拟的。与东部城市相比，内陆城市虽然扩展的规模较小，但与其自身相比，产品扩展所带来的出口增长效应是巨大的，并且具有产品差异。具体来说，中部城市的新出口产品主要在电子通信设备、化学工业和金属冶炼及制品业，西部城市的新出口产品主要在电子通信设备、纺织服装业和机械工业，东北城市的新出口产品除了电子通信设备以外，在其他行业没有明显的优势。

为了考察城市向什么市场扩展，下面以电子通信设备制造业为例，展示 2002 年各个区域出口的市场差异（见图 5-7），并展示 2002～2011 年各个区域向新市场扩展的规模（见图 5-8），对比发现，四大区域的城市都主要向欧洲和亚洲扩展，可见欧洲和亚洲是我国电子通信设备产品出口扩展的主要目的地；东部城市向非洲和中南美洲扩展的规模也较大，内陆地区向这些国家或地区扩展的规模非常小，可见中国东部发达地区是向发展中及落后国家和地区扩展的主要力量；中国各区域向北美洲和大洋洲扩展规模均较小，可能是国家或地区数量过少导致的。

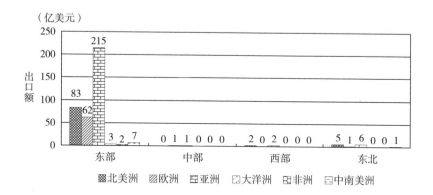

图 5 − 7 2002 年出口市场的地理分布

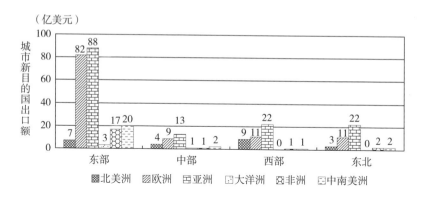

图 5 − 8 2002 ～ 2011 年城市新出口市场的地理分布

二、城市出口扩展的企业动态分解

城市出口产品多样化和市场多元化是谁贡献的？是已出口企业的产品和市场扩展，还是城市新企业的产品和市场扩展？抑或是全新出口企业带来的新产品或新市场？上文很多结果已经证明电子通信设备制造业是我国 2002 ～ 2011 年出口额最大、发展最快、扩展边际最突出的行业，因此下面以该行业为例，从企业动态角度将城市层面新产品和新市场的出口增加额分解为城市老企业的出口扩展、城市新企业的出口扩展和全新出口企业的扩展，其中城市老企业是指城市层面上初期与末期均出口的企业，城市新企业是指某城市初期不出口（全国层面上出口）、末期出口的企业，全新企业是指全国层面上初期不出口、末期出口的企业，城市老企业和城市新企业都是全国层面上已经出口的企业，只有全新企业是全国层面上的新出口企业。分解后得到三个部分相应的比重，如表5-3和表5-4所示。根据前文的结果，这里将研究阶段分为两部分：2002～2006年金融危机前相对稳定、迅速扩展期和2007～2011年金融危机后比较动荡、迅速恢复期。

表5-3 城市出口产品多样化的企业动态分解（电子通信设备制造业）

单位:%

时间	全国已出口企业		全新企业	全国已出口企业		全新企业
	老企业	城市新企业		老企业	城市新企业	
	东部			中部		
2002～2006年	26.41	7.52	66.07	21.81	5.70	72.49
2007～2011年	1.84	56.56	41.60	1.37	71.05	27.58
2002～2011年	0.08	35.53	64.40	0.00	34.5	65.49
时间	全国已出口企业		全新企业	全国已出口企业		全新企业
	老企业	城市新企业		老企业	城市新企业	
	西部			东北		
2002～2006年	21.11	11.68	67.21	14.38	2.08	83.54
2007～2011年	1.13	72.35	26.52	3.33	61.39	35.28
2002～2011年	0.00	39.45	60.55	0.01	34.80	65.19

表5-4 城市出口市场多元化的企业动态分解（电子通信设备制造业）

单位:%

时间	全国已出口企业		全新企业	全国已出口企业		全新企业
	老企业	城市新企业		老企业	城市新企业	
	东部			中部		
2002～2006年	42.97	5.94	51.09	37.83	5.81	56.36
2007～2011年	39.00	45.94	15.06	3.03	72.92	24.05
2002～2011年	1.25	39.25	59.50	0.03	35.16	64.82

续表

时间	全国已出口企业		全新企业	全国已出口企业		全新企业
	老企业	城市新企业		老企业	城市新企业	
	西部			东北		
2002～2006 年	24.60	10.30	65.10	25.49	1.49	73.02
2007～2011 年	2.71	72.09	25.20	9.47	68.15	22.38
2002～2011 年	0.00	41.19	58.81	0.04	36.39	63.57

从长期来看，2002～2011 年老企业的扩展对城市出口多样化的贡献非常小，其对产品扩展和市场扩展的贡献分别在 0～0.08% 和 0～1.25%，即使分成东部、中部、西部和东北四个区域，贡献均较小，这可能是这段时期行业内调整剧烈、企业扩张能力较弱、企业在出口市场存活率低等诸多原因导致的。分阶段看，2002～2006 年，全新企业出口对城市出口产品多样化和市场多元化做出主要贡献，四大区域都超过 50%；城市新企业的贡献最小；老企业的产品、市场扩展的贡献也不容忽视，对东部、中部、西部和东北地区城市产品多样化的贡献分别为 26.41%、21.81%、21.11% 和 14.38%，而对城市市场扩展的贡献分别为 42.97%、37.83%、24.60% 和 25.49%，可见东部城市比内陆城市的扩展更依赖老企业，老企业对城市出口多样化有重要贡献。

2007～2011 年的分解结果与金融危机前表现出较大差异。此期间四大区域的出口多样化都主要依赖城市新出口企业，这些企业未在城市出口过但在其他城市出口过，也可以理解为老企业在地理上的扩张。对比四大区域的差异发现，无论是产品扩展还是市场扩展，中部和西部城市比其他区域更依赖城市新出口企业，即老企业在中西部的扩张，而且全新出口企业对中西部的贡献远小于东部和东北，因为全新企业没有出口经验，需要付出较高的出口沉没成本，而内陆城市所能提供的出口环境远不如沿海城市，全新企业一开始就选择内陆落后地区的概率较低。另外，全新企业从另一个角度可以被理解为创业者或探索者，内陆地区不具备硬件条件和软环境来孕育和培养探索者，而已经具备出口经验的老企业为了享受内陆城市的优惠政策和廉价劳动力等条件，更有意愿在中西部城市成立分厂或分公司，生产并出口产品，这些都说明已出口企业的分公司选址比全新企业更容易选择中西部城市，也就解释了中西部出口多样化对已出口企业的依赖。

对比金融危机前后，城市出口多样化的企业来源有较大差异，全新企业的贡献下降较多，有出口经验的企业（包括城市层面的新出口企业和已出口企业）的贡献上升。尤其是中西部城市，更依赖已出口企业的地理扩张过程，这也许是中西部城市出口多样化的重要路径之一。而东部城市由于出口软硬件环境较好，能大大降低新出口企业的出口沉没成本。

第三节　小结

本章在全国、区域和城市等不同空间尺度上，展示中国出口产品多样化和市场多元化水平的变化。研究发现，全国和四大区域的尺度过大，表现出来的出口多样化水平变化不大，但城市尺度的出口多样化水平明显上升。

在进一步考察城市出口产品多样化和市场多元化的动态变化发现，电子通信设备制造业是2002～2011年东部、中部、西部和东北四大区域的城市出口产品多样化的主要方向，东部城市在该产品的扩展规模远远大于内陆城市。欧洲和亚洲是城市电子通信设备出口扩展的主要市场，此外东部城市还表现出向非洲和中南美洲扩展的趋势。

企业层面的分解结果显示，已出口企业和全新出口企业对于城市出口多样化过程均做出重要贡献，其中，已出口企业的贡献越来越大，尤其是中西部城市更依赖已出口企业的地理扩张，这也许是中西部城市出口多样化的重要路径之一。

总之，企业内出口扩展边际不仅对中国制造业出口增长有重要贡献，同时也对城市出口产品多样化和市场多元化路径起到越来越重要的作用。下一章将从演化经济地理学视角出发，对城市和企业的产品与市场演化路径进行研究，考察中国出口产品与市场的演化规律。

第六章　技术关联与出口
产品多样化路径

为什么一些区域总是比另一些发展得更好？这个问题一直困扰着经济学和经济地理学界。最近经济地理学者受到演化经济学研究成果的启发（David，1985；Arthur，1987），提出演化经济地理学，强调区域发展的演化和动态过程（Boschma and Frenken，2006；Frenken and Boschma，2007）。演化经济地理学将区域发展看成是内生的、自我强化的过程，其依赖自身的历史发展路径和过去所拥有的能力，例如技术、制度、熟练劳动力或产业结构等（Martin and Sunley，2006；Boschma and Frenken，2006；Boschma and Martin，2010）。这个过程也被演化经济地理学称为"路径依赖"（Boschma and Martin，2007；2010）。大多数实证研究用各种产业间技术关联指标证实路径依赖的存在，即区域更可能遵循自身的产业发展路径，发展与自身优势产业有相近技术的新产业。这些研究用技术关联作为历史路径的替代变量，利用实证分析方法考察路径依赖的重要性（Frenken et al.，2007；Essletzbichler，2007；Bishop and Gripaios，2010；Boschma and Iammarino，2009；Boschma et al.，2012）。

路径依赖的概念最初用来研究历史路径在技术、产业和制度转型过程中的重要作用，直到20世纪90年代，路径依赖才被经济地理学应用在空间层面上来解释区域发展路径（Grabher，1993）。关于区域路径依赖的研究涉及两个主题：一个是路径锁定。早期的研究普遍采用案例研究方法考察区域为什么会失败，他们认为技术、制度或其他方面的锁定是区域或产业失败的主要原因之一（Glasmeier，1991；Grabher，1993；Bathelt，2001）。锁定模型是路径依赖研究的经典模型，演化经济学对此做出了重要贡献（David，1985；Arthur，1987），经济地理学的制度转向和演化转向对此也有讨论，他们认为区域产业路径如果锁定在自我强化机制中可能是因为旧生产模式的持续（Glasmeier，1991；Grabher，1993）。

另一个是路径创造。与区域为什么失败相比，区域如何开创新路径更值得探讨。区域路径持续（Regional Path Continuity）或区域路径分化（Regional Path Branching）是路径创造的重要研究内容之一，强调新路径的内生演化过程，也被演化经济地理学者称为路径依赖（Frenken and Boschma，2007；Neffke et al.，2011）。他们认为，区域更可能发展那些与已有产业有紧密技术联系的产业，这样可以共享熟练劳动力、相似技术和相似生产线等，从而降低成本。区域新产业的出现包括两种情况：新企业带来新产业和老企业向新产业的扩展。两种情况都与创新有关，一般是新想法、新发现在市场上的实践，创新经常来源于各种知识之间的溢出和重组。最近的研究发现，知识溢出的效果不仅受限于空间距离，也受限于认知距离（Nooteboom，2000）。太远的认知距离不利于知识溢出。区域的产业基础与某产业的技术关联度越大，该产业作为新产业出现的概率就越大。另外，区域如果有很多技术关联的产业，也为企业进行产业扩展提供良好环境，因为关联产业不仅可以共享知识、熟练劳动力和制度，也通过知识溢出推动创新。因此，新产业或新路径更可能出现在有更多技术关联产业的区域。

理论上，Hidalgo等（2007）用技术关联和路径依赖解释国家或区域差异持续存在并在日益扩大的原因。他们采用国家层面的世界贸易数据计算产品间技术关联程度，这种由产品与产品之间的技术关联构成的网络被称为"产品空间"，用产品间技术关联度在空间单元加权计算出某国家与某产品之间的技术距离，发现新产品与国家"技术包"的距离越近，国家越容易专业化于这种新产品。所谓技术包就是这个国家或区域所具备的技术能力，其背后所蕴含的意义比企业层面要多，例如在文化、制度、基础设施及其他生产条件等方面有比较优势，如果新产品所需要的生产条件与某国家或区域所能提供的越近似，其出现的概率就越大。发达国家专业化于产品空间中的核心产品，更容易通过密集的产业联系而发展距离较近的产品，从而实现结构转变，发展中国家专业化于边缘产品，与其他产品的技术距离较远，很难实现区域产品更新，他们以此来解释全球经济持续不平衡的现象。

Hausmann 和 Klinger（2007）、Hidalgo（2009）进一步用产品空间研究比较优势的演化，认为技术关联的产品对劳动力、土地、资本等生产要素以及生产技术和管理经验的要求较为相似，因此产品距离在国家或区域的产业结构演化中发挥着重要作用，距离越近，即产品间技术关联程度越高，企业越容易向关联产品跳跃。例如，一个国家在出口苹果上具有比较优势，那么它所具备的条件，例如土壤、气候、地形、技术、劳动力、基础设施，甚至制度和法律等——用来出口梨的可能性非常大，因为生产与出口的成本低，技术上可以达到，且风险也更小。Hausmann 和 Hidalgo（2010）将这些不可进行贸易的生产要素定义为"能力"（Capabilities），如果这些生产要素可以无成本进行贸易，企业在任何地方都可以获得所需生产要素，新产业的出现就是随机的。但现实并非如此，这些要素是具有本地化特征的，并不容易跨空间流动。如果一个国家具备一个新产业所需要的大多数条件，这个新产业出现的概率就会大大提高。也就是说，一个国家向什么新产品演化取决于它已经具备的技术基础和生产能力，它更容易向有关联技术的产品转化。

实证上，最近研究已经在很多发达国家证实区域路径依赖的存在，例如英国（Boschma and Wenting，2007）、西班牙（Boschma et al.，2012）、美国（Essletzbichler，2015）和欧洲（Colombelli et al.，2014）。他们用技术关联作为历史路径的替代变量，发现发达国家产业或产品遵循路径依赖过程，那么发展中国家是否也遵循路径依赖过程，真若如此，是否意味着发展中国家或地区只能受限于自己的技术和产业基础，没有机会追赶上发达国家或地区？回答这一问题对发展中国家或落后地区的发展路径有着重要意义。

区域和企业是讨论演化路径或多样化路径的两个重要尺度，区域属于中观的空间尺度，这里选择地级市层面作为区域的研究单元，企业不仅是城市出口多样化路径的微观动力和组成，也是经济运行过程中最重要的微观主体。这两个尺度既可以从空间上考察中国区域制造业出口多样化路径，也可以从微观视角考察中国制造业出口企业的多样化路径，更可以对比两个层面的多样化特征，从而揭示区域出口多样化路径的微观机制。

本章用共存分析方法测量产品之间的技术关联程度，分别从城市和企业两个尺度研究产品技术关联程度对产品多样化路径的影响，并考察这一影响的区域差异。

第一节 技术关联测算方法

一、"产品—产品"技术关联度

产品技术关联现如今已成为区域演化路径研究的重要概念之一，依赖产品技术关联的演化路径被定义为路径依赖，向技术不相关产品的演化路径被定义为路径突破或路径创造。产品技术关联度的测量方法对于演化经济地理学者来说始终是一个挑战，该问题的解决使区域演化路径的研究成果迅速增加。最初对于技术关联测量的常用方法是标准行业分类，即如果两个产品属于同一个行业大类，就定义它们为技术关联，否则定义为技术不相关，此方法由 Caves（1981）开发，并被广泛用于产业技术关联的测量（Frenken et al.，2007；Boschma and Iammarino，2009）。但这种测量方法忽略了不在同一行业大类的产品也可能存在技术关联，这种情况一般来源于投入—产出联系或跨行业的知识溢出等（Essletzbichler，2015）。

第二种测量方法是 Lemelin（1982）提出的用投入产出表计算不同行业在投入结构上的相似程度来衡量技术关联（Farjoun，1994；Dumais et al.，2002），这种方法假设如果两个行业有相似的投入组合，它们就采用相似的生产技术。然而，中国的投入产品表的行业分类比较粗糙，最细只到三位数国民行业分类。这种方法虽揭示了产品在投入方面的相似性，却忽略了分配系统和市场模式等方面。

第三种测量方法是 Hidalgo 等（2007）提出的共存分析方法（Co - occurrence Approach），假设两种产品高概率地由同一国家出口，说明它们共享相似的制度、基础设施、生产要素组合等，所以他们计算两种产品同时被同一国家出口的条件概率来测算产品间技术关联程度，随后有很多学者仿照这个思路计算两种产品同时被同一城市或同一省份生产的条件概率来近似测算产品技术关联度或行业相似度（Guo and He，2017）。这种方法的优势在于，只要有某种产品层面的生产地理数据，就可以计算该产品层面的技术关联，不再受到投入产出数据的限制。但是这种在地理尺度上计算产品共存的条件概率也有缺陷，因为被同一城市高概率地出口或生产，可能是因为需要共享除技术以外的其他生产条件，例如制度、土地和基础设施，因此计算出来的条件概率不能准确地衡量生产技术上的关联程度。本书认为，与城市相比，企业才是最微观的生产主体，如果两种产品高概率地被同一生产企业出口，说明这两种产品对企业的生产技术、劳动力资本组合、劳动力素质等有相似的要求，因此本书研究采用 Hidalgo 等（2007）的思路，利用中国海关数据库，计算任意两种产品被同一生产企业出口的条件概率，来测量产品间技术关联，具体计算公式如下：

$$\text{Ø}_{ij} = \min\ \{P\ (V_{fi} > 0 \mid V_{fj} > 0),\ P\ (V_{fj} > 0 \mid V_{fi} > 0)\}$$

其中，f 代表企业，i 和 j 代表 HS 四位码产品，V 代表出口额，P ($V_{fi} > 0 \mid V_{fj} > 0$) 是企业 f 出口产品 j 的条件下，出口产品 i 的条件概率。如果 Ø_{ij} 很高，说明 i 产品和 j 产品频繁地被同一企业出口，表示两产品的技术关联度高；反之，则技术关联度低。所有产品之间的技术关联度被集合成为产品空间（Hidalgo et al.，2007），是一个 1084 × 1084 的对称矩阵，矩阵中的每一项都是一对 HS 四位码产品的技术关联度。所谓对称就是没有方向，尽管产业关联可能有方向，但对称的假设可以极大地简化计算（Hidalgo et al.，2007）。此外，取两个条件概率的最小值可以避免过大地估计技术关联程度。Teece 等（1994）提出和使用，共存分析的思路在企业层面计算产业关联的方法，但他们因无法处理条件概率的不对称性，所以只计算了两产业在同一企业共存的频数，频数受到行业规模（行业内企业数量）等影响较大，因而本书采用条件概率取最小值的方法，综合Hidalgo等（2007）和 Teece 等（1994）的优点，规避两者的缺点。此外，在产品—产品的关联矩阵中，对角线取0，即同产品之间的技术关联被定义为0，这样方便后文计量分析时可以区分地方化经济（同产业集聚），避免共线性和内生性。

另外，中国海关库包含很多贸易公司，一些出口的生产企业并不是自己完成出口报关等流程，而是委托贸易公司完成，但是贸易公司中产品共存的现象与技术无关，因此需要在计算产品关联程度之前将贸易公司剔除，剔除方法首先参考Ahn 等（2011）、Manova 和 Zhang（2012）的方法，剔除企业名称中含有"进出口""贸易""出口""进口"等字眼的企业，在此基础上还剔除了名称中包含"外贸""商务""商贸""商业""边贸""物流""外运""采购""储运""快运""广告""仓库""仓储"等显然不从事产品生产且提供贸易服务的企业。通过这种方法从 680146 家企业中识别出 175646 家贸易公司，占所有制造业出口企业的 24.65%，剩余 504500 家非贸易公司，如表 6-1 所示。虽然这种方法是现存最流行的剔除方法，但它也存在不完全识别的可能，只能尽最大努力剔除与制造无关的企业，学界也无法完全解决此类数据缺陷。

表 6-1　贸易公司与非贸易公司的统计

	企业数（个）	出口额（亿美元）	企业数百分比（%）	出口额百分比（%）
非贸易公司	504500	71652	74.18	75.35
贸易公司	175646	23437	25.82	24.65

二、新产品与城市、企业已出口产品的技术关联度

上文计算的 $\emptyset_{ij}$ 是"产品—产品"之间的技术关联程度，为了将这种技术关联落在空间尺度上，刻画城市或企业与某产品的认知距离，下面采用 Hidalgo 等（2007）和 Boschma 等（2013）的方法，分别计算城市与某产品的技术关联程度，以及企业与某产品的技术关联程度。首先，城市与某产品的技术关联程度的计算公式如下：

$$Density_{jc} = \frac{\sum_i (x_{ci} \emptyset_{ij})}{\sum_i \emptyset_{ij}}$$

其中，i 和 j 是 HS 四位码产品，c 代表城市，$\emptyset_{ij}$ 是上文定义的产品间技术关联程度，x_{ci} 是一个虚拟变量，如果 i 是城市 c 的优势产品，则取值为 1；反之为

0，所谓优势产品就是显性竞争优势（Revealed Competitive Advantage，RCA），其公式为：$RCA_{ci} = (V_{ci} / \sum_i V_{ci}) / (\sum_c V_{ci} / \sum_{c,i} V_{ci})$，其中，$V_{ci}$是城市$c$产品$i$的出口额。$Density_{jc}$越大，表明城市$c$的技术基础与产品$j$的技术关联度越高。

类似地，企业与某产品的技术关联程度的计算公式如下：

$$Density_{jf} = \frac{\sum_i (x_{fi} \varnothing_{ij})}{\sum_i \varnothing_{ij}}$$

其中，f代表企业，x_{fi}是一个虚拟变量，如果产品i被企业f出口，则取值为1，反之为0，其他符号的含义与前文相同。$Density_{jf}$越大，表明企业f的技术基础与产品j的技术关联度越高，企业f也就越容易向产品j扩展。一个企业在多个城市可能出口同一产品，但是这里不考虑企业的区位，只要同一企业编码出口这种产品，我们就定义为1，否则为0。我们假设企业所具备的生产知识不受地理空间的限制，可以在企业内部（无论子公司在哪里）自由流动。

为了研究产品技术关联对城市或企业出口产品多样化路径的影响，本章采用两种方法：核密度分布和Probit回归模型。核密度分布方法是将城市初期不出口的产品分为两种——末期出口的新产品和末期仍然不出口的潜在产品，然后考察新产品与潜在产品的核密度分布差异，即是否与城市或企业技术距离越近的产品越容易被城市或企业出口。然后，通过估计Probit回归模型在统计上检验技术关联对城市和企业两个层面产品多样化过程的影响，计量模型如下：

$P(Y_{jct_1} = 1 \mid X) = \Phi(X^T\beta)$

其中，j和c分别代表产品和城市，解释变量X是$Density_{jct_0}$，是指初始年t_0时城市技术基础与产品的技术关联程度。Y_{jct_1}是一个二元变量，城市c在t_1年开始出口产品j，即初始年没有出口，末年有出口，则取值为1，这种产品被称为新产品；初始年没有出口，末年也没有出口，则取值为0，这种产品被称为潜在产品。鉴于被解释变量是二元变量，因此采用Probit模型估计此方程，并且控制产品和城市的异质性。如果$Density_{jct_0}$的系数显著为正，说明某产品与城市已出口产品的技术关联度越高，该产品被城市出口的可能性越大，即存在路径依赖的可能。

将上述计量方程的下标 c 换成 f，就可以考察企业技术基础与产品的技术关联程度对企业产品多样化路径的影响。如果 $Density_{ift_0}$ 的系数显著为正，说明产品与企业已出口产品的技术关联度越高，该产品被企业新出口的可能性越大，即存在路径依赖的可能。

第二节　中国出口产品多样化路径

一、中国出口产品技术关联程度

图 6-1 和表 6-2 展示了产品技术关联度的核密度分布和统计描述。产品技术关联的分布严重左偏，说明产品关联度大多数比较弱，这与很多研究发现一致（Hidalgo el at.，2007；Boschma et al.，2012；Neffke et al.，2011）。大约有 1% 的技术关联度在 0.32 以上，技术关联度的平均值仅有 0.064，超过 95% 的技术关联度在 0.2 以下，这些弱关联不能说明两个产品之间有真正意义上的技术关联，因此有必要定义一个门槛值。本书对不同关联度做统计描述后发现（见表 6-3），在产品空间中，总产品数（点的数量）为 1084，产品间连接数（边

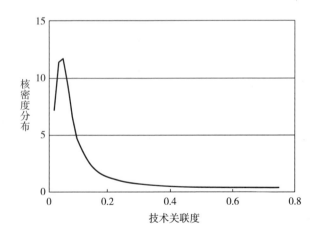

图 6-1　HS 四位码产品技术关联度 $\varnothing_{ij}$ 的核密度分布

的数量）为591872，当门槛值设定为0.1时，所有产品仍都在产品空间中，但连接数仅剩1/5，即117685。当门槛值设定为0.2时，产品数剩下80%，即822，连接数为32330；当门槛值设定为0.3时，产品数剩下50%，即534，连接数为8077；当门槛值设定为0.5时，产品数仅剩约10%，连接数为173。门槛值的选择既要尽量包括更多的产品和连接，又要尽可能保证清晰的可视化，更重要的是去掉弱关联，因此综上几种考虑，我们将门槛值设定为0.3，即产品空间中有534个产品、8077个连接。这个门槛值比Boschma等（2012）和Neffke等（2011）的更高，去掉了更多的弱关联，从而保证被保留下来的产品之间有真正的技术关联。

表6-2　HS四位码产品技术关联$\varnothing_{ij}$的统计描述

指标	统计	分位数	统计
关联产品对	1183744	25%	0.02
平均值	0.064	50%	0.0431
标准差	0.067	75%	0.084
最小值	0	90%	0.151
最大值	0.746	95%	0.206

资料来源：根据中国海关数据库（2002~2011年）计算。

表6-3　不同门槛的产品技术关联网络统计描述

关联度	产品数（点的数量）	连接数（边的数量）
≥0	1084	591872
≥0.1	1084	117685
≥0.2	822	32330
≥0.3	534	8077
≥0.4	297	1394
≥0.5	111	173

为了展示产品空间的网络结构，本书借助 Cytoscape3.2.1 绘制 2002 ~ 2011 年的出口产品技术关联图（见图 6 - 2）。该网络包括 534 个 HS 四位码产品（点）和 8077 条连接（边）。为了识别产品类别，这里按照投入产出表的产业大类将产品划分为 11 类，并用不同颜色加以区分，具体见图例。从图中可以发现，大部分产品之间存在一个技术关联网络，见图中③④⑤部分，有一个明显的网络核心，金属冶炼及制品业、部分化学工业、电气机械及电子通信设备制造业等产业位于核心，围绕在核心周围存在很多关联束，这些关联束表现出明显的专业化特征，即从核心向外延伸的每个方向主要以一种或两种产品为主，例如，左上部分以机械工业为主，右上部分一条以金属冶炼及制品业为主，一条以化学工业为主，右下部分以纺织服装业为主，左下部分以电气机械及电子通信设备制造业为主，这种同行业产品相互邻近或集聚说明相同行业内的产品技术关联度更强，这个结果被表 6 - 4 进一步验证。此外，还存在很多关联束分散在主网络之外，如图 6 - 2 中①②⑥所示，它们也表现出同行业产品相互邻近的特征。

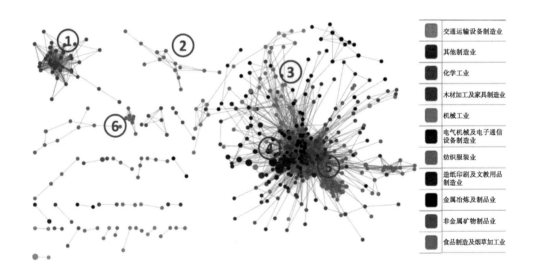

图 6 - 2　HS 码四位数产品的技术关联网络图

　　注：门槛设定为 0.3，即所有展示的是大于等于 0.3 的产品技术关联度；每个点代表不同的 HS 码四位数产品，产品依据区域间投入产出表的产业分类，具体见图例；点的大小代表 2002 ~ 2011 年不同产品出口额的大小，点越大出口额越大；该图用 Cytoscape3.2.1 绘制而成，layout 选择 edge - weighted spring embedded layout。

行业大类内部的产品差别也较大，为了更细致地了解产品空间的网络结构特征，下面将产品空间分成六个部分进行放大，标出每个点的 HS 四位码，以便了解产业细类的技术关联程度。通过六张细节图可以看出，产品不仅表现出大类邻近的特征，而且在大类行业集聚的内部也表现出小类（国民标准行业三位数制造业）邻近的特征。如图 6-3 所示（见图 6-2 中的①），在化学工业大类集聚的内部，基础化学原料制造业集聚在一起，连接密集且紧凑，医药制造业的自身虽松散但也集聚在一起，并且与基础化学原料制造业也存在技术关联，这两类化学工业与主网络分离，说明它们与其他行业的关联度较低。而化学工业还包括日用化学产品，涂料、颜料、油墨及类似产品，塑料制品等，前两种产品在图 6-5 中展示，是网络核心向外延展的一个关联束，而塑料制品在图 6-6 中展示，直接位于网络核心，这三种产品通常属于很多产品的中间投入品，因此与其他产品的技术关联度较高。

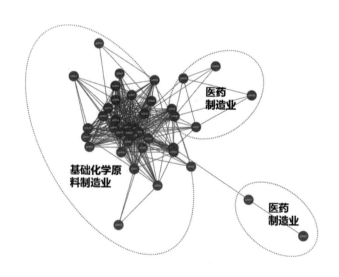

图 6-3　技术关联网络图的细节①

图 6-4 所展示的是与主网络分离的另一个重要的独立分支（见图 6-2 中的②），其以棉、麻、毛纺等纺织业为主，这些产品多数是最终产品，直接出口，因此与其他类型的产品关联度较低。纺织服装业还有另外一个重要的部分，在图 6-7

中展示，它们位于网络核心及其重要的延展方向上，从图中可以看出，整个集聚以绿色为主，说明纺织服装业与其他产品大类的关联度不高，技术关联的产品大多是其上下游产品，例如金属制品（纽扣和拉链）、工艺美术品（设计与装饰）、玻璃制品（镶嵌和装饰挂件等）。图6-4和图6-7的结果进一步被表6-4验证，纺织业与其他行业的平均技术关联度低，而服装业稍高。

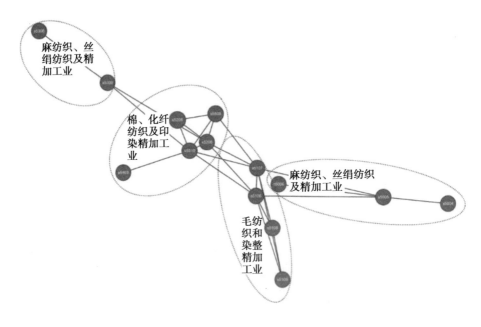

图6-4　技术关联网络图的细节②

图6-5所展示的是图6-2中③部分，产品大类内部同样展示出更高的技术关联度，大类之间也有连接，例如汽车制造业与锅炉及原动机、钢压延加工与金属制品业、汽车零部件及配件与金属制品。在这些产品中，金属制品位于较核心的位置，图6-6展示出金属制品更为核心的位置。图6-6展示网络核心以及电子通信设备的分支，核心主要被金属制品、仪器仪表、玻璃制品（见图6-7）、塑料制品等产品占据，因为这些是制造业重要的中间投入品或零部件。图6-6所展示的外围产品包括家用视听设备、通信设备、其他电器机械和电子元器件等，其中电子元器件与通信设备、其他电气机械（例如8504变压器、互感器等）

有较高关联度，电子元器件虽然和金属制品、仪器仪表等都是中间投入品，但其应用范围仅限于电气和电子产品，所以位于网络的边缘位置。

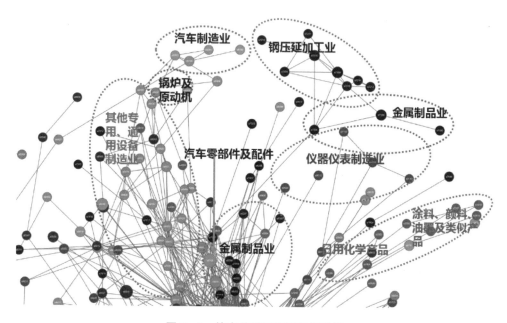

图6-5　技术关联网络图的细节③

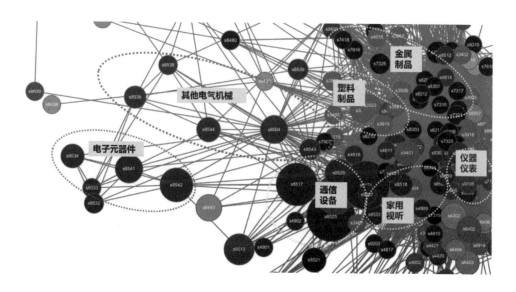

图6-6　技术关联网络图的细节④

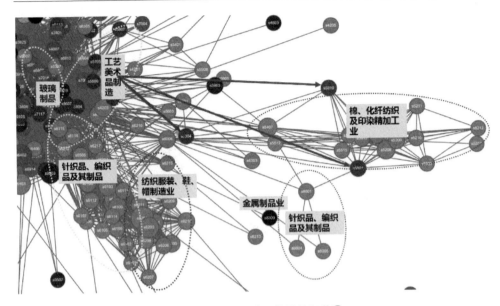

图6-7 技术关联网络图的细节⑤

图6-8展示图6-2中⑥的部分，展示了另外一个与网络相分离的重要部分——食品加工与制造和纺织服装业一样，食品属于技术相对独立的产品，某种程度上来说，食品在生产环节中几乎用不到其他行业的产品，所以几乎没有在产品空间中出现，而只是出现在周边零散的连接中，这与表6-4的结果一致，与其他行业产品甚至与自身行业内产品的技术关联度都很低。

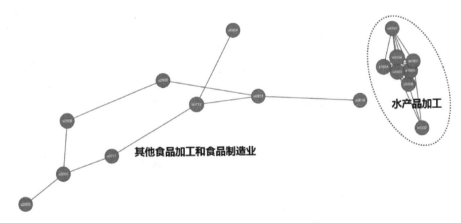

图6-8 技术关联网络图的细节⑥

表6-4 两位数制造业的技术关联度统计

两位数行业	平均值	行业内平均值	行业间平均值
塑料制品业	0.120	0.336	0.118
家具制造业	0.095	0.228	0.093
文教体育用品制造业	0.095	0.193	0.092
电气机械及器材制造业	0.093	0.186	0.090
橡胶制品业	0.091	0.157	0.090
非金属矿物制品业	0.090	0.154	0.087
通信设备、计算机及其他电子设备制造业	0.088	0.238	0.085
金属制品业	0.088	0.141	0.083
印刷业和记录媒介的复制	0.088	0.189	0.087
纺织服装、鞋、帽制造业	0.087	0.250	0.084
仪器仪表及文化、办公用机械制造业	0.085	0.142	0.082
通用设备制造业	0.080	0.156	0.076
工艺品及其他制造业	0.079	0.125	0.077
专用设备制造业	0.070	0.097	0.069
造纸及纸制品业	0.070	0.101	0.069
纺织业	0.067	0.113	0.063
化学纤维制造业	0.063	—	0.063
木材加工及木、竹、藤、棕、草制品业	0.059	0.112	0.058
化学原料及化学制品制造业	0.055	0.087	0.049
医药制造业	0.053	0.128	0.052
皮革、毛皮、羽毛（绒）及其制品业	0.050	0.070	0.049
交通运输设备制造业	0.048	0.073	0.047
黑色金属冶炼及压延加工业	0.046	0.093	0.045
有色金属冶炼及压延加工业	0.031	0.039	0.030
石油加工、炼焦及核燃料加工业	0.030	0.048	0.030
饮料制造业	0.030	0.063	0.030
农副食品加工业	0.024	0.037	0.022
烟草制品业	0.016	0.201	0.016

表6-4将产品间关联度按照不同标准汇总，发现两位数行业内产品的平均关联度远远高于行业间，行业内产品关联度更强，说明行业内产品所需要的投入要素和生产技术更相似。与其他所有产品的平均关联度最高的有塑料制品业，家具制品业，文教体育用品制造业，电气机械及器材制造业，橡胶制品业，非金属矿物制品业，通信设备、计算机及其他电子设备制造业等，这与图6-2至图6-8展示的结果一致，它们都位于产品空间的核心位置。行业内平均关联度较高的产业包括塑料制品业，家具制品业，通信设备、计算机及其他电子设备制造业，纺织服装业和烟草制造业等，与同一两位数行业内的产品平均关联度均超过0.2，其中通信设备、计算机及其他电子设备制造业，纺织服装业和烟草制造业属于行业内生产技术极为相似或行业内投入产出联系紧密的产品。行业间平均关联度较高的产品包括塑料制品业、家具制造业、文教体育用品制造业、电气机械及器材制造业和橡胶制品业等，与不同行业的产品平均关联度均超过0.09，它们大多是中间投入品生产行业；而饮料、农副食品和烟草制造业与其他行业之间的关联度最低，其中烟草制品业比较特殊，行业内关联度高，行业间关联度低，这主要是因为烟草生产环节简单且封闭，行业内生产技术比较相似，与其他行业技术十分不同，医药制造业也有这个特点。总之，技术关联度的统计结果基本符合我们的常识判断，中间投入品行业与其他行业的关联度较高，技术特殊的行业比较封闭，行业间关联度低。

二、城市出口产品多样化路径

为了验证城市出口产品多样化路径是否依赖产品间技术关联程度，下面考察新产品与未被出口的潜在产品在初期技术关联程度上的核密度分布差异（见图6-9）。横轴是产品在2002年与城市已出口产品的技术关联程度（上文中的$Density_{jc}$），新产品是指城市2002年未出口、2011年出口的产品，潜在产品是指城市在2002年和2011年都未出口的产品。与预期一致，潜在产品的分布在新产品的左侧，说明潜在产品与城市的技术关联度比新产品低，也就是说，与城市技术距离更近的产品被城市出口的概率大于更远的产品。经ANOVA检验，两个分布的差异在统计上显著。

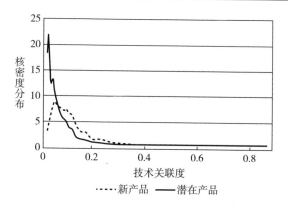

图 6 - 9 产品与城市技术关联度的核密度分布（全样本）

注：ANOVA 检验的 p 值为 0.0000，说明新产品与潜在产品的核密度分布具有统计上的显著差异。

就像 Martin 和 Sunley（2006）提到的，在许多方面，路径依赖和锁定是地点依赖的过程，也需要地理的解释，可见地理差异对于产品技术关联的贸易效应可能有重要影响。本书将上述总的分布拆分为四大区域，考察产品技术关联作用的区域差异性，如图 6 - 10 所示。结果发现新产品的分布都在潜在产品的右侧，且经 ANOVA 检验证明两种分布的差异在统计上显著，说明四个区域均表现出技术关联对城市产品多样化方向的显著正向影响。其中，东部两类产品的分布差异明显大于内陆地区，说明东部城市的产品多样化过程更依赖于产品技术关联，表现出更明显的路径依赖过程。

核密度分布并不能控制城市异质性，它是所有样本的平均表现，可能导致结果不准确，所以下面估计 Probit 模型，通过控制城市异质性来验证产品技术关联对产品多样化的影响。表 6 - 5 展示出技术关联对城市产品多样化的影响，上半部分五个模型没有控制城市异质性，下半部分五个模型控制了城市异质性，第一列是全样本的估计结果，第二、第三、第四、第五列分别是东部、中部、西部和东北地区的估计结果。首先，不控制城市异质性的结果显示，产品技术关联对城市产品多样化方向有显著的正向作用，其中对于全样本来说，产品与城市的技术关联度提高 0.01，该产品被城市出口的概率提高 5.48%。与核密度分布的结果不同，东部没有展现出比内陆地区更依赖产品技术关联，西部和东北表现出显著

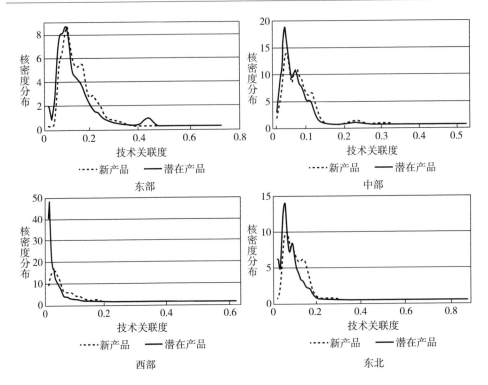

图 6 - 10　产品与城市技术关联度的核密度分布（分区域）

注：四个区域 ANOVA 检验的 p 值均为 0.0000，说明每个区域的新产品与潜在产品的核密度分布具有统计上的显著差异。

表 6 - 5　产品技术关联对城市出口产品多样化过程的影响

	全样本	东部	中部	西部	东北
产品与城市的技术关联度	5. 479 ***	1. 211 ***	3. 820 ***	6. 729 ***	5. 901 ***
	(0.049)	(0.073)	(0. 11)	(0.098)	(0.182)
常数	- 0. 990 ***	- 0. 220 ***	- 0. 812 ***	- 1. 250 ***	- 0. 998 ***
	(0.004)	(0. 01)	(0.008)	(0. 005)	(0. 014)
观测样本	313854	58783	81148	140203	33720
控制城市	否	否	否	否	否
LR chi2	12416	276. 8	1200	4690	1054
Prob > chi2	0	0	0	0	0

续表

	全样本	东部	中部	西部	东北
产品与城市的技术关联度	1.883***	7.214***	2.181***	−10.179***	−3.415***
	(0.206)	(0.442)	(0.413)	(0.534)	(0.525)
常数	−0.629***	−2.379***	−0.651***	−0.330***	−0.034
	(0.147)	(0.2)	(0.061)	(0.042)	(0.059)
观测样本	305182	57699	81148	132615	33720
控制城市	是	是	是	是	是
LR chi2	38077	4100	3594	13008	3403
Prob > chi2	0	0	0	0	0

注：①括号中的数字是标准差；②显著性水平：***表示 p < 0.01，**表示 p < 0.05，*表示 p < 0.1。

的路径依赖特征。然而，没有控制城市异质性，相当于所有城市的产品之间混合对比，而控制了城市异质性后，估计结果更多反映的是城市内部产品之间的对比，我国幅员辽阔，城市之间差异较大，控制城市异质性十分必要。控制城市异质性后，对于全样本来说，产品技术关联度的作用大大降低，说明不控制城市异质性严重高估了产品技术关联的作用。分区域的估计结果展现出极大的区域差异，与内陆城市相比，东部城市的产品多样化受到技术关联度的影响最大，换句话说，东部城市展现出更明显的路径依赖特征，这与核密度分布的结果一致，中部虽不如东部的作用那么大，但表现出产品技术关联的正向作用。然而值得一提的是西部和东北，产品技术关联的系数显著为负，说明新产品与城市的技术关联程度比潜在产品更低，也就是说西部和东北地区城市向着不相关产品演化。总之，从结果中可以观察到，东部、中部、东北和西部的产品技术关联对于城市产品多样化过程的作用呈递减趋势，东部最高，其次是中部，这两个区域的结果与大多数实证研究结果一致（Neffke et al.，2011；Boschma et al.，2013），遵循路径依赖过程，而东北和西部向不相关产品跳跃，西部跳跃的程度远大于东北。

三、企业出口产品多样化路径

为了考察企业出口产品多样化路径是否依赖产品间技术关联程度，下面用同样的方法与思路，对比新产品与潜在产品之间的核密度分布（见图6－11）。横轴是产品在2002年与企业已出口产品的技术关联程度（上文中的 $Density_{if}$），由于企业数量太多，这里以通信设备、计算机及其他电子设备制造业为例，共包括18585家企业集团、26596家企业子公司，企业集团是指海关数据中共用同一企业编码的企业，使用同一企业编码但出现在不同城市的被认为是企业子公司。与预期一致，潜在产品的分布在新产品的左侧，说明潜在产品的技术关联度不如新产品高。经过 ANOVA 检验，两个分布在统计上具有显著差异。也就是说，企业在选择新产品出口时通常选择与企业技术关联度更高的产品，与城市出口产品多样化一样，企业产品多样化方向也是路径依赖的，显著依赖于企业已有的技术基础。

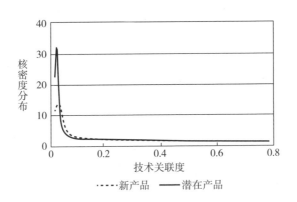

图6－11 产品与企业技术关联度的核密度分布

注：ANOVA 检验的 p 值为0.0000，说明新产品与潜在产品的核密度分布具有统计上的显著差异。

企业的路径依赖过程是否具有区域差异？下面将按照子公司所在区域，考察企业产品多样化路径的区域差异性（见图6－12）。从图中来看，新产品的分布都在潜在产品的右侧，且经 ANOVA 检验证明差异是统计上显著的，说明四个区域的企业产品多样化路径均表现出对企业技术基础的依赖。其中，东部企业的新产品与潜在产品在技术关联上的差异明显小于其他三个内陆地区的企业，说明内陆企业的产品多样化表现出更显著的路径依赖。

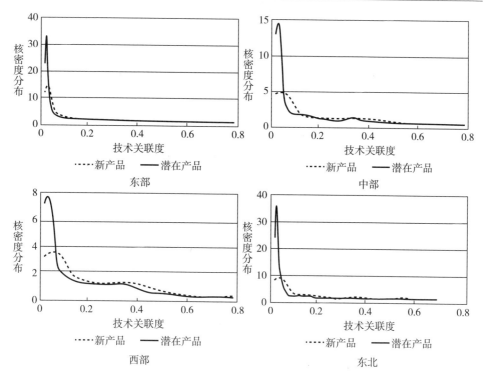

图6-12 四大区域的产品与企业技术关联程度的核密度分布

注：四个区域ANOVA检验的p值均为0.0000，说明每个区域企业的新产品与潜在产品在核密度分布上有显著差异。

表6-6估计Probit模型，展示出产品—企业技术关联度对企业出口产品多样化的影响。表6-6上半部分没有控制城市异质性，下半部分控制城市异质性，其中第一列是全样本的估计结果，第二、第三、第四、第五列分别是东部、中部、西部和东北地区的估计结果。无论是否控制城市异质性，模型估计结果都支持核密度分布的结果，即与企业技术关联度大的新产品被企业选择的概率更大。此外，与东部的企业相比，内陆企业的产品扩展更依赖企业技术基础。控制城市异质性后的参数比没控制的参数更大，说明控制城市异质性削弱了城市间对比的干扰，更突出了企业产品多样化的路径依赖特征。

城市产品多样化的路径依赖结果显示，东部地区比内陆地区更依赖城市的技术基础，而企业产品多样化的路径依赖结果显示，内陆地区比东部地区更依赖企

表6-6　产品—企业技术关联度对企业出口产品多样化的影响

	全部	东部	中部	西部	东北
产品与企业的技术关联度	0.562 ***	0.521 ***	0.811 ***	0.788 ***	1.426 ***
	(0.03)	(0.032)	(0.161)	(0.111)	(0.178)
常数	-1.684 ***	-1.677 ***	-1.761 ***	-1.776 ***	-1.711 ***
	(0.005)	(0.005)	(0.03)	(0.026)	(0.028)
观测样本	254532	227299	7724	12177	7332
控制城市	是	是	是	是	是
LR chi2	362.3	267.1	25.47	50.78	64.07
Prob > chi2	0	0	4.49E-07	0	0
	全部	东部	中部	西部	东北
产品与企业的技术关联度	0.803 ***	0.776 ***	0.849 ***	0.844 ***	1.596 ***
	(0.033)	(0.036)	(0.194)	(0.14)	(0.205)
常数	-1.585 ***	-1.583 ***	-1.814 ***	-1.751 ***	-1.812 ***
	(0.02)	(0.02)	(0.158)	(0.482)	(0.188)
观测样本	253376	227182	7403	11677	7114
控制城市	是	是	是	是	是
LR chi2	1567	1284	73.2	152.5	89.67
Prob > chi2	0	0	0.00497	0	1.84E-10

注：①括号中的数字是标准差；②显著性水平：*** 表示 $p < 0.01$，** 表示 $p < 0.05$，* 表示 $p < 0.1$。

业的技术基础，这说明内陆地区城市层面技术基础较差，所以企业沿着路径依赖所扩展的产品与当地技术基础有较低的关联度，由此推测，企业层面的路径依赖可能是内陆地区路径突破的重要来源；东部地区依赖当地雄厚的技术基础进行产品扩展，而企业所扩展的产品却与企业技术基础有较低的关联度，说明城市层面所积累的能力可能是东部企业路径突破的重要支撑。城市产品多样化的企业动态分解结果显示，内陆城市产品多样化更依赖已出口企业的产品扩展，这个结果与本节的结论相互印证，企业依赖自身技术基础扩展新产品可能是内陆地区城市出口产品多样化的重要路径。综上所述，城市与企业的相互作用是出口产品多样化的重要驱动力。

第三节　小结

本章利用企业层面的产品共存概率计算产品间技术关联度，更准确地反映产品技术关联的真正含义。这一计算方法优于以往技术关联度的测算方法，具有开创性。两位数行业内产品的平均关联度远远高于行业间，说明行业内产品所需要的投入要素和生产技术更相似。利用技术关联度，从城市和企业两个层面考察出口产品多样化路径对产品技术关联的依赖，发现无论是城市还是企业，产品多样化路径显著依赖于自身过去的产品技术基础，与其关联度越高的产品，被城市和企业选择的概率越大，符合路径依赖规律。

城市层面上，东部城市的产品扩展比内陆更依赖城市自身的技术基础，而企业层面上，内陆企业的产品扩展比东部更依赖企业自身的技术基础，这说明内陆地区城市层面技术基础较差，所以企业沿着路径依赖所扩展的产品与当地技术基础有较低的关联度，由此推测，企业层面的路径依赖可能是内陆地区路径突破的重要来源；东部地区依赖当地雄厚的技术基础进行产品扩展，而企业所扩展的产品却与企业技术基础有较低的关联度，说明城市层面所积累的能力可能是东部企业路径突破的重要支撑。

城市与企业两个尺度的产品多样化路径存在差异和互动，这可能是中国出口多样化的重要内在动力。而企业出口产品扩展及其背后的影响机制，是理解宏观产业多样化过程的重要微观视角。第七章将从探索企业产品扩展规律出发，研究城市与企业所提供的基础与能力如何影响企业产品多样化过程以及两者的交互作用。

第七章　市场关联与出口市场多元化路径

　　无论对于国家、区域还是企业来说，多元的出口市场不仅有利于提高规模经济效益和范围经济效益，更有利于分散国际市场风险。前文发现市场扩展边际的贡献大于产品扩展边际，与黄先海和周俊子（2011）的发现一致，市场扩展可能比产品扩展更重要。在前文描述的基础上，本章进一步从演化视角对市场多元化路径进行实证研究，考察区域与企业出口市场的多元化路径遵循怎样的规律。本章以国际贸易理论中的扩展引力模型为理论基础，利用共存分析方法测量国家或地区间的市场关联度，并以此为基础计算出新市场与城市或企业已出口市场的关联程度，具有开创性。

　　关于市场扩展边际的研究主要是围绕着引力模型进行的。传统引力模型基于完全竞争市场与理性人假设，认为双边贸易量与两国经济总量成正比，与地理距离成反比。后来学者们将地理距离扩展到贸易距离、经济距离、文化距离等（Tadesse and White，2010），这些模型关注的是东道国与市场之间的关系如何影响两国贸易。但Chaney（2014）认为，企业的市场扩展受到东道国与市场之间距离的影响属于直接搜索方式，企业在市场扩展过程中还可以通过间接搜索方式，一旦企业已经获得国外联系的网络，它会以已有贸易伙伴为中心向外远程搜索新的贸易伙伴。贸易伙伴网络的动态形成是根植于地理空间的，即如果法国出口商出口日本，他们会以日本为远程中心向外扩展继续寻找新合作伙伴，因此当企业获得更多的国外联系，他们更容易将目的地扩展到距离更远的国家（Chaney，2014）。这里的"距离"不仅指地理距离，也包括经济、社会、文化或外交距离，这些距离可以统称为国家或地区间的市场关联性，市场关联度越高，越容易被同一东道国出口，因为这样会大大降低东道国企业的信息收集成本、转换成本以及出口风险。

近年来学者们基于有限理性假设提出扩展引力模型（Extended Gravity Model），强调内生的、循环累积的演化过程，即未来的市场演化路径受到过去已有路径的影响，这一过程在贸易理论和演化经济地理学中也被称为"路径依赖过程"，目前的研究成果利用发达国家的数据从出口市场演化的视角验证路径依赖的存在，发现企业出口市场的扩展取决于新市场与已出口市场的邻近或关联程度，因为市场关联程度越高，出口到新市场需要付出的沉没成本越低，成功率越高（Defever et al.，2015；Morales et al.，2011）。最近有研究用中国的数据验证了扩展引力模型和路径依赖的存在。綦建红和冯晓洁（2014）、陈勇兵等（2012）、郭琪和朱晟君（2018）都在企业层面证实出口市场扩张的路径依赖特征，即与企业过去出口市场地理相近、文化相似的国家或地区更容易成为新出口市场。关于扩展引力模型的具体论述参见第三章。本章首先计算国家或地区间市场关联度，再加权到城市与企业层面，进而在城市与企业层面上考察市场多元化路径对市场关联度的依赖，并关注其区域差异。

第一节　测算方法

一、市场关联度

对国家或地区之间的市场关联度的测量一直以来是国际贸易研究领域的难点，Morales 等（2011）用四个虚拟变量衡量国家间市场关联度，但国家或地区之间关联的内涵远不止这几个方面，而且分解的四个变量无法对跨尺度的演化路径进行对比。受 Hidalgo 等（2007）的启发，本章借鉴共存分析法，计算两个国家或地区被同一企业出口的条件概率。共存分析法已被广泛用于测度产品之间的知识邻近性或技术关联度，该方法假设如果两种产品高频率地被同一国家或地区生产，说明两种产品生产所需要的生产技术、管理机制、基础设施、生产要素等方面具有很大相似性。同理，本书也可采用此方法测算市场关联度，但是要将国家或地区细化到企业层面，因为企业才是最微观的生产主体。企业做任何决定都依据成本最低或利润最大，它不太可能选择两个完全不相关的市场进行出口，付出两份沉没成本，但我们不排除这种可能，所以计算条件概率更准确，即如果两个国家高频率地被同一企业选为出口市场，说明出口两国所需要的信息相似或者所需要付出的成本相互重叠，那么出口其中一个国家以后，再出口另一个国家更容易获取市场信息或者所要付出的固定成本要少得多。因此，当这个条件概率足够高，就说明两个国家或地区间的市场关联度高。计算公式如下：

$$\theta_{mn} = \min\left\{ P(V_{fm}>0 \mid V_{fn}>0),\ P(V_{fn}>0 \mid V_{fm}>0) \right\}$$

其中，f 代表企业，m 和 n 代表国家或地区，V 是出口额，$P(V_{fm}>0 \mid V_{fn}>0)$ 是 m 和 n 被同一企业 f 出口的条件概率，如果 θ_{mn} 很高，说明 m 和 n 频繁地被同一企业出口，表示两个国家或地区之间的市场关联度高；反之，则表示关联度低。为了使市场关联度的测算更为全面且客观，这里使用的是全部 304763 家制造业出口企业、201 个国家或地区。本书将关联度高的市场对的集合称为市场关联度矩阵，是一个 201×201 的对称矩阵，矩阵中的每一项都是一组国家或地区间的市场关联度。此外，取两个条件概率的最小值可以避免过大地估计市场关联度。

二、新市场与城市、企业已出口市场的关联度

上文计算的 θ_{mn} 是国家或地区之间的市场关联度，为了将其落在空间与企业尺度上，本节采用 Hidalgo 等（2007）和 Boschma 等（2013）的思路，分别计算了新市场与城市已出口市场的关联度，以及新市场与企业已出口市场的关联度。前者的计算公式如下：

$$Density_{nc} = \frac{\sum_m (x_{cm}\,\theta_{mn})}{\sum_m \theta_{mn}}$$

其中，m 和 n 是国家或地区，c 代表城市，θ_{mn} 是上文定义的出口市场之间的关联度，x_{cm} 是一个虚拟变量，如果 m 是城市 c 的优势市场，则取值为 1；反之为 0。$Density_{nc}$ 越大，表明 n 与城市 c 已出口市场之间的关联度越高。

类似地，企业与新市场关联度的计算公式如下：

$$Density_{nf} = \frac{\sum_{m}(x_{fm}\,\theta_{mn})}{\sum_{m}\theta_{mn}}$$

其中，f 代表企业，x_{fm} 是一个虚拟变量，如果 m 被企业 f 出口，则取值为 1；反之为 0，其他符号的含义与前文相同。$Density_{nf}$ 越大，表明市场 n 与企业 f 已出口市场之间的关联度越高。由于同一个企业可能在多个城市有子公司，本书不考虑企业的区位，只要同一企业编码出口这个市场，我们就定义为 1，否则为 0。我们假设企业所具备的出口知识不受地理空间的限制，可以在企业内部自由流动。

下文采用核密度分布和计量回归模型，来研究市场关联如何影响城市或企业出口市场多元化路径。核密度分布方法是将初期不是出口市场的国家或地区分为两种：末期出口的新市场和末期仍然不出口的潜在市场，然后考察新市场与潜在市场的核密度分布差异，直观地考察是否市场关联度越高的国家或地区越容易成为城市或企业的新市场。考虑到城市和企业在出口市场上的表现不稳定，即2002～2011 年对于某出口市场可能存在多次进入和退出，所以本书采用多年定义法，将 2002 年和 2003 年的综合表现视为初期，将 2004～2011 年的综合表现视为末期，那么新市场是 2002～2003 年未被出口但 2004～2011 年至少有一年被出口的国家或地区，潜在市场是 2002～2011 年均未被出口的国家或地区，下文的新市场和潜在市场都遵循此定义。

为了更准确地考察市场关联的作用，本书建立城市层面的 Probit 回归模型如下：

$$P(Y_{nc} = 1 \mid X) = \Phi(X^{T}\beta)$$

其中，n 和 c 分别代表出口市场和城市，Y_{nc} 是一个二元变量，在研究期间市场 n 成为城市 c 的新市场，则取值为 1；市场 n 仍然是城市 c 的潜在市场，则取值为 0。解释变量包括 $Density_{nc}$ 和 $lndist$，前者是指在初始年时市场 n 与城市 c 已出口市场之间的关联程度，验证扩展引力模型所主张的间接搜索效应是否存在；$lndist$ 是指这些市场与中国的地理距离，验证传统引力模型所主张的直接搜索效应是否存在。鉴于被解释变量是二元变量，本书估计 Probit 计量模型，并且控制城市异质性。如果 $Density_{nc}$ 的系数显著为正，说明与城市出口市场关联度越高的市场，成为该城市新市场的可能性越大。也就是说，城市出口市场多元化过程遵循路径依赖规律。

企业层面的计量模型不仅包括初期企业层面的市场关联度 $Density_{nf}$ 和距离变量 $lndist$，还加入了企业所在城市的市场关联度 $Density_{nc}$，考察城市层面市场关联度对企业市场多元化路径的溢出效应。如果 $Density_{nf}$ 的系数显著为正，表明企业出口市场的多元化过程遵循路径依赖，换句话说，与企业已出口市场关联越紧密的国家或地区，成为新市场的可能性越大。如果 $Density_{nc}$ 的系数显著为正，说明企业出口市场多元化受到城市知识溢出效应的影响，也就是说，城市为企业出口某个市场所提供的信息越多，企业出口该市场的可能性越大。考虑到企业层面42444512 条庞大的样本量，本书借鉴 Boschma 等（2015）的方法，采用线性概率模型估计企业模型。

第二节　中国出口市场多元化路径

一、中国出口市场关联度

图 7-1 和表 7-1 分别展示了市场关联度 θ_{mn} 的核密度分布和统计描述。核

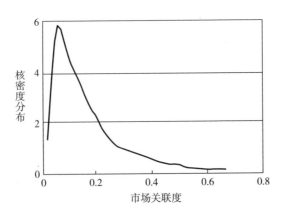

图 7-1　市场关联度 θ_{mn} 的核密度分布

密度分布严重左偏,说明大多数市场之间的关联度比较弱,在48138对国家或地区的市场关联度矩阵中,中位数是0.10,平均值为0.13,仅有10%超过0.30,这些低值不能表明市场间存在真正的关联性,因此需要定义一个门槛值来界定市场是否具有关联性。综合考虑核密度分布与统计结果以及市场关联度与产品技术关联度之间的区别,本书没有严格遵循Hidalgo等(2007)关于门槛值的选择标准[①],将市场关联的门槛值设定为0.3,即市场关联矩阵中有117个国家或地区(点)、2486对市场关联(边)。

表7-1 市场关联度 θ_{mn} 的统计描述

指标	统计	分位数临界值(%)	统计
关联市场对	48138	25	0.048243
平均值	0.13458	50	0.102275
标准差	0.113816	75	0.187008
最小值	0	90	0.303621
最大值	0.66393	95	0.376482

为了进一步考察基于共存分析法计算的市场关联度是否可靠,利用CEPII和世界银行官方数据库获得国家或地区间是否邻近、民间是否使用共同语言、历史上是否有殖民关系、用人口加权的地理距离、用GDP差距衡量的经济距离等数据,将这些传统衡量国家或地区间联系的变量作为解释变量,与本书计算的市场关联度做最小二乘回归,结果如表7-2所示,发现地理相邻、有共同语言、有殖民关系等因素与市场关联度有显著的正向关系,说明地理相邻、有共同语言、有殖民关系的国家或地区之间关联度更高,而地理距离和经济距离与市场关联度

---

① Hidalgo等(2007)认为门槛值的选择要遵循一定的规律,关联(线)的数量是产品(点)数量的两倍,最终他们选择0.55作为门槛值,网络中包括775个产品和1525个关联,与此研究不同,本书的研究对象是出口市场,由于国家数量远小于产品数量,如果严格遵循Hidalgo等(2007)的门槛选择标准,出口国将所剩无几,因此本书适当放低门槛(即0.3),既能删除大量相似度较低的市场对,又能保留大部分市场样本作为研究对象。

有显著的负向关系，说明地理距离和经济距离越近的国家或地区之间关联度更高。这个结果在很大程度上可以证明用共存分析方法计算的市场关联度是可靠的，更重要的是该测量方法将这些影响国家或地区关系的零散变量统一为市场关联度，方便后文在不同尺度上进行分析与比较。

表 7-2　市场关联度与国家或地区间历史、地理、文化等特征的关系

变量	估计结果
国家间是否邻近	0.091 ***
	(0.006)
民间是否使用共同语言	0.018 ***
	(0.002)
历史上是否有殖民地关系	0.062 ***
	(0.007)
人口加权的地理距离	-0.000 ***
	(0.000)
GDP 加权的地理距离	-0.000 ***
	(0.000)
常数项	0.185 ***
	(0.002)
观测值	25921
R^2 拟合优度	0.023

资料来源：根据 CEPII 官方数据整理计算得到。

二、城市出口市场多元化路径

为了验证市场关联度对城市层面出口市场多元化路径的影响，本书分别考察城市层面新市场与潜在市场的核密度分布（见图 7-2），其中，横轴是 2002 年市场关联程度（$Density_{nc}$）。结果显示，新市场的分布位于潜在市场分布的右侧，经过 ANOVA 检验，两个分布的差异在统计上显著，说明新市场与城市已出口市场的关联度比潜在市场高，这说明城市出口市场扩展不是随机的，而是与城市已

出口市场有关，如果一个潜在市场与该城市已出口市场的关联度较高，那么这个潜在市场变成新市场的概率会显著提高。

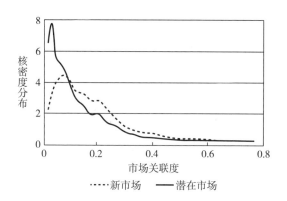

图7－2　新市场、潜在市场与城市已出口市场关联度的核密度分布（全样本）

注：ANOVA检验的p值为0.0000，说明新市场与潜在市场的核密度分布具有统计上的显著差异。

　　为了考察市场关联作用的区域差异性，本书将核密度分布拆分为四大区域（见图7－3）。通过对比各区域内新市场和潜在市场的分布，发现除了东部城市以外，其他三大区域新市场的分布都位于潜在市场的右侧，且经ANOVA检验证明差异在统计上显著，说明内陆地区的出口市场多元化路径均表现出对市场关联的依赖。但是东部城市新市场的分布在前半段位于潜在市场的左侧，后半段却在右侧，说明市场关联对东部城市的影响较复杂，需要后文建立计量经济学模型做进一步分析。此外还发现在西部和东北地区新市场与潜在市场的分布差异比其他区域大，说明市场关联度对西部和东北地区出口市场多元化路径的影响更大。

　　表7－3展示Probit模型的估计结果，在控制城市异质性的前提下，第一列是全样本的估计结果，第二、第三、第四、第五列分别是东部、中部、西部和东北地区的估计结果。首先，地理距离lndist在全样本和中、西、东北地区的模型中都显著为负，说明总体上距离我国越近的国家或地区，越可能成为新出口市场，内陆区域也遵循此规律，传统引力模型所强调的直接搜索效应在我国仍然起

作用。不同的是，地理距离的系数在东部模型中显著为正，说明东部城市已经开始向更远的市场进行扩展。

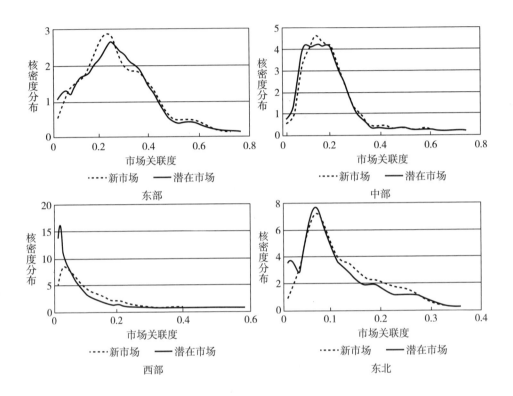

图 7 - 3 新市场、潜在市场与城市已出口市场关联度的核密度分布（分区域）

注：四个区域 ANOVA 检验的 p 值均为 0.0000，说明每个区域的新市场与潜在市场的核密度分布具有统计上的显著差异。

表 7 - 3 市场关联对城市出口市场多元化的影响

	未标准化				
	全样本	东部	中部	西部	东北
$Density_{nc}$	1.638 ***	0.726	1.132 **	3.031 ***	2.372 **
	(0.295)	(0.639)	(0.46)	(0.583)	(0.925)
$\ln dist$	-0.271 ***	0.158 ***	-0.269 ***	-0.384 ***	-0.233 ***
	(0.016)	(0.041)	(0.032)	(0.021)	(0.047)

续表

	未标准化				
	全样本	东部	中部	西部	东北
Constant	2.862 ***	-0.45	2.395 ***	3.205 ***	2.342 ***
	(0.631)	(0.725)	(0.392)	(0.278)	(0.493)
城市异质性	控制	控制	控制	控制	控制
样本数	41349	5325	9623	21506	4895
LR chi2	6539	547.9	384.9	3762	632.4
Prob > chi2	0	0	0	0	0
	标准化				
	全样本	东部	中部	西部	东北
$Density_{nc}$	0.180 ***	0.08	0.124 **	0.332 ***	0.260 **
	(0.032)	(0.07)	(0.05)	(0.064)	(0.101)
ln*dist*	-0.139 ***	0.081 ***	-0.138 ***	-0.197 ***	-0.119 ***
	(0.008)	(0.021)	(0.016)	(0.011)	(0.024)
Constant	0.585	1.070 *	0.074	0.056	0.492 ***
	(0.602)	(0.565)	(0.21)	(0.149)	(0.143)
城市异质性	控制	控制	控制	控制	控制
样本数	41349	5325	9623	21506	4895
LR chi2	6539	547.9	384.9	3762	632.4
Prob > chi2	0	0	0	0	0

注：①括号中的数字是标准差；②显著性水平：*** 表示 $p < 0.01$，** 表示 $p < 0.05$，* 表示 $p < 0.1$。

其次，全样本的结果表现出中国出口市场多元化过程的路径依赖特征，即市场与城市已出口市场的关联度越高，被城市作为新市场扩展的概率越高，说明中国出口市场的多元化路径可以被扩展引力模型所强调的间接搜索效应所解释。

再次，间接搜索效应存在显著的区域差异：西部和东北的系数较大，与核密度结果都证明了其市场扩展更依赖市场关联；东部的系数不显著，说明东部城市的出口市场扩展不显著依赖过去的出口路径，与前文的核密度结果一致，也与过去一些文献的研究结果一致，即越是发达国家或地区，越有能力出口到更远、更陌生的市场，这个结论也与地理距离的结果相互印证，因此可以将东部城市不依赖过去出口路径的多元化过程视为路径突破。

总之，东部、中部、东北和西部的城市出口市场多元化对市场关联的依赖呈递增趋势，即东部地区不显著依赖市场关联，西部地区受其影响最大，东北和中部显著不如西部对市场关联的依赖，说明越是发达地区，越有能力克服高昂的出口沉没成本，向更远、更陌生的市场拓展。

最后，为了比较直接搜索效应和间接搜索效应，将所有变量进行标准化，发现除了东部城市以外，全样本和内陆城市的出口市场多元化过程对间接搜索方式的依赖显著大于直接搜索方式，进一步证明出口市场多元化路径不是随机的，也不是外生的，而是更依赖历史路径的。

三、企业出口市场多元化路径

城市与区域的出口市场多元化是中观层面的研究，有利于把握国家和区域发展的动态趋势，但企业才是活跃在出口市场上的微观主体，在企业层面探究市场多元化路径才能发现城市与区域出口多元化路径背后的微观机制。与前文的思路相似，首先考察企业新市场和潜在市场的核密度分布（见图7-4），其中，横轴是2002年市场与企业已出口市场的关联度（$Density_{nf}$）。结果显示，新市场的分

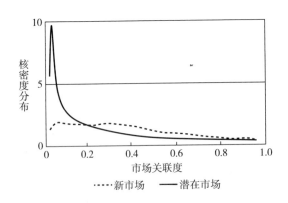

图7-4 新市场、潜在市场与企业已出口市场关联度的核密度分布（全样本）

注：ANOVA检验的p值为0.0000，说明新市场与潜在市场的核密度分布具有统计上的显著差异。

布位于潜在市场的右侧，说明企业更倾向于选择与自身市场关联度更高的国家或地区作为新出口市场。经过 ANOVA 检验，两个分布的差异在统计上显著。也就是说，企业不是随机地选择新市场，而是与企业已经出口哪些市场有关，一个市场与企业已经出口的关联度越高，说明该企业掌握与该市场有关的信息越多，包括出口渠道、市场大小、制度文化特征等相关信息，这不仅可以降低出口风险，也能降低出口沉没成本，大大提高其被出口的概率。

图 7-5 考察区域差异，结果发现与全样本结果一样，新市场的分布都在潜在市场右侧，说明四个区域的企业在出口市场多元化过程中均表现出对过去出口路径的依赖。但从图中看不出区域间差异的大小，因此下文建立计量经济学模型。表 7-4 展示出市场关联对企业市场多元化路径的影响，发现如下结论。首先，

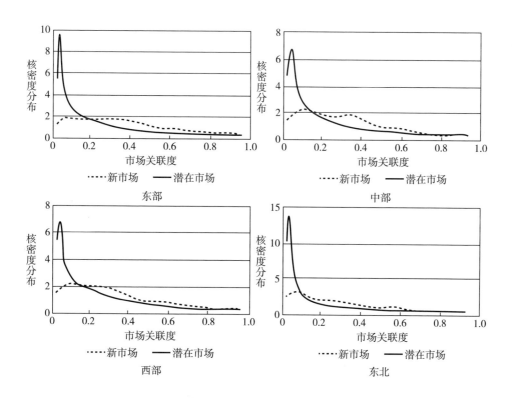

图 7-5 新市场、潜在市场与企业已出口市场关联度的核密度分布（分区域）

注：四个区域 ANOVA 检验的 p 值均为 0.0000，说明每个区域的新市场与潜在市场的核密度分布具有统计上的显著差异。

表7-4 市场关联与企业出口市场多元化

未标准化					
	全样本	东部	中部	西部	东北
$Density_{nf}$	0.055 ***	0.064 ***	0.016 ***	0.018 ***	0.030 ***
	(0.000)	(0.000)	(0.000)	(0.000)	(0.000)
$Density_{nc}$	0.035 ***	0.037 ***	0.020 ***	0.025 ***	0.042 ***
	(0.000)	(0.000)	(0.000)	(0.001)	(0.001)
$\ln dist$	-0.015 ***	-0.016 ***	-0.010 ***	-0.010 ***	-0.012 ***
	(0.000)	(0.000)	(0.000)	(0.000)	(0.000)
$Constant$	0.127 ***	0.133 ***	0.083	0.086 ***	0.104 ***
	(0.000)	(0.000)	(0.785)	(0.005)	(0.003)
城市异质性	控制	控制	控制	控制	控制
样本数	42444512	35531861	2351433	2131849	2429369
标准化					
	全样本	东部	中部	西部	东北
$Density_{nf}$	0.011 ***	0.012 ***	0.003 ***	0.003 ***	0.006 ***
	(0.000)	(0.000)	(0.000)	(0.000)	(0.000)
$Density_{nc}$	0.007 ***	0.007 ***	0.004 ***	0.005 ***	0.008 ***
	(0.000)	(0.000)	(0.000)	(0.000)	(0.000)
$\ln dist$	-0.008 ***	-0.009 ***	-0.005 ***	-0.006 ***	-0.006 ***
	(0.000)	(0.000)	(0.000)	(0.000)	(0.000)
$Constant$	0.009 ***	0.009 ***	0.005	0.014 ***	0.015 ***
	(0.000)	(0.000)	(1.75)	(0.005)	(0.002)
城市异质性	控制	控制	控制	控制	控制
样本数	42444512	35531861	2351433	2131849	2429369

注：①括号中的数字是标准差；②显著性水平：*** 表示 $p < 0.01$，** 表示 $p < 0.05$，* 表示 $p < 0.1$。

企业层面的市场关联均显著为正，而地理距离均显著为负，说明企业出口市场多元化过程既遵循传统引力模型的直接搜索方式，又采纳扩展引力模型的间接搜索方式。

其次，不同区域的企业市场多元化路径都显著依赖企业已有的出口市场网络，与企业市场关联度越高的国家或地区成为新市场的概率越大，其中东部企业对市场关联的依赖显著大于内陆地区，这与城市层面的结果恰好相反。城市层面的结果显示，东部城市的市场多元化路径没有显著依赖城市过去的出口市场网络，展现出一定程度的路径突破；而企业层面的结果却显示，东部企业严重依赖企业自己的历史路径。两个层面的相反结果说明城市的路径突破是企业路径依赖的宏观表现，背后的原因可能是企业沿着自身路径所扩展的新市场帮助其所在城市突破原有出口路径，向关联度更低的市场扩展。然而内陆地区的市场多元化路径在城市和企业两个层面都表现出对市场关联的依赖，说明内陆地区企业没有足够强大到帮助城市实现路径突破。无论是产品维度还是市场维度，城市与企业两个层面路径的差异和互动可能是中国出口多样化的重要内在动力。因此，第九章将从探索企业层面出口多样化规律出发，研究城市与企业所提供的技术基础与能力如何影响企业出口多样化过程，以及城市与企业两股力量的对比与交互作用。

虽然企业出口扩展是城市出口扩展的微观来源，但城市同时也是企业生存所依赖的外在环境。不同国家或地区在市场发育程度、消费者偏好、制度文化等方面表现出来的差异性会带来不确定性和风险，使企业不得不在出口前获取市场信息，为此所付出的搜寻成本是企业出口不得不面对的沉没成本之一（Melitz，2003；Das et al.，2007；Morales et al.，2011）。除了企业自身以外，外部性是低成本获取市场信息、克服沉没成本的途径，因此近年来有越来越多的研究开始关注出口溢出效应对企业进入新出口市场的影响，他们发现其他出口企业所拥有的知识可以溢出给潜在出口商从而降低其出口成本（Albornoz et al.，2012；Koenig，2009；Koenig et al.，2010；Krautheim，2012；Cassey and Schmeiser，2013）。因此，城市层面的市场关联度（$Density_{nc}$）被引入企业模型中来控制城市层面的出口溢出效应。

表7-4的结果显示，城市层面市场关联度的系数为0.035，且统计上显著，说明企业所在城市的出口市场与某市场的关联度越高，企业扩展到该市场的概率越高。通过对比标准化后的系数发现，东部企业层面市场关联度的系数显著小于城市层面市场关联度，说明东部企业出口市场扩展对企业自身经验的依赖显著多

于对城市出口溢出的依赖，而内陆地区的企业恰恰相反，内陆城市能够提供的信息越多，该城市的企业越容易进行出口市场多元化。

第三节　小结

借鉴 Hidalgo 等（2007）的方法，本章创造性地将共存分析法应用到对市场关联度的测量，弥补了市场关联度的多维度测量方法所具有的缺陷，可以对多尺度之间的多元化路径加以比较和探讨。本书从城市和企业两个层面考察市场关联对中国出口市场多元化路径的影响，主要发现以下几点结论：首先，从全国样本来看，城市和企业两个层面的出口多元化路径同时受制于直接搜索方式和间接搜索方式，不仅受到新市场的地理距离的影响，也显著依赖于自身过去的出口市场，而且后者一般比前者的作用更大，说明与过去出口市场关联度越高的国家或地区，被城市和企业扩展为新市场的概率越大，证实了中国出口市场多元化过程是遵循路径依赖的。其次，分区域后的研究结果显示，不是每个区域的城市和企业都遵循路径依赖过程，其中，东部城市表现出路径突破，但东部企业的出口市场扩展比其他区域的企业更依赖自己过去的出口市场网络，这说明企业沿着路径依赖所扩展的新市场帮助东部城市实现了路径突破，可见企业层面的路径依赖可能是东部城市路径突破的重要来源；同时，城市层面的溢出效应对企业市场扩展的影响也显著存在，城市与企业之间的协同演化是中国出口市场多元化过程的重要机制。

区域经济发展模式是动态演化的，路径依赖和路径突破在这个过程中同时存在，这与曾刚等（2015）和贺灿飞等（2017）的分析一致。过去的研究发现区域路径突破通常来源于外生冲击，例如技术变革、金融危机或制度改革等，但本书发现区域路径突破并不必然因外生冲击而产生，新路径可能是由区域中企业依赖自身的经验和能力向新市场扩展这一内生力量导致的，企业依赖自身能力开拓的新路径打破了区域原有平衡，为区域带来新市场，从而可能通过信息的空间溢出效应，引领其他企业向新路径发展，开启了区域或城市发展的良性循环。这个过程涉及企业出口多元化路径和区域出口多元化路径的交互关系和协同演化。企业不仅是区域中受到区域影响的被动方，也可以是拉动区域发展、塑造区域新路径的主动方；区域不仅是企业所依赖的环境，也可以是跟随企业成长的依赖者。为了验证此推论，仍需要继续在企业、城市、区域等多层次间的协同演化路径方面做大量的探索工作。

第八章 企业经验、空间溢出与企业出口产品扩展

企业出口扩展是新新贸易理论出现以后国际贸易领域的重要研究主题。Mayer 等（2014）、Bernard 等（2011）、Arkolakis 和 Muendler（2010）在新新贸易理论基础上放开了企业单一产品假定，对多产品企业的贸易理论模型做出开创性贡献，使对于企业产品范围或市场范围调整——也就是企业内扩展边际的讨论成为可能，有利于理解出口多样化过程的微观机制。实证研究中因受到理论发展和数据限制等，对企业间扩展边际即企业在出口市场上的进入和退出的讨论较多，对企业内扩展边际的讨论较少，尤其基于发展中国家的讨论更少，但企业内部的产品多样化和市场多元化对出口增长的贡献不容忽视。

前文的研究发现，企业内扩展边际是出口增长以及城市出口多样化的重要来源之一，同时也是研究出口扩展路径的重要微观切入点，因此本章和下一章将从企业内扩展边际切入，研究企业产品扩展和市场扩展的影响因素。前文讨论中国出口多样化的路径依赖现象，但只在企业层面讨论企业，在城市层面讨论城市，尽管获得了有关企业路径与城市路径相互作用的一些初步发现，但并未真正考察企业与城市层面的交互作用对多样化路径的影响。以企业内产品扩展路径为研究对象，基于本书第三章所构建的"企业经验—空间溢出"解释框架，本章不仅考察企业经验对企业产品扩展的影响，而且强调空间邻近的其他企业存在溢出效应，并讨论企业经验与空间溢出的作用大小及其交互作用。

本章和下一章的实证分析以电子通信设备制造业为例，主要考虑以下两个原因：第一，电子通信设备制造业是 2002～2011 年中国出口规模最大的制造业行业，也是增长最快的行业之一，为我国对外贸易做出重要贡献。而且该行业是

2002～2011 年东部、中部、西部和东北地区各区域进行产品扩展的主要方向，逐渐成为四大区域最主要的出口行业。第二，电子通信设备制造业属于高新技术行业，是中国制造业未来的发展方向。电子计算机和通信设备的发展是第三次科学技术革命的标志之一，对人类经济社会的飞速发展影响深远。中国的改革开放不仅赶上了纺织服装、鞋帽等劳动密集型产业的全球转移，也面临着第三次技术革命后全球价值链分工背景下电子计算机和通信设备的劳动密集型生产环节的全球转移。中国的电子通信设备制造业起步于组装等低端生产环节，但随着技术与资本的积累，逐步向上游高端生产环节进阶，有了华为、联想等一系列自主品牌，在国际上拥有一席之地。作为高新技术行业，电子通信设备制造业拥有良好的发展前景，是中国借助第三次技术革命实现中华民族伟大复兴的重要机遇。因此，这里以电子通信设备制造业企业的产品和市场扩展为例，剖析中国制造业出口多样化的微观机制。

第一节　计量模型和变量设定

企业产品扩展可以分解为两个阶段：是否进行扩展和如何进行扩展。前者是在企业层面上讨论具有哪些特征的企业扩展新产品，后者是探究企业如何选择新产品。两个阶段的研究问题不同，模型和变量的选择自然也不同，本节将为这两个阶段分别构建计量模型，并给出变量的测量方法和描述性统计。

一、出口产品扩展企业特征

为了解释是否进行产品扩展，本节建立如下 Logit 模型：

$$\ln\left(\frac{P}{1-P}\right) = \alpha_0 + \alpha_1 X_1 + \alpha_2 X_2 + \varepsilon$$

其中，P 是企业进行出口产品扩展的概率。X_1 是企业特征变量集合，包括企业所有制、企业出口产品种类数、是否是独立企业。具体来说，企业所有制分为外资企业、国有企业、私有企业和集体企业，其中外资企业包括外商独资企业、中外合资企业和中外合作企业；企业出口产品种类是按照 HS 四位码产品划分的企业产品种类；是否是独立企业是指没有其他分公司的企业设为 1，即在海关数据库中其他城市没有相同编码的企业；相反，如果在其他城市有相同编码，就说明与该企业归属于同一个企业集团，设为 0。X_2 是企业的区位变量，包括是否是内陆港口城市、是否是沿海港口城市、是否是省会或直辖市以及区域虚拟变量。ε 为误差项。

二、企业产品扩展方向

按照前文建立的解释框架和假设，影响企业产品扩展的因素包括企业经验和空间溢出两个层面：企业经验包括企业对某产品的出口经验（Export）和进口经验（Import）以及企业在某产品上积累的关联产品出口经验（Relate，后文简称为"关联经验"）；空间溢出在这里限制在城市层面上，包括城市其他企业对某产品的出口集聚（AgglExport）和进口集聚（AgglImport）以及某产品的关联产品在城市的集聚程度（AgglRelate，后文简称为"关联集聚"）。为了解释企业如何进行产品扩展，建立条件 Logit 模型如下：

$$P(Y_{ci} = j \mid x_{cij}) = \frac{\exp(x'_{cij}\beta)}{\sum\limits_{k=1}^{J} \exp(x'_{cik}\beta)}$$

其中，i 和 j 分别表示企业和产品，c 表示企业 i 所在城市。x_{cij} 是影响企业 i 是否选择 j 的变量集合，包括 Relate、Export、Import、AgglRelate、AgglExport、AgglImport 等，它们既随企业 i 变化而变化，又随产品 j 变化而变化。该模型的研究年份为 2002～2006 年，研究对象是已出口企业。如何定义新产品和潜在产品是一个关键问题。以往研究认为，企业出口产品的动态变化不稳定，例如今年出口的产品去年没有出口，但前年有出口，如果只以去年没有出口就断定该产品是企业的新出口产品，会导致对新产品数量的高估。因此，本章使用多年定义法，将企业在 2002～2003 年都没有出口、2004～2006 年有出口的产品定义为企业扩展的新产品，将企业在 2002～2006 年都没有出口的产品定义为企业潜在出口产品。当然，这些产品限定在电子通信设备制造业。

因为研究对象是指已出口企业，它可能是某集团企业的子公司，尽管某产品对于子公司是新出口产品，但对于企业集团可能是已出口产品，因此，研究初期子公司所在企业集团可能对子公司未出口产品具有出口经验，本章用初期企业集团该产品的出口额来衡量企业对该产品的出口经验。同样地，用初期企业集团该产品的进口额来衡量企业通过进口渠道所获取的信息量。

本章将通过对比各个回归系数的大小来比较直接经验和间接经验的作用大小以及企业经验与空间溢出的作用大小，Density 的测量只依赖产品间的技术关联度，其实背后假设产品出口额是同质的，但企业对于不同产品的出口额差异很大，其反映的技术基础和市场信息不同，出口额大的产品说明企业在这个产品上的技术基础较雄厚，市场信息较多，而出口额较小的产品反映企业在这个产品上还不具备技术与市场优势。基于这些原因，本章企业关联经验变量的计算公式如下：

$$Relate_{jf} = \sum_i (export_{fi} \times \varnothing_{ij}), \quad \varnothing_{ij} = \begin{cases} \varnothing_{ij}, & \text{if } \varnothing_{ij} \geqslant 0.3 \\ 0, & \text{if } \varnothing_{ij} < 0.3 \end{cases}$$

其中，i、j 代表产品，f 代表企业，$export_{fi}$ 是指企业 f 对于产品 i 的出口额，$\varnothing_{ij}$ 是产品 i 和 j 的技术关联程度，这里将 $\varnothing_{ij}$ 小于 0.3 视为不存在技术关联，避免关联度较低、出口额很大的产品干扰技术关联度的测量，0.3 以上的 $\varnothing_{ij}$ 作为权重，计算企业 f 对产品 j 的关联产品的出口额加权之和，即 $Relate_{jf}$，反映企业对于产品 j 的关联产品所积累的出口经验。

同理，城市关联集聚变量的计算公式如下：

$$AgglRelate_{jcf} = \sum_i \left[(export_{ci} - export_{fi}) * \varnothing_{ij} \right], \quad \varnothing_{ij} = \begin{cases} \varnothing_{ij}, & \text{if } \varnothing_{ij} \geqslant 0.3 \\ 0, & \text{if } \varnothing_{ij} < 0.3 \end{cases}$$

其中，c 代表城市，$export_{ci}$ 代表企业 f 所在城市 c 对于产品 i 的出口额，$export_{fi}$ 代表企业 f 对于产品 i 的出口额，$export_{ci} - export_{fi}$ 代表去掉企业自身出口额之后企业所在城市其他企业对产品 i 的出口额，$\varnothing_{ij}$ 即产品 i 和 j 的技术关联程度作为权重。$AgglRelate_{jcf}$ 计算城市 c 为企业 f 出口产品 j 所提供的关联集聚水平，这个变量因剥离企业自身的出口额影响，因而具有相对外生性。所有变量都取对数。

第二节　中国企业出口产品扩展的实证分析

一、基本描述分析

表8-1是第一阶段模型变量的统计描述。由表8-1可知，2002~2006年有8834家电子通信设备制造业企业始终出口，其中51.82%进行产品扩展，其余没有增加新出口产品。这些企业中，外资企业占绝大部分，比重为66.75%，私营企业和国有企业分别占17.18%、12.55%，集体企业占3.17%。这些企业平均出口产品6.3个，最少1个，最多49个，标准差大于均值，说明企业出口产品数的分布较离散，没有集中在均值附近。关于这些企业的区位，23.32%的企业位于内陆港口城市，54.25%位于沿海港口城市，31.67%位于省会或直辖市。91.88%的企业位于东部地区，位于中、西部和东北地区的企业分别占2.17%、2.92%和3.02%，位于内陆的企业加起来也不足一成。

表8-1　企业是否进行产品扩展模型各变量的统计描述

变量名	变量含义	观测数	均值	标准差	最小值	最大值
Y	企业是否进行产品扩展	8834	0.5182	0.4997	0	1
外资企业	是否是外资企业	8834	0.6675	0.4711	0	1
私营企业	是否是私营企业	8834	0.1718	0.3773	0	1
国有企业	是否是国有企业	8834	0.1255	0.3313	0	1
集体企业	是否是集体企业	8834	0.0317	0.1752	0	1
企业产品数	企业出口HS四位码产品数	8834	6.2993	8.2234	1	49
独立企业	是否是独立企业	8834	0.8746	0.3312	0	1
内陆港口	是否位于内陆港口城市	8834	0.2332	0.4229	0	1
沿海港口	是否位于沿海港口城市	8834	0.5424	0.4982	0	1
省会或直辖市	是否位于省会或直辖市	8834	0.3167	0.4652	0	1
东部	是否位于东部地区	8834	0.9188	0.2731	0	1
中部	是否位于中部地区	8834	0.0217	0.1458	0	1
西部	是否位于西部地区	8834	0.0292	0.1684	0	1
东北	是否位于东北地区	8834	0.0302	0.1712	0	1

表8-2展示了企业产品选择模型各变量的统计描述，一共77564组企业—产品观测对，其中未被选择出口的企业—产品对有69461个，被企业选择出口的企业—产品对有8103个。被统计的变量包括企业经验变量和空间溢出变量，前者包括相同产品出口额、进口额以及关联产品出口额，后者包括城市相同产品出口集聚、进口集聚以及关联产品出口集聚。如表8-2所示，被选择的产品在所有变量的均值上都大于未被选择的产品，说明从企业经验角度来说，企业选择自身更有进出口经验和关联经验的产品进行扩展，从城市层面来说，城市其他企业能提供的出口溢出、进口溢出以及关联溢出更多的产品，更容易被企业选择作为新产品进行扩展。然而，这只是简单的统计描述，这些结论还需要通过建立计量经济学模型进一步验证。

表8-2　企业产品选择模型各变量的统计描述

变量名	含义	观测数	均值	标准差	最小值	最大值
未被扩展的企业—产品对						
Export	相同产品出口经验	69461	0.081	0.907	0	18.929
Import	相同产品进口经验	69461	0.871	2.94	0	21.368
Related	关联产品出口经验	69461	7.626	5.775	0	20.945
AgglExport	相同产品出口溢出	69461	15.022	5.931	0	22.362
AgglImport	相同产品进口溢出	69461	14.644	5.713	0	23.047
AgglRelate	关联产品出口溢出	69461	17.731	7.178	0	23.155
被扩展的企业—产品对						
Export	相同产品出口经验	8103	0.373	1.941	0	19.208
Import	相同产品进口经验	8103	3.084	5.187	0	19.378
Related	关联产品出口经验	8103	10.668	4.469	0	20.789
AgglExport	相同产品出口溢出	8103	17.384	4.329	0	22.362
AgglImport	相同产品进口溢出	8103	16.967	4.637	0	23.047
AgglRelate	关联产品出口溢出	8103	20.535	3.695	0	23.155

二、出口产品扩展的企业特征

表8-3解释了什么特征的企业会扩展新产品。企业层面所有变量之间有较

严重的多重共线性，因此将企业层面变量分别引入模型。四种类型企业中，只有私营企业的回归系数正显著（见表8-3的模型3结果），说明私营企业进行产品扩展的概率显著大于其他企业，私营企业有如此明显的产品扩展行为，可能因为2002~2006年是电子通信设备制造业私营企业发展迅速的阶段，1998年亚洲金融危机之后至2007年全球金融危机之前，国内外金融与投资环境稳定，电子通信设备全球市场的飞速扩张，我国中央及地方政府对于该产业的政策倾斜，为私营企业发展提供了良好的国际国内环境。

表8-3　产品扩展的企业特征模型估计结果

	模型1	模型2	模型3	模型4	模型5	模型6	模型7
外资企业	-0.213 (0.374)	-0.382*** (0.047)					
私营企业	0.228 (0.378)		0.463*** (0.058)				
国有企业	-0.108 (0.379)			0.101 (0.067)			
集体企业	-0.042 (0.393)				0.147 (0.123)		
企业产品数	0.026*** (0.003)					0.029*** (0.003)	
独立企业	0.122* (0.074)						-0.179*** (0.065)
内陆港口	0.358*** (0.069)	0.412*** (0.068)	0.354*** (0.067)	0.320*** (0.067)	0.311*** (0.066)	0.299*** (0.067)	0.320*** (0.067)
沿海港口	0.143** (0.058)	0.207*** (0.057)	0.154*** (0.057)	0.163*** (0.057)	0.154*** (0.057)	0.130** (0.057)	0.164*** (0.057)
省会或直辖市	0.219*** (0.049)	0.228*** (0.048)	0.261*** (0.049)	0.201*** (0.048)	0.210*** (0.048)	0.180*** (0.048)	0.219*** (0.048)
东部	0.225 (0.153)	0.316** (0.152)	0.246 (0.152)	0.233 (0.151)	0.224 (0.151)	0.172 (0.151)	0.221 (0.151)
西部	0.365* (0.195)	0.383** (0.194)	0.399** (0.194)	0.405** (0.193)	0.411** (0.193)	0.366* (0.194)	0.396** (0.193)

续表

	模型 1	模型 2	模型 3	模型 4	模型 5	模型 6	模型 7
东北	0.354 *	0.456 **	0.409 **	0.348 *	0.346 *	0.265	0.346 *
	(0.195)	(0.194)	(0.193)	(0.192)	(0.192)	(0.193)	(0.192)
常数项	−0.533	−0.267 *	−0.504 ***	−0.403 ***	−0.382 **	−0.481 ***	−0.228
	(0.411)	(0.151)	(0.152)	(0.152)	(0.150)	(0.151)	(0.158)
观测值	8834	8834	8834	8834	8834	8834	8834
LR chi2	200.7	104.2	102.5	40.70	39.86	153.4	46
Prob > chi2	0	0	0	9.26e−07	1.34e−06	0	8.73e−08

注：①括号中的数字是标准差；②显著性水平：*** 表示 $p < 0.01$，** 表示 $p < 0.05$，* 表示 $p < 0.1$。

　　但出乎意料的是，在如此优越的环境中，中国该行业的外资企业扩展新产品的概率显著比其他企业小（见表 8 - 3 的模型 2 结果）。外资企业如此低的产品扩展概率是因为已经拥有足够多的产品种类，还是因为外资企业本身重视规模经济而不是范围经济？为了进一步解释原因，下面对这些外资企业的产值与产品特征做一个简单的统计，如表 8 - 4 所示。外资企业的平均出口规模远远大于所有企业或私营企业的平均出口规模，但是企业平均产品种类却只有 4.68 个，低于所有企业包括私营企业的产品种类，因此，外资企业单个产品平均出口规模也远远大于所有企业。这说明外资企业产品扩展概率显著低于其他企业是因为其本身对于规模经济的追求，外资企业具有诸多天然优势，其产品的海外营销渠道多、市场大；另外，外资企业判断市场走向的能力和承担市场风险的能力较强，也会导致其调整出口市场的意愿强于产品扩展的意愿；另外，外资企业的全球生产链有着明确的分工，不会轻易改变产品的生产安排。

　　企业出口产品种类数对企业产品扩展有显著的正向影响，一方面可能说明产品种类多的企业拥有更丰富的生产与出口经验，更有利于向新产品扩展；另一方面也可能是自身选择原因，依赖范围经济存活与发展的企业，本身就有较多产品种类，而此类企业也更有意愿扩展产品范围。总之，产品种类越多的企业，进行产品扩展的可能性更大。模型 7 的结果显示，在其他城市没有分公司的企业扩展

表8-4 外资企业特征及与其他企业对比

变量名	全样本	外资企业	私营企业
企业出口额（美元）	11011736	15104289	915252
企业产品数（个）	6.30	4.68	8.95
企业每个产品平均出口额（美元）	2347293	3306418	244931

新产品的概率显著小于集团企业，说明集团企业的出口经验丰富、信息来源广泛、创新能力较强，这些条件都有利于企业扩展新产品。

城市区位是否也对企业产品扩展有显著影响？内陆港口城市和沿海港口城市的回归系数显著为正，说明位于内陆港口城市、沿海港口城市的企业更可能进行产品扩展，证明港口作为重要的出口运输节点对于企业出口扩展有重要影响。所有模型的回归结果相对稳定，而且对比估计系数可以看出，内陆港口对企业产品扩展的影响明显大于沿海港口，说明内陆港口的区位优势优于沿海，即便交通成本高于沿海，但由于内陆的土地、劳动力等成本较低，再加上内陆优惠的政策导向，均有利于位于内陆港口城市的企业扩展出口产品。西部地区和东北地区的虚拟变量显著为正，而东部地区不显著，也证实了这一推测，内陆地区的企业进行产品扩展的概率较高。

省会或直辖市的虚拟变量显著为正，说明位于核心城市的企业比其他企业更有可能进行产品扩展，一方面可能因为电子通信设备制造业在我国属于高新技术产业，各省均积极提供各种优惠政策支持该产业发展，而省会或直辖市作为首府可以得到更多优惠，激励企业扩展新产品；另一方面也可能因为省会或直辖市作为发展相对较好的大城市，能为企业提供良好的服务和配套，高素质劳动力和上下游产业支撑相对较多，基础设施便利，有利于企业发展。另外由于企业自选择效应，能够在省会或直辖市存活下来的企业一般是在激烈竞争后的胜利者，它们本身有较强的生产能力、敏锐的市场洞察力和丰富的出口经验，更有能力进行产品扩展。

电子通信设备制造业中不同三位数行业有显著差异，向不同行业产品进行扩展的企业是否具有明显的差异？本部分分别讨论向计算机整机制造、电子元器

件、通信设备制造业和家用视听设备制造四类产品扩展的企业特征。如表 8 – 5
所示，向计算机整机制造扩展的企业中，国有企业显著高于其他企业，外资企业
的扩展概率显著低于其他企业，私营企业和集体企业不显著，说明大部分国有企
业在向计算机整机制造扩展；位于内陆港口和沿海港口城市的企业显著低于其他
企业，说明计算机整机出口产品越来越倾向于在内陆地区生产。省会或直辖市的
企业更容易向此类产品扩展，而东部地区企业的概率较低，进一步证实了计算机
整机的出口产品向内陆转移的结论，而且是向内陆的省会等大城市转移。

表 8 – 5　以计算机整机制造作为产品扩展方向的企业特征模型结果

	模型 1	模型 2	模型 3	模型 4	模型 5	模型 6	模型 7
外资企业	– 1.931 ***	– 0.690 ***					
	(0.532)	(0.134)					
私营企业	– 1.585 ***		– 0.078				
	(0.551)		(0.171)				
国有企业	– 0.922 *			0.851 ***			
	(0.539)			(0.148)			
集体企业	– 1.321 **				0.251		
	(0.609)				(0.311)		
企业产品数	0.022 ***					0.027 ***	
	(0.006)					(0.006)	
独立企业	0.641 ***						0.203
	(0.217)						(0.204)
内陆港口	– 0.336 *	– 0.397 **	– 0.610 ***	– 0.442 **	– 0.593 ***	– 0.596 ***	– 0.612 ***
	(0.204)	(0.199)	(0.195)	(0.199)	(0.195)	(0.196)	(0.195)
沿海港口	– 0.433 ***	– 0.527 ***	– 0.653 ***	– 0.486 ***	– 0.652 ***	– 0.662 ***	– 0.659 ***
	(0.160)	(0.155)	(0.152)	(0.156)	(0.152)	(0.153)	(0.152)
省会或直辖市	1.001 ***	1.200 ***	1.144 ***	1.082 ***	1.159 ***	1.121 ***	1.137 ***
	(0.141)	(0.136)	(0.137)	(0.136)	(0.136)	(0.136)	(0.137)
东部	– 0.716 **	– 0.665 **	– 0.898 ***	– 0.717 **	– 0.869 ***	– 0.954 ***	– 0.896 ***
	(0.313)	(0.306)	(0.302)	(0.307)	(0.303)	(0.303)	(0.302)

续表

	模型 1	模型 2	模型 3	模型 4	模型 5	模型 6	模型 7
西部	-0.207	-0.293	-0.295	-0.256	-0.295	-0.358	-0.282
	(0.368)	(0.362)	(0.360)	(0.365)	(0.360)	(0.363)	(0.361)
东北	-0.520	-0.473	-0.695	-0.564	-0.662	-0.740 *	-0.684
	(0.434)	(0.427)	(0.423)	(0.428)	(0.424)	(0.424)	(0.423)
常数项	-1.383 **	-1.958 ***	-1.977 ***	-2.421 ***	-2.038 ***	-2.151 ***	-2.165 ***
	(0.658)	(0.314)	(0.316)	(0.327)	(0.314)	(0.315)	(0.353)
观测值	4578	4578	4578	4578	4578	4578	4578
LR chi2	214.8	177.6	151.5	181.8	151.9	171.1	152.3
Prob > chi2	0	0	0	0	0	0	0

注：①括号中的数字是标准差；②显著性水平：*** 表示 $p < 0.01$，** 表示 $p < 0.05$，* 表示 $p < 0.1$。

表 8-6 展示了向电子元器件扩展的企业特征，发现外资企业向电子元器件扩展的概率比其他企业高，而私营企业和国有企业的概率都显著比其他企业低，集体企业不显著，说明主要是外资企业在向电子元器件产品进行扩展。内陆港口城市和沿海港口城市都不显著，只有省会或直辖市的影响显著为正，说明港口对于电子元器件的生产可能逐渐失去吸引力，而省会或直辖市的企业更有可能向电子元器件扩展，这可能是因为电子元器件的体积小、重量轻、价值大，运输方式以航空运输为主，省会或直辖市作为各区域内或省内航空通达性最好的城市，为企业向该产品扩展提供便利的交通条件。

表 8-6 以电子元器件作为产品扩展方向的企业特征模型结果

	模型 1	模型 2	模型 3	模型 4	模型 5	模型 6	模型 7
外资企业	3.071 ***	0.256 ***					
	(1.035)	(0.066)					
私营企业	2.827 ***		-0.223 ***				
	(1.037)		(0.077)				

续表

	模型1	模型2	模型3	模型4	模型5	模型6	模型7
国有企业	2.827***			-0.171*			
	(1.037)			(0.094)			
集体企业	3.091***				0.151		
	(1.047)				(0.168)		
企业产品数	0.010***					0.006*	
	(0.004)					(0.003)	
独立企业	0.222**						0.296***
	(0.103)						(0.091)
内陆港口	-0.186*	-0.163*	-0.106	-0.107	-0.074	-0.080	-0.102
	(0.097)	(0.097)	(0.095)	(0.095)	(0.094)	(0.094)	(0.095)
沿海港口	-0.158*	-0.119	-0.079	-0.106	-0.081	-0.087	-0.100
	(0.083)	(0.082)	(0.081)	(0.082)	(0.081)	(0.081)	(0.082)
省会或直辖市	0.551***	0.554***	0.543***	0.586***	0.577***	0.568***	0.553***
	(0.069)	(0.067)	(0.068)	(0.067)	(0.067)	(0.067)	(0.067)
东部	-0.476**	-0.502**	-0.425*	-0.445**	-0.395*	-0.416*	-0.417*
	(0.228)	(0.227)	(0.225)	(0.226)	(0.226)	(0.225)	(0.226)
西部	-0.702**	-0.704**	-0.693**	-0.706**	-0.699**	-0.716***	-0.683**
	(0.278)	(0.277)	(0.277)	(0.277)	(0.277)	(0.277)	(0.278)
东北	-0.150	-0.167	-0.104	-0.088	-0.049	-0.079	-0.083
	(0.283)	(0.281)	(0.280)	(0.280)	(0.281)	(0.280)	(0.280)
常数项	-3.026***	0.059	0.161	0.157	0.064	0.057	-0.142
	(1.065)	(0.226)	(0.227)	(0.227)	(0.227)	(0.226)	(0.237)
观测值	4578	4578	4578	4578	4578	4578	4578
LR chi2	142	110.5	103.5	98.44	95.92	97.98	105.9
Prob > chi2	0	0	0	0	0	0	0

注：①括号中的数字是标准差；②显著性水平：***表示 $p<0.01$，**表示 $p<0.05$，*表示 $p<0.1$。

表8-7展示了向通信设备制造产品扩展的企业特征，发现内资企业向该产品扩展的概率显著大于外资企业，而且多地生产的集团企业更可能向该产品扩展，这可能因为中国在加入WTO之前，中国代工或加工企业没有成长起来，跨

国公司为了利用中国廉价劳动力进行电子通信设备组装，不得不进行中外合资或中外合作，随着这些外资企业的知识与技术溢出，中国内资企业逐渐成长起来，跨国公司将组装环节直接外包给中国内资企业，这些内资企业多是加工或代工企业，接单进行通信设备的加工组装环节，因此模型结果表现为内资企业向通信设备产品扩展的概率较高。还有一种可能是内资企业的通信设备的独立自主品牌成长起来，开始大量出口，但是从中国 2002～2006 年的国情看，即使民族自主品牌已经开始萌芽，例如中兴手机，但当时也只是在国内市场拓展，并没有能力大量出口到全球市场。因此，更可能是前一种原因。

表 8 - 7　以通信设备作为产品扩展方向的企业特征模型结果

	模型 1	模型 2	模型 3	模型 4	模型 5	模型 6	模型 7
外资企业	-0.848 (0.581)	-0.290*** (0.086)					
私营企业	-0.675 (0.588)		0.259*** (0.098)				
国有企业	-0.670 (0.589)			0.251** (0.122)			
集体企业	-1.136* (0.630)				-0.298 (0.250)		
企业产品数	0.014*** (0.004)					0.017*** (0.004)	
独立企业	-0.175 (0.129)						-0.368*** (0.111)
内陆港口	0.120 (0.136)	0.156 (0.135)	0.092 (0.132)	0.101 (0.134)	0.049 (0.132)	0.056 (0.132)	0.092 (0.132)
沿海港口	0.259** (0.117)	0.273** (0.115)	0.229** (0.115)	0.268** (0.116)	0.231** (0.115)	0.217* (0.115)	0.259** (0.115)
省会或直辖市	-0.230** (0.095)	-0.204** (0.093)	-0.191** (0.094)	-0.247*** (0.093)	-0.236** (0.093)	-0.250*** (0.093)	-0.202** (0.093)
东部	-0.192 (0.305)	-0.087 (0.303)	-0.173 (0.302)	-0.136 (0.303)	-0.217 (0.302)	-0.219 (0.302)	-0.183 (0.302)

续表

	模型 1	模型 2	模型 3	模型 4	模型 5	模型 6	模型 7
西部	-0.177	-0.115	-0.126	-0.117	-0.126	-0.147	-0.147
	(0.381)	(0.380)	(0.380)	(0.380)	(0.380)	(0.380)	(0.380)
东北	-0.143	-0.020	-0.089	-0.106	-0.169	-0.186	-0.112
	(0.379)	(0.377)	(0.375)	(0.376)	(0.376)	(0.376)	(0.375)
常数项	-0.758	-1.540***	-1.657***	-1.674***	-1.525***	-1.653***	-1.290***
	(0.670)	(0.302)	(0.304)	(0.307)	(0.303)	(0.303)	(0.312)
观测值	4578	4578	4578	4578	4578	4578	4578
LR chi2	40.38	22.67	18.30	15.62	13.06	28.16	21.94
Prob > chi2	6.22e-05	0.00194	0.0107	0.0288	0.0707	0.000205	0.00260

注：①括号中的数字是标准差；②显著性水平：***表示 $p < 0.01$，**表示 $p < 0.05$，*表示 $p < 0.1$。

表 8-8 展示了向家用视听设备产品扩展的企业特征，发现私营企业向此产品扩展的概率最大，其次是国有企业，外资企业和集体企业比其他企业的概率小得多。这类产品的生产技术相对成熟，与计算机、通信设备制造相比，对于此类产品我国内资企业具有较好的生产基础。内陆港口城市和沿海港口城市的企业向此类产品扩展的概率比其他城市大得多，省会或直辖市的劣势明显，可能因为家用视听设备与其他电子通信设备产品相比，体积大、重量重、运输成本较高，同时市场成熟，竞争激烈，利润较薄，所以为了降低运输成本，港口的集装箱运输是此类产品出口的主要运输方式。

表 8-8　以家用视听设备作为产品扩展方向的企业特征模型结果

	模型 1	模型 2	模型 3	模型 4	模型 5	模型 6	模型 7
外资企业	-0.613	-0.609***					
	(0.547)	(0.069)					
私营企业	-0.216		0.700***				
	(0.552)		(0.078)				

续表

	模型1	模型2	模型3	模型4	模型5	模型6	模型7
国有企业	-0.525			0.340 ***			
	(0.554)			(0.100)			
集体企业	-1.330 **				-0.628 ***		
	(0.585)				(0.203)		
企业产品数	0.031 ***					0.038 ***	
	(0.004)					(0.004)	
独立企业	-0.684 ***						-1.006 ***
	(0.107)						(0.092)
内陆港口	0.254 **	0.345 ***	0.234 **	0.193 *	0.119	0.134	0.239 **
	(0.108)	(0.106)	(0.104)	(0.104)	(0.103)	(0.104)	(0.105)
沿海港口	0.364 ***	0.412 ***	0.320 ***	0.373 ***	0.323 ***	0.298 ***	0.410 ***
	(0.094)	(0.091)	(0.091)	(0.091)	(0.090)	(0.091)	(0.092)
省会或直辖市	-0.699 ***	-0.680 ***	-0.627 ***	-0.753 ***	-0.739 ***	-0.793 ***	-0.662 ***
	(0.078)	(0.075)	(0.076)	(0.075)	(0.075)	(0.076)	(0.076)
东部	0.892 ***	1.129 ***	0.966 ***	0.980 ***	0.854 ***	0.857 ***	0.962 ***
	(0.324)	(0.320)	(0.320)	(0.319)	(0.319)	(0.320)	(0.323)
西部	0.357	0.522	0.497	0.515	0.497	0.455	0.437
	(0.387)	(0.381)	(0.382)	(0.381)	(0.381)	(0.383)	(0.387)
东北	0.229	0.485	0.380	0.276	0.170	0.119	0.334
	(0.385)	(0.381)	(0.380)	(0.380)	(0.380)	(0.383)	(0.383)
常数项	-0.689	-1.490 ***	-1.799 ***	-1.685 ***	-1.459 ***	-1.738 ***	-0.824 **
	(0.645)	(0.318)	(0.321)	(0.321)	(0.319)	(0.320)	(0.328)
观测值	4578	4578	4578	4578	4578	4578	4578
LR chi2	399	243.6	244.4	176.2	175.4	283.3	286.4
Prob > chi2	0	0	0	0	0	0	0

注：①括号中的数字是标准差；②显著性水平：*** 表示 $p < 0.01$，** 表示 $p < 0.05$，* 表示 $p < 0.1$。

总体来说，与电子计算机整机、通信设备制造和家用视听设备相比，电子元器件的技术含量最高，2002～2006年，只有外资企业显著地向电子元器件扩展，私营企业主要向通信设备和家用视听设备扩展，国有企业主要向电子计算机整机、通信设备和家用视听设备扩展，集体企业没有明显的产品扩展倾向，说明内资企业还不具备足够的技术和生产能力向电子元器件等技术密集型产品扩展，外资企业在此时期掌握着中国出口电子通信设备的核心技术，是向高新技术产品进行出口扩展的主力。同时，外资企业向电子元器件扩展，也反映了跨国公司或全球生产链对中国投资战略的变化，随着改革开放以后中国劳动力技能、技术基础、生产环境、资本积累等条件日趋完善和成熟，廉价劳动力已经不再是中国吸引外资的唯一优势，而且这一优势也由于近年来工资上涨而逐渐消失，但地方政府在土地和生产补贴方面的优惠政策、技术工人的专业技能提高、相对完善的上下游配套等，使外资企业对中国的投资逐步转向上游核心技术环节，这不仅推动中国出口产品技术含量的提高，更重要的是有利于中国电子通信设备制造业的技术积累，外资企业向电子元器件的扩展，可以通过劳动力流动、上下游技术溢出等渠道将高新技术外溢给内资企业，无论他们是否情愿，都无法避免知识外部性，这有利于内资企业学习并掌握核心技术。

三、企业出口产品扩展方向

（一）全样本

上文从企业层面回答了什么特征的企业更可能进行产品扩展，本节进一步回答这些企业更可能选择什么产品进行扩展。表 8 - 9 中的模型估计结果展示条件 Logit 模型的估计结果，除了模型 2 以外均控制了企业层面的变量，包括是否是外资企业、是否是私营企业、企业出口产品种类、是否是独立企业、企业是否位于内陆港口城市、是否位于沿海港口城市、是否位于省会或直辖市等。

表 8 - 9 中模型 1 展示所有解释变量的估计结果。企业相同产品的出口经验、进口经验和关联经验都是在企业边界内计算的变量，所谓企业边界内是指共同使用相同企业编码但可能有不同城市分公司的企业集团。相同产品出口经验的系数显著为正，说明企业集团对该产品的出口经验越丰富，旗下企业更容易获得相关的生产技术和出口渠道，从而提高企业选择该产品出口的概率。相同产品进口经验的系数显著为正，说明企业对该产品的进口额显著提高企业选择该产品出口的概率，这可能有两方面原因：一方面企业可以通过上下游的知识溢出接触到该种

表8-9 企业经验、空间溢出与企业产品扩展过程

变量名	模型1	模型2	模型3	模型4	模型5	模型6	模型7	模型8	模型9	模型10	模型11
Export	0.168*** (0.012)	0.203*** (0.011)	0.285*** (0.038)	0.156*** (0.012)	0.156*** (0.012)	0.246*** (0.025)	0.155*** (0.012)	0.156*** (0.012)	0.396*** (0.052)	0.156*** (0.012)	0.156*** (0.012)
Import	0.110*** (0.004)	0.111*** (0.004)	0.110*** (0.004)	0.177*** (0.017)	0.110*** (0.004)	0.110*** (0.004)	0.233*** (0.021)	0.111*** (0.004)	0.110*** (0.004)	0.247*** (0.017)	0.110*** (0.004)
Relate	0.078*** (0.006)	0.118*** (0.006)	0.074*** (0.007)	0.074*** (0.007)	0.029** (0.013)	0.074*** (0.007)	0.074*** (0.007)	0.105*** (0.014)	0.075*** (0.007)	0.076*** (0.007)	-0.051 (0.044)
AgglExport	0.071*** (0.006)	0.103*** (0.005)	0.067*** (0.006)	0.072*** (0.007)	0.040*** (0.009)	0.064*** (0.006)	0.066*** (0.006)	0.065*** (0.006)	0.065*** (0.006)	0.065*** (0.006)	0.066*** (0.006)
AgglImport	0.024*** (0.007)	0.076*** (0.005)	0.019** (0.008)	0.018** (0.008)	0.019** (0.008)	0.023*** (0.008)	0.024*** (0.008)	0.038*** (0.011)	0.020** (0.008)	0.018** (0.008)	0.019** (0.008)
AgglRelate	0.067*** (0.017)	0.034*** (0.005)	0.069*** (0.027)	0.072*** (0.027)	0.064*** (0.026)	0.068*** (0.026)	0.078*** (0.027)	0.073*** (0.027)	0.067*** (0.027)	0.089*** (0.027)	0.042 (0.027)
Export×AgglExport			-0.008*** (0.002)								
Import×AgglExport				-0.004*** (0.001)							
Relate×AgglExport					0.003*** (0.001)						
Export×AgglImport						-0.007*** (0.002)					

续表

变量名	模型 1	模型 2	模型 3	模型 4	模型 5	模型 6	模型 7	模型 8	模型 9	模型 10	模型 11
Import × AgglImport							-0.007*** (0.001)				
Relate × AgglImport								-0.002** (0.001)			
Export × AgglRelate									-0.012*** (0.003)		
Import × AgglRelate										-0.007*** (0.001)	
Relate × AgglRelate											0.006*** (0.002)
外资企业/私营企业	控制	未控制	控制	控制	控制	控制	控制	控制	控制	控制	控制
企业产品数	控制	未控制	控制	控制	控制	控制	控制	控制	控制	控制	控制
独立企业	控制	未控制	控制	控制	控制	控制	控制	控制	控制	控制	控制
内陆港口	控制	未控制	控制	控制	控制	控制	控制	控制	控制	控制	控制
沿海港口	控制	未控制	控制	控制	控制	控制	控制	控制	控制	控制	控制
省会或直辖市	控制	未控制	控制	控制	控制	控制	控制	控制	控制	控制	控制
常数项	控制	控制	控制	控制	控制	控制	控制	控制	控制	控制	控制
观测值	77564	77564	77564	77564	77564	77564	77564	77564	77564	77564	77564
LR chi2	5765	4031	2362	2362	2359	2362	2362	2362	2365	2423	2354
Prob > chi2	0	0	0	0	0	0	0	0	0	0	0

注：①括号中的数字是标准差；②显著性水平：*** 表示 $p < 0.01$，** 表示 $p < 0.05$，* 表示 $p < 0.1$。

产品的生产技术；另一方面企业进口该产品越多，说明对该产品的需求越大，那么企业受到需求刺激，越有动力开始研发、生产，最后出口该种产品。也就是说，大量进口该产品使企业更容易也更有动力在进口商处获取生产技术或市场渠道，从而扩展该产品。企业关联经验的系数显著为正，说明企业已有技术基础与某产品的关联程度越高，生产转换成本越低，该产品被企业出口的概率越高。综上所述，相同产品出口经验、进口经验和关联经验都反映企业在某产品上的生产与出口能力，这些能力使企业在该产品上积累了比其他产品更多的技术与出口信息，降低企业出口的沉没成本和风险，从而显著提高该产品被企业扩展的概率。

相同产品出口集聚、进口集聚和关联产品集聚变量衡量的是城市其他企业生产经验的溢出效应。相同产品出口集聚的系数显著为正，说明城市其他企业对该种产品的出口能力越强，关于生产技术、上游供应渠道、出口渠道等方面知识的溢出越多，能直接降低企业的出口沉没成本和风险，则提高企业出口该种产品的概率。关联产品出口集聚的系数显著为正，说明与城市出口技术基础关联程度越高的产品，越容易被企业出口。进口集聚是城市进口该种产品的进口额，系数显著为正，说明城市对该种产品的进口越多，企业出口该种产品的概率越高。综上所述，三个变量都反映城市在某产品上所具有的生产技术与出口知识，知识外部性使企业更容易直接接受有关该产品的技术溢出与出口经验溢出，降低企业出口的沉没成本和出口风险，从而显著提高该产品被企业扩展的概率。

为了比较各个变量对企业出口产品扩展的作用大小，对估计参数之间分别做 t 检验，结果拒绝参数彼此之间相等的原假设，说明变量参数之间的差异在统计上显著，因此下面将直接比较变量间的系数大小。从结果看，企业边界内知识累积的作用比城市内企业间知识溢出对出口产品扩展的作用更大，也就是说，企业对于出口产品的选择更多的是受到企业自身生产技术与出口经验的影响。以相同产品的出口为例，企业集团关于某产品的出口经验对企业产品扩展的影响（16.8%①）远远大

---

① 条件概率模型的系数可以被理解为对数概率比（Odds Ratio），即该事件发生的概率与不发生的概率之比的对数。以表8-9模型1中 Export 的系数0.168为例，说明企业相同产品出口经验提高1%，该产品被企业扩展的概率与不被扩展的概率之比提高了16.8%。同理，AgglExport 的系数为0.071，说明城市该产品出口集聚提高1%，该产品被企业扩展的概率与不被扩展的概率之比提高了7.1%。本文变量取对数，所以系数之间可直接进行对比。

于城市内其他企业出口经验的影响（7.1%），前者也是一种溢出，却是企业边界内的溢出，后者属于企业边界间的溢出，企业内的同命运特性使企业有动力将知识在企业内得到最大化利用，而企业间的竞争特性使企业不得不尽可能避免知识外溢，从而导致企业边界内的溢出比边界间溢出容易得多。这一结论与很多研究结果一致（Teece，1982；Álvarez et al.，2013；Turco and Maggioni，2016），证实了知识很难跨越组织边界溢出给其他企业。

此外，比较三个企业经验变量对企业产品扩展的影响，本书发现相同产品出口经验的影响显著大于进口经验和关联经验的影响；对于城市层面变量，相同产品出口集聚的影响大于进口集聚和城市关联集聚的影响。无论是企业边界内的积累还是跨企业边界的溢出，相同产品的出口经验可以直接被学习和利用，所需要的技术转换成本最低，最容易被企业接受并直接转为生产与出口能力；技术关联产品的知识溢出所需要的技术转换成本高于直接经验，虽然技术关联产品比不相关产品更容易进行技术转换，但仍然需要一定的技术转换成本；进口溢出所需要的技术转换成本也比直接经验更高，因为对进口产品进行技术解码、研发和生产需要耗费较多的人力、物力、财力，但由于企业的大量进口反映其对该产品的投入需求，其进行技术转换的动力更大。综上所述，相同产品的直接经验比关联产品和进口的间接经验对企业出口产品扩展的影响更大，因为直接经验使企业最大限度地节约成本。表8-9的模型2是没有控制企业层面变量的估计结果，与上述结论基本一致。

上述研究发现，企业的产品扩展同时依赖企业经验与空间溢出，并且对企业经验的依赖显著大于对空间溢出的依赖，企业经验不仅是影响企业出口产品扩展的重要因素，也可能同时影响企业对空间溢出的依赖过程，即空间溢出与企业经验可能存在交互作用。表8-9的模型3至模型11分别是三个企业经验变量与三个空间溢出变量的交叉项分别引入模型后的结果，分别引入模型是为了避免严重多重共线性导致的估计偏误。结果显示，企业关联产品经验与空间溢出的交叉项系数显著为正，说明产品与企业的技术关联度越高，企业越需要地方知识溢出的支撑；但是企业相同产品出口经验、进口经验与空间溢出的交叉项系数均显著为负，说明企业自身进出口经验减弱了企业对地方溢出的依赖，空间溢出与企业进出口经验对企业产品扩展的作用相互抵消，也就是说，对于某产品而言，企业的进出口经验越少，越依赖城市提供的知识溢出效应；相反，若企业边界内拥有丰富的知识，则受到城市溢出环境的限制较少。企业关联经验与企业进出口经验不同，需要付出一定的技术转换成本，而如果此时城市也不能提供一定的知识溢出，该产品则很难被企业扩展；反过来，具备一定关联技术基础的企业，如果同时能获得城市提供的关联技术、生产和出口等方面的支持，该产品有很大的概率被企业扩展。

（二）区域差异性

表 8－10 展示出四个区域企业产品扩展过程如何受到企业经验和空间溢出的影响，结果发现此过程的确存在显著的区域差异，主要有以下几点发现。

表 8－10　企业产品扩展过程的区域差异性

	东部	中部	西部	东北
Export	0.199***	0.280***	0.298***	0.128
	(0.012)	(0.081)	(0.062)	(0.081)
Import	0.108***	0.158***	0.219***	0.175***
	(0.004)	(0.037)	(0.033)	(0.023)
Relate	0.126***	0.025	0.063**	0.036
	(0.006)	(0.033)	(0.030)	(0.030)
AgglExport	0.109***	0.056***	0.116***	0.070***
	(0.006)	(0.018)	(0.021)	(0.021)
AgglImport	0.075***	0.073***	0.065***	0.105***
	(0.005)	(0.022)	(0.021)	(0.027)
AgglRelate	0.033***	0.041	0.048	0.030
	(0.005)	(0.029)	(0.031)	(0.024)
观测值	71123	1529	2494	2418
LR chi2	3670	74.03	149.6	131.3
Prob > chi2	0	0	0	0

注：①括号中的数字是标准差；②显著性水平：*** 表示 $p < 0.01$，** 表示 $p < 0.05$，* 表示 $p < 0.1$。

首先，只有在东部地区的模型中所有变量都显著，且结果与表 8-9 的全样本结果相似，东部企业产品扩展的同时依赖企业经验与空间溢出，而且对企业经验的依赖大于空间溢出，同产品出口的直接经验比进口经验和关联经验等间接经验的影响更大。

其次，中西部企业也表现出对直接经验的依赖比间接经验大，而且中西部企业尤其依赖企业直接经验，系数不仅远远高于所在城市的空间溢出变量，也高于东部和东北等其他区域对于直接经验的依赖，具体表现为，企业边界内同产品出口额提高 1%，该产品被扩展概率与不被扩展概率之比提高 28%～29.8%，说明中西部企业的产品扩展比其他地区的企业更加依靠企业的路径依赖过程，因为中西部城市能为企业提供的技术和进出口知识溢出相比东部少得多，有企业集团支持的公司有强大的技术、出口经验指导，比单独公司进行产品扩展容易得多。这与 Turco 和 Maggioni（2016）的结论一致：落后地区更依赖企业经验，因为本地集聚水平低，来自其他企业的知识溢出较少，不能满足企业产品扩展过程的各项条件；相反，发达地区的企业产品扩展可以依赖当地技术基础和知识溢出。

再次，内陆城市关联产品集聚的系数均不显著，一方面说明内陆地区的电子通信设备制造业关联产品基础较弱，所能提供的关联技术也相对较弱，不足以支持企业向电子通信产品扩展；另一方面说明内陆地区企业凭借企业自身能力所扩展的产品突破城市的技术基础，可能是内陆地区实现路径突破的重要来源。

又次，中部和东北地区的企业关联经验的系数不显著，西部地区虽然显著，但系数较小，一方面，可能因为内陆地区企业的技术转换能力较弱，没有足够能力承担创新成本和风险，较难将接触到的关联技术转化成出口，因而选择有直接经验的产品进行扩展；另一方面，中央政府给予内陆的优惠政策以及地方政策支持，使企业利用优惠政策仅出口有直接经验的产品便能存活，没有动力进行创新和技术转换。

最后，东北地区的企业既不依赖企业自身的关联技术，也不依赖城市提供的关联技术，甚至企业相同产品出口经验的影响也不显著，企业产品扩展过程主要依赖企业自身进口经验和城市提供的进出口溢出，其中更依赖城市进口溢出获得的技术信息和市场信息，这是因为东北地区电子通信设备制造业发展较落后，但其有相对雄厚的制造业基础，这些产业对电子通信设备制造业的进口需求较多（见表8-11），是企业能够接触到的有关电子通信设备产品知识与技术的主要渠道，此渠道自然也就成为东北地区企业向电子通信设备产品扩展的主要途径。表8-11对模型中企业相同产品进口经验和城市相同产品进口集聚两个变量的简单统计描述，证实了东北地区的企业平均进口经验和城市平均进口集聚水平与东部地区相近，远远大于中西部地区，也间接验证了上述推论。

表8-11　企业进口经验和城市进口集聚均值的区域差异对比　单位：美元

	东部	中部	西部	东北
Import 均值	108913	2613	6151	101297
AgglImport 均值	228000000	1128363	1881047	26200000

（三）企业所有制差异性

为了考察企业所有制对企业产品扩展过程的影响，表8-12将全样本分为外资企业、国有企业、私营企业和集体企业四个子样本，探究四种不同类型企业的产品扩展过程是否具有显著差异。

表8-12　不同类型企业的产品扩展过程

变量名	外资企业	国有企业	私营企业	集体企业
Relate	0.116***	0.075***	0.163***	0.081***
	(0.008)	(0.014)	(0.013)	(0.029)
Export	0.233***	0.172***	0.221***	0.208***
	(0.049)	(0.017)	(0.017)	(0.049)
Import	0.108***	0.097***	0.096***	0.155***
	(0.004)	(0.011)	(0.015)	(0.029)
AgglRelate	0.032***	0.037***	0.051***	-0.022
	(0.007)	(0.012)	(0.012)	(0.021)
AgglExport	0.105***	0.076***	0.126***	0.079***
	(0.007)	(0.012)	(0.012)	(0.023)

续表

变量名	外资企业	国有企业	私营企业	集体企业
AgglImport	0.098 ***	0.075 ***	0.038 ***	0.081 ***
	（0.007）	（0.011）	（0.008）	（0.022）
观测值	48778	10106	15763	2617
LR chi2	2591	489.2	852.7	113.9
Prob > chi2	0	0	0	0

注：①括号中的数字是标准差；②显著性水平：*** 表示 $p < 0.01$，** 表示 $p < 0.05$，* 表示 $p < 0.1$。

与全样本得到一致的结果，四种所有制企业对企业经验的依赖都大于对空间溢出的依赖，进一步确认了企业边界对知识溢出的削减作用对所有类型企业都适用。企业边界内同产品的直接出口经验比需要技术转换的间接经验对企业产品选择的影响更大，具体来说，企业边界内同产品出口经验提高 1%，外资企业、国有企业、私营企业和集体企业向该产品扩展的概率比（扩展概率与不扩展概率之比）分别提高 23.3%、17.2%、22.1% 和 20.8%，远远高于其他变量的影响；跨越企业边界的直接经验溢出也比间接经验溢出的影响大，具体地，城市某产品出口额提高 1%，外资企业、国有企业、私营企业和集体企业向该产品扩展的概率比（扩展概率与不扩展概率之比）分别提高 10.5%、7.6%、12.6% 和 7.9%，说明无论是企业经验层面还是空间溢出层面，同产品出口的直接经验均能显著降低企业出口该产品的沉没成本，提高该产品的出口概率，虽然技术关联和进口经验等间接经验对企业的产品选择也有显著正向影响，但由于需要付出一定的技术转换成本，因此比直接经验的影响小。

与其他类型企业相比，私营企业和外资企业更依赖城市同产品出口溢出，而国有企业和集体企业虽然也受到同产品集聚的显著影响，但影响程度却比私营企业和外资企业小。这说明私营企业和外资企业的产品扩展行为更遵循市场规律，而国有企业受到地方政府和国家意志的影响，同时也会更容易获取金融和产业等优惠政策的支持，从而降低其扩展新产品时对其他企业出口溢出的依赖。

外资企业受到进口集聚的影响显著为正，且影响大于其他企业，说明外资企业更有能力将进口集聚的优势转化为出口能力，也说明外资企业在向产业链上游产品拓展，这也从另一个侧面证实了前文的结论：外资企业向电子通信设备制造业上游的电子元器件扩展。

第三节　小结

本章将企业的产品扩展过程分解为两个阶段：企业是否进行产品扩展和企业如何进行产品扩展。前者是在企业层面上讨论具有哪些特征的企业选择扩展新产品，后者是在企业—产品层面上探究企业如何选择要扩展的新产品。研究得出如下结论。

私营企业有比较明显的产品扩展倾向，外资企业产品扩展概率显著低于其他企业，产品种类较多的企业、隶属于企业集团都有较高的产品扩展概率。对于电子通信设备制造业来说，内陆地区的企业进行产品扩展的概率较高，尤其是内陆港口的区位优势优于沿海港口。省会或直辖市的企业比其他区位企业更有可能进行产品扩展。

关于企业选择什么产品进行扩展的研究发现，对于某产品如果企业有直接的出口经验，或者关联产品的出口经验，或者从进口渠道能接触到知识与信息，该产品被企业扩展的概率会被显著提高，这些经验和能力使企业在该产品上积累了比其他产品更多的技术与出口知识，降低企业出口的沉没成本和出口风险，从而显著提高该产品被企业扩展的概率。城市内其他企业的相同产品出口溢出、进口溢出以及关联产品溢出都有利于企业向该产品扩展，三个变量都反映城市在某产品上所具有的生产与出口知识，这些知识的外部性降低了企业出口的沉没成本和出口风险，从而显著提高该产品被企业扩展的概率。

企业边界内的知识累积比城市内其他企业的知识溢出对企业出口产品扩展的影响更大，这一结论与已有很多研究结果一致（Teece，1982；Álvarez et al.，2013；Turco and Maggioni，2016），证实了超越组织边界的知识溢出会存在衰减效应。本章还发现直接经验对企业出口产品扩展的影响更大，因为间接经验需要付出更多的技术转换成本，直接经验给企业带来的成本节约多于间接经验。

空间溢出与企业经验存在交互作用。企业自身进出口经验减弱了企业对空间溢出的依赖；相反，企业的进出口经验越少，越依赖城市提供的知识溢出效应。企业产品扩展的路径依赖表现出显著的区域差异。中西部企业比其他地区的企业更加依靠企业路径依赖过程，因为中西部城市能为企业提供的技术和进出口知识溢出较少。这与 Turco 和 Maggioni（2016）的结论一致，即落后地区更依赖企业经验，因为本地溢出较少，不能满足企业产品扩展的各项条件；相反，知识溢出更能促进发达地区企业进行产品创新与扩展。

第九章　企业经验、空间溢出与企业出口市场扩展

出口什么产品和出口到哪个市场是企业内扩展边际的两个重要维度。与企业产品扩展边际一样，企业市场扩展边际也是中国电子通信设备制造业出口增长的重要驱动力，其贡献程度甚至比产品扩展边际更大。Zahler（2007）发现发展中国家产品进入新市场对出口增长的贡献高达37%，远远超过新产品的出口增长贡献率。因此，出口市场是企业出口扩展研究不容忽视的维度。上一章利用"企业经验—空间溢出"解释框架考察了企业经验与空间溢出及其交互作用是如何影响企业产品扩展过程的，本章沿用同一解释框架，探究企业出口市场扩展过程。

企业市场扩展虽然也受到企业经验和空间溢出的影响，但其内在机制的解释与产品维度明显不同。首先，市场扩展边际的研究主要围绕引力模型开展，因此市场距离在本章的研究中十分重要；其次，产品技术关联度刻画的是产品之间技术的相似程度，而市场关联度不同，刻画的是市场之间在产品偏好、需求结构、制度文化、官方语言或者地理区位等方面的相似程度。具体的论述以及解释框架详见第三章。本章将在"企业经验—空间溢出"框架下，建立计量经济学模型，研究企业市场扩展的影响因素及其内在机制。

第一节　计量模型和变量设定

与产品扩展一样，企业的市场扩展也可以分解为两个阶段：企业是否进行扩展和向哪个市场扩展。前者是在企业层面上讨论具有哪些特征的企业选择市场扩

展，后者是在企业—市场层面上探究企业如何选择要扩展的新市场。两个阶段的研究问题不同，模型和变量的选择自然也不同，本节将为这两个阶段分别构建计量模型，并给出变量的测量方法和描述性统计。

一、出口市场扩展的企业特征

为了解释是否进行市场扩展，本节建立如下 Logit 模型：

$$\ln\left(\frac{P}{1-P}\right) = \alpha_0 + \alpha_1 X_1 + \alpha_2 X_2 + \varepsilon$$

其中，P 是企业进行出口市场扩展的概率。X_1 是企业特征变量集合，包括企业所有制、企业出口市场数量、是否是独立企业。具体来说，企业所有制分为外资企业、国有企业、私有企业和集体企业，其中外资企业包括外商独资企业、中外合资企业和中外合作企业；是否是独立企业是指没有其他分公司的企业，将其设为1，即在海关数据库中其他城市没有相同编码的企业；相反，如果在其他城市有相同编码就说明与该企业归属于一个企业集团，设为0。X_2 是企业的区位变量，包括是否是内陆港口城市、是否是沿海港口城市、是否是省会或直辖市以及区域虚拟变量。ε 为误差项。该模型各变量的符号与其对应的含义如表 9 – 1 所示。

二、企业出口市场扩展方向

按照前文建立的解释框架和假设，影响企业市场扩展的因素包括企业经验和空间溢出两个层面：企业经验包括企业对某市场的出口经验和进口经验（Import），以及企业积累的与某市场相关联市场的出口经验；空间溢出在这里限制在城市层面上，包括城市其他企业对某市场的出口集聚和进口集聚，以及某市场的关联市场在城市的集聚。为了解释企业如何进行市场扩展，建立条件 Logit 模型如下：

$$P(Y_{ci} = d \mid x_{cid}) = \frac{\exp(x'_{cid}\beta)}{\sum\limits_{k=1}^{D} \exp(x'_{cik}\beta)}$$

其中，i 和 d 分别表示企业和市场，c 表示企业 i 所在城市。x_{cid} 是影响企

i 是否选择 d 的变量集合，包括 Relate、Export、Import、AgglRelate、AgglExport、AgglImport 等，它们既随企业 i 变化而变化，又随市场 d 变化而变化。该模型的研究年份为 2002 ~ 2006 年，研究对象是城市已出口企业。那么，如何定义新市场和潜在市场？以往研究认为，企业出口市场的动态变化不稳定，例如今年出口的国家去年没有出口，但前年有出口，如果只以去年没有出口就断定该国家是企业的新出口市场，会导致对新市场扩展的高估。因此，本章使用多年定义法，将企业在 2002 ~ 2003 年都没有出口、2004 ~ 2006 年有出口的市场定义为企业扩展的新市场，将企业在 2002 ~ 2006 年都没有出口的市场定义为企业潜在出口市场。当然，这些扩展的企业限定在出口电子通信设备的制造业企业。

因为研究对象是已出口企业，它可能是某集团企业的子公司，尽管某国家对于子公司是新出口市场，但对于企业集团可能是已出口市场，因此，仅从企业层面看，研究初期企业所在集团可能对该企业未出口市场具有出口经验，本书用初期企业集团向某国的出口额来衡量对该国的出口经验。同样地，本书用初期企业集团从某国的进口额来衡量企业通过进口渠道所获取的市场信息量。

本书将通过对比各个回归系数的大小来比较直接经验和间接经验的作用大小以及企业经验与空间溢出的作用大小。第六章用 Hidalgo 等（2007）的测量方法计算 Density 以衡量市场与城市或企业已出口市场的关联度，但 Density 的测量只依赖市场关联度，其实背后假设对每个市场的出口额是同质的。然而，企业对于不同市场的出口额差异很大，出口额大的市场，说明企业对这个市场积累的知识和信息较多。基于这些原因，本章采用与第八章一样的处理方法，将企业关联经验变量构建为：

$$Relate_{nf} = \sum_i (export_{fm} \times \theta_{mn}) , \; \emptyset_{ij} = \begin{cases} \theta_{mn} = \theta_{mn}, & \text{if } \theta_{mn} \geqslant 0.2 \\ \theta_{mn} = 0, & \text{if } \theta_{mn} < 0.2 \end{cases}$$

其中，m 和 n 代表国家或地区，f 代表企业，$export_{fm}$ 代表企业 f 对 m 的出口额，θ_{mn} 代表 m 和 n 的市场关联度，这里将 θ_{mn} 小于 0.2 视为市场不相关，避免关联度较低、出口额很大的国家干扰市场关联度的测量，0.2 以上的 θ_{mn} 作为权重，计算 n 与企业的市场关联度，即 $Relate_{nf}$。

同理，城市关联集聚构建为：

$$AgglRelate_{ncf} = \sum_i \left[(export_{cm} - export_{fm}) \times \theta_{mn} \right] , \; \theta_{mn} = \begin{cases} \theta_{mn} = \theta_{mn}, \; \text{if } \theta_{mn} \geqslant 0.2 \\ \theta_{mn} = 0, \; \text{if } \theta_{mn} < 0.2 \end{cases}$$

其中，c 代表城市，$export_{cm}$ 是指企业 f 所在城市 c 对 m 的出口额，$export_{fm}$ 是指企业 f 对 m 的出口额，$export_{cm} - export_{fm}$ 是去掉企业自身出口水平之后城市内其他企业对 m 的出口集聚，θ_{mn} 是 m 和 n 的市场关联度，相当于出口额的权重。$AgglRelate_{ncf}$ 计算城市 c 为企业 f 出口市场 n 所提供的关联集聚水平，这个变量因剥离了企业自身出口额，因而具有相对外生性。所有解释变量都取对数。

第二节　中国企业出口市场扩展的实证分析

一、基本描述分析

由表 9 - 1 可知，2002 ~ 2006 年有 8834 个电子通信设备制造业企业一直出口，其中 68.02% 的进行市场扩展，其余没有增加新出口市场。这些企业平均出口国家或地区 7.2 个，最少 1 个，最多 138 个，标准差大于均值，说明企业出口产品数的分布较离散，没有集中在均值附近。其余变量的统计结果与第八章表 8 - 1 一样。

表 9 - 1　企业是否进行市场扩展模型各变量的统计描述

变量名	变量含义	观测数	均值	标准差	最小值	最大值
Y	企业是否进行市场扩展	8834	0.6802	0.4664	0	1
外资企业	是否是外资企业	8834	0.6675	0.4711	0	1
私营企业	是否是私营企业	8834	0.1718	0.3773	0	1
国有企业	是否是国有企业	8834	0.1255	0.3313	0	1
集体企业	是否是集体企业	8834	0.0317	0.1752	0	1

续表

变量名	变量含义	观测数	均值	标准差	最小值	最大值
企业市场数	企业出口的市场数量	8834	7.2385	9.8734	1	138
独立企业	是否是独立企业	8834	0.8746	0.3312	0	1
内陆港口	是否位于内陆港口城市	8834	0.2332	0.4229	0	1
沿海港口	是否位于沿海港口城市	8834	0.5424	0.4982	0	1
省会或直辖市	是否位于省会或直辖市	8834	0.3167	0.4652	0	1
东部	是否位于东部地区	8834	0.9188	0.2731	0	1
中部	是否位于中部地区	8834	0.0217	0.1458	0	1
西部	是否位于西部地区	8834	0.0292	0.1684	0	1
东北	是否位于东北地区	8834	0.0302	0.1712	0	1

表9-2展示企业出口市场选择模型的统计描述，一共有1158781组企业—市场观测对，其中未被选择的企业—市场对有1131365个，被扩展的企业—市场对有27416个。被统计的变量包括企业经验变量和空间溢出变量，前者包括企业对相同市场的出口额、进口额以及对关联市场的出口额，后者包括城市对相同市场的出口集聚、进口集聚以及对关联市场的出口集聚。由表9-2可知，被企业选择的新出口市场在所有变量的均值上都大于未被企业选择的市场，说明从平均水平来说企业选择的新市场是自身更有进出口经验、与自身关联度更高的国家或地区，从城市层面来说，城市能提供更多进出口信息溢出、与城市出口市场具有较高关联度的国家或地区更容易被企业选为新市场。然而，这只是简单的统计描述，事实是否真如此，还需要通过建立计量经济学模型来验证。

表9-2 企业出口市场扩展模型各变量的统计描述

变量名	含义	观测数	均值	标准差	最小值	最大值
未被扩展的企业—市场对						
Export	市场出口经验	1131365	0.281	1.697	0	18.785
Import	市场进口经验	1131365	0.206	1.493	0	19.681
Related	关联市场经验	1131365	3.803	5.751	0	21.167
AgglExport	市场出口集聚	1131365	11.756	5.725	0	23.469
AgglImport	市场进口集聚	1131365	6.769	7.312	0	22.905
AgglRelate	关联市场集聚	1131365	12.154	9.606	0	23.683

续表

变量名	含义	观测数	均值	标准差	最小值	最大值
被扩展的企业—市场对						
Export	市场出口经验	27416	2.290	4.610	0	20.035
Import	市场进口经验	27416	2.369	4.762	0	21.252
Related	关联市场经验	27416	11.861	4.683	0	21.486
AgglExport	市场出口集聚	27416	17.437	3.258	0	23.469
AgglImport	市场进口集聚	27416	15.669	5.774	0	22.905
AgglRelate	关联市场集聚	27416	20.918	4.311	0	23.683

二、出口市场扩展的企业特征

表9-3解释了什么特征的企业会扩展新市场。企业层面所有变量之间有较严重的多重共线性，因此将企业层面变量分别引入模型。四种类型企业中，外资企业和私营企业的回归系数显著为正，系数分别为0.060和0.237，说明在控制其他变量不变的情况下，外资企业和私营企业进行市场扩展的概率显著大于其他类型企业，两者的系数对比发现，私营企业比外资企业更倾向于进行市场扩展，这一结果与私营企业的产品扩展行为相一致，进一步断定2002~2006年无论是金融环境、投资环境还是电子通信设备全球市场的迅速发展，以及我国对于该产业发展的重视，都为电子通信设备制造业私营企业发展提供了良好的国际国内环境，使其在这一阶段得到快速发展。外资企业的概率不如私营企业也可能是因为外资企业已经拥有了较多的出口市场，抑或是外资企业更重视规模经济而非范围经济。表9-4对外资企业的出口额、规模经济与私营企业做一个简单的统计对比，发现上述两种原因都存在。首先，外资企业平均市场数量为7个，比私营企业平均市场数量仅多1个；更重要的是，外资企业每个市场的平均出口规模为2218351美元，远远大于私营企业的160614美元，前者是后者的约14倍，两个原因虽然都存在，但明显规模经济的影响更大。尽管外资企业的系数小于私营企业，但仍然是正向显著的，但第八章发现外资企业产品扩展的系数是负的，这验证了第八章的猜测——外资企业调整出口市场的意愿强于调整产品的意愿。

表9－3　出口市场扩展的企业层面模型结果

	模型1	模型2	模型3	模型4	模型5	模型6	模型7
外资企业	0.889**	0.060*					
	(0.373)	(0.050)					
私营企业	1.082***		0.237***				
	(0.378)		(0.063)				
国有企业	0.562			−0.245***			
	(0.378)			(0.070)			
集体企业	0.602				−0.064		
	(0.395)				(0.129)		
企业市场数	0.042***					0.040***	
	(0.003)					(0.003)	
独立企业	−0.071						−0.034
	(0.079)						(0.070)
内陆港口	0.297***	0.371***	0.394***	0.337***	0.368***	0.333***	0.373***
	(0.075)	(0.074)	(0.073)	(0.073)	(0.073)	(0.073)	(0.073)
沿海港口	−0.078	−0.014	−0.013	−0.043	−0.015	−0.034	−0.012
	(0.062)	(0.060)	(0.060)	(0.061)	(0.060)	(0.061)	(0.060)
省会或直辖市	0.170***	0.137***	0.163***	0.153***	0.136***	0.115**	0.139***
	(0.053)	(0.051)	(0.052)	(0.052)	(0.051)	(0.052)	(0.051)
东部	−0.143	−0.074	−0.064	−0.114	−0.078	−0.091	−0.074
	(0.167)	(0.165)	(0.165)	(0.165)	(0.165)	(0.166)	(0.165)
西部	0.195	0.129	0.121	0.144	0.129	0.189	0.127
	(0.215)	(0.213)	(0.213)	(0.213)	(0.213)	(0.214)	(0.213)
东北	−0.217	−0.254	−0.222	−0.282	−0.259	−0.205	−0.253
	(0.208)	(0.206)	(0.206)	(0.206)	(0.205)	(0.206)	(0.205)
常数项	−0.266	0.712***	0.646***	0.797***	0.717***	0.487***	0.738***
	(0.416)	(0.164)	(0.164)	(0.165)	(0.164)	(0.165)	(0.172)
观测值	8834	8834	8834	8834	8834	8834	8834
LR chi2	300	52.50	67.01	64.64	52.74	255.4	52.73
Prob > chi2	0	4.66e−09	0	0	4.18e−09	0	4.19e−09

注：①括号中的数字是标准差；②显著性水平：*** 表示 $p < 0.01$，** 表示 $p < 0.05$，* 表示 $p < 0.1$。

表9-4 外资企业特征与其他类型企业的对比

企业特征	全样本	外资企业	私营企业
企业出口额（美元）	11011736	15104289	915252
企业出口的市场数（个）	7.24	7.04	6.08
企业出口每个市场的平均出口额（美元）	1597935	2218351	160614

各大洲内部国家差异较小，大洲之间的国家差异较大，因此本部分将国家或地区按照大洲分类，分为亚洲、欧美与大洋洲、非洲和中南美洲四类，讨论向不同大洲国家进行扩展的企业有哪些不同的特征。表9-5的结果显示，外资企业向亚洲扩展的概率显著高于其他企业，私营企业的系数不显著，国有企业和集体企业的系数均显著为负，说明与其他企业相比，外资企业更倾向于向亚洲扩展。位于内陆港口和沿海港口城市的企业向亚洲扩展的概率显著高于其他城市企业，说明电子通信设备制造业向亚洲扩展的企业仍集中于港口城市。省会或直辖市的系数显著为负，这与内陆港口和沿海港口的系数显著为正进一步说明了位于港口而非省会或直辖市等大城市的企业更容易向亚洲扩展，而东部城市的系数为负且不显著，说明东部城市的企业没有表现出比内陆城市更有优势，同时内陆港口的系数显著大于沿海港口的系数，进一步可推测出向亚洲市场扩展的企业更可能位于内陆城市，尤其是内陆港口城市，而非省会或直辖市，而且多是外资企业。说明外资企业选择中国投资除了因为中国的人口与政策红利以外，也看中了中国巨大的市场潜力，而且以中国为中心更方便向周边国家或地区扩展出口市场，这从另一个侧面也验证了扩展引力模型关于"间接搜索"的推论。

表9-5 以亚洲作为扩展方向的企业层面模型结果

	模型1	模型2	模型3	模型4	模型5	模型6	模型7
外资企业	1.270 ***	0.179 ***					
	(0.434)	(0.047)					
私营企业	1.291 ***		0.081				
	(0.437)		(0.057)				

续表

	模型1	模型2	模型3	模型4	模型5	模型6	模型7
国有企业	0.833 * (0.438)			− 0.358 *** (0.067)			
集体企业	0.806 * (0.451)				− 0.262 ** (0.122)		
企业市场数	0.024 *** (0.002)					0.022 *** (0.002)	
独立企业	0.005 (0.073)						0.119 * (0.065)
内陆港口	0.359 *** (0.069)	0.414 *** (0.068)	0.471 *** (0.067)	0.416 *** (0.067)	0.454 *** (0.067)	0.439 *** (0.067)	0.454 *** (0.067)
沿海港口	0.025 (0.058)	0.077 (0.057)	0.105 * (0.056)	0.061 (0.057)	0.100 * (0.056)	0.094 * (0.056)	0.096 * (0.056)
省会或直辖市	0.056 (0.049)	0.024 (0.048)	0.040 (0.048)	0.057 (0.048)	0.029 (0.048)	0.018 (0.048)	0.024 (0.048)
东部	− 0.108 (0.084)	− 0.034 (0.083)	− 0.004 (0.083)	− 0.053 (0.084)	− 0.010 (0.083)	− 0.042 (0.083)	− 0.009 (0.083)
西部	− 1.216 *** (0.447)	− 0.059 (0.083)	− 0.015 (0.083)	0.121 (0.085)	0.024 (0.082)	− 0.103 (0.083)	− 0.087 (0.096)
东北	8834 213.7	8834 74.36	8834 61.60	8834 88.42	8834 64.25	8834 152.2	8834 63
常数项	0	0	0	0	0	0	0

注：①括号中的数字是标准差；②显著性水平：*** 表示 $p < 0.01$，** 表示 $p < 0.05$，* 表示 $p < 0.1$。

表9-6展示了向欧美、大洋洲等发达国家或地区扩展的企业特征，发现外资企业向这些市场扩展的概率最高，私营企业的系数不显著，国有企业、集体企业的系数显著为负，说明主要是外资企业在向发达国家或地区进行扩展，这可能是因为电子通信设备制造业在中国的外国资本多来源于发达国家或地区，由于这些国家或地区之间的政治、社会文化、外交、宗教等各方面的相似度较高，且环境稳定，扩展的沉没成本较低，因此外资企业更容易向这些市场扩展。内陆港口

城市和省会或直辖市都不显著，沿海港口城市显著为负，东部城市显著为正，说明位于东部沿海非港口城市的企业更可能向欧美等发达国家扩展。

表 9 - 6　以欧洲、北美洲、大洋洲作为扩展方向的企业层面模型结果

	模型 1	模型 2	模型 3	模型 4	模型 5	模型 6	模型 7
外资企业	0.801 * (0.462)	0.272 *** (0.049)					
私营企业	0.717 (0.466)		0.022 (0.059)				
国有企业	0.153 (0.467)			− 0.410 *** (0.072)			
集体企业	− 0.086 (0.484)				− 0.365 *** (0.134)		
企业市场数	0.063 *** (0.003)					0.059 *** (0.003)	
独立企业	− 0.016 (0.079)						0.199 *** (0.068)
内陆港口	0.071 (0.071)	0.179 *** (0.069)	0.250 *** (0.068)	0.200 *** (0.068)	0.241 *** (0.068)	0.197 *** (0.070)	0.238 *** (0.068)
沿海港口	− 0.205 *** (0.061)	− 0.114 * (0.059)	− 0.072 (0.058)	− 0.120 ** (0.059)	− 0.078 (0.058)	− 0.107 * (0.060)	− 0.086 (0.058)
省会或直辖市	0.109 ** (0.052)	0.097 * (0.049)	0.104 ** (0.050)	0.135 *** (0.050)	0.103 ** (0.049)	0.076 (0.051)	0.095 * (0.049)
东部	0.182 ** (0.092)	0.321 *** (0.089)	0.365 *** (0.088)	0.314 *** (0.089)	0.359 *** (0.088)	0.278 *** (0.090)	0.359 *** (0.088)
西部	− 1.715 *** (0.477)	− 0.974 *** (0.090)	− 0.869 *** (0.089)	− 0.749 *** (0.090)	− 0.850 *** (0.088)	− 1.181 *** (0.091)	− 1.029 *** (0.103)
东北	8834 727.5	8834 82.75	8834 51.34	8834 84.70	8834 58.98	8834 623.5	8834 59.85
常数项	0	0	7.37e − 10	0	0	0	0

注：①括号中的数字是标准差；②显著性水平：*** 表示 $p < 0.01$，** 表示 $p < 0.05$，* 表示 $p < 0.1$。

表9-7展示了企业向非洲扩展的模型结果，发现内资企业向非洲扩展的概率显著大于外资企业，其中，国有企业向非洲扩展的概率最高，其次是私营企业，说明国有企业更可能向非洲扩展，这是因为中国作为最大的发展中国家，与非洲的关系始终保持着深厚的友谊和良好的合作，中国在外交、经济发展、基础设施建设、公共卫生等各方面都给予非洲力所能及的援助，交往紧密导致内资企业的市场扩展一方面更容易获得当地政府和人民的支持，另一方面也更容易获得中国政府和地方政府在信息、外交、税费等方面给予的支持，因此大大降低了因非洲投资环境不稳定等导致的较高沉没成本。而国有企业比私营企业更容易得到官方的支持，很多甚至就是政府意愿，因此国有企业向非洲扩展的概率大于私营企业。而外资企业向非洲扩展的概率显著低于其他企业，说明外资企业在此期间没有动力向非洲扩展。

表9-7　以非洲作为扩展方向的企业层面模型结果

	模型1	模型2	模型3	模型4	模型5	模型6	模型7
外资企业	-0.165 (0.737)	-0.596*** (0.074)					
私营企业	0.416 (0.741)		0.412*** (0.086)				
国有企业	0.328 (0.741)			0.549*** (0.097)			
集体企业	-0.236 (0.764)				0.143 (0.190)		
企业市场数	0.054*** (0.003)					0.053*** (0.003)	
独立企业	-0.271** (0.108)						-0.502*** (0.094)
内陆港口	-0.185 (0.114)	-0.050 (0.110)	-0.176 (0.108)	-0.139 (0.109)	-0.216** (0.108)	-0.333*** (0.111)	-0.177 (0.108)
沿海港口	-0.145 (0.095)	-0.080 (0.092)	-0.167* (0.091)	-0.100 (0.092)	-0.169* (0.090)	-0.226** (0.093)	-0.128 (0.091)

续表

	模型1	模型2	模型3	模型4	模型5	模型6	模型7
省会或直辖市	− 0.151 *	− 0.132	− 0.105	− 0.199 **	− 0.151 *	− 0.189 **	− 0.119
	(0.084)	(0.080)	(0.081)	(0.081)	(0.080)	(0.082)	(0.080)
东部	− 0.112	0.044	− 0.048	0.033	− 0.048	− 0.185	− 0.033
	(0.137)	(0.134)	(0.133)	(0.134)	(0.132)	(0.135)	(0.133)
西部	− 2.218 ***	− 1.767 ***	− 2.062 ***	− 2.153 ***	− 1.961 ***	− 2.254 ***	− 1.585 ***
	(0.755)	(0.132)	(0.132)	(0.136)	(0.130)	(0.133)	(0.145)
东北	8834	8834	8834	8834	8834	8834	8834
	426.5	72.91	30.24	38.37	8.962	353	34.92
常数项	0	0	1.32e − 05	3.18e − 07	0.111	0	1.56e − 06

注：①括号中的数字是标准差；②显著性水平：*** 表示 p < 0.01，** 表示 p < 0.05，* 表示 p < 0.1。

同样是以发展中国家为主的大洲，中南美洲的情况与非洲完全不同。表9 − 8 展示企业向中南美洲扩展的模型结果，发现只有外资企业的系数显著为正，其向中南美洲扩展的概率最高，而国有企业扩展的概率显著低于其他企业，其他类型企业不显著，说明只有外资企业更有意愿向中南美洲扩展市场，这可能是因为中国的外国资本多来自北美和欧洲，美国与中南美洲由于地理邻近、文化相近而相互熟悉，欧洲与中南美洲曾是数百年的殖民关系，在文化、语言、制度甚至血缘等各个方面相似度极高，这两种来自地理、文化或历史的天然亲近感和熟悉程度，使来自欧美的外资企业首选中南美洲进行市场扩展。中国与中南美洲在地理距离、文化距离、外交距离、经济联系上都较远，市场信息与出口渠道的匮乏使中国内资企业较难向中南美洲国家扩展。

表9 − 8   以中南美洲作为扩展方向的企业层面模型结果

	模型1	模型2	模型3	模型4	模型5	模型6	模型7
外资企业	1.477	0.175 ***					
	(1.021)	(0.064)					

续表

	模型1	模型2	模型3	模型4	模型5	模型6	模型7
私营企业	1.459		0.001				
	(1.023)		(0.077)				
国有企业	0.858			-0.356***			
	(1.025)			(0.100)			
集体企业	0.939				-0.000		
	(1.036)				(0.166)		
企业市场数	0.059***					0.057***	
	(0.003)					(0.003)	
独立企业	-0.082						0.102
	(0.104)						(0.090)
内陆港口	-0.110	0.026	0.073	0.030	0.073	-0.010	0.065
	(0.092)	(0.088)	(0.087)	(0.087)	(0.087)	(0.090)	(0.087)
沿海港口	-0.299***	-0.195**	-0.169**	-0.208***	-0.169**	-0.221***	-0.176**
	(0.079)	(0.076)	(0.076)	(0.076)	(0.076)	(0.078)	(0.076)
省会或直辖市	-0.089	-0.098	-0.091	-0.067	-0.091	-0.132*	-0.097
	(0.069)	(0.066)	(0.066)	(0.066)	(0.066)	(0.068)	(0.066)
东部	0.197	0.361***	0.390***	0.345***	0.390***	0.274**	0.386***
	(0.127)	(0.123)	(0.123)	(0.123)	(0.123)	(0.125)	(0.123)
西部	-3.432***	-1.957***	-1.892***	-1.786***	-1.892***	-2.221***	-1.970***
	(1.033)	(0.124)	(0.123)	(0.124)	(0.122)	(0.125)	(0.140)
东北	8834	8834	8834	8834	8834	8834	8834
	561.1	34.95	27.40	41.04	27.40	516.8	28.73
常数项	0	1.54e-06	4.76e-05	9.19e-08	4.76e-05	0	2.62e-05

注：①括号中的数字是标准差；②显著性水平：*** 表示 $p<0.01$，** 表示 $p<0.05$，* 表示 $p<0.1$。

总体来说，内资企业只在向非洲扩展的过程中有较显著的优势，向亚洲、欧美和中南美洲扩展的概率都不如外资企业，国有企业更有优势向非洲市场扩展，意味着此期间内资企业的市场扩展可能受到国家意志、外交或政策的影响较大，亟待加强自身进行海外市场扩展的能力。前文虽然发现私营企业进行市场扩展的概率比其他企业大得多，但是私营企业没有像外资企业和国有企业一样表现出明显的市场倾向，私营企业向亚洲、欧美和中南美洲扩展的系数都不显著，说明私营企业的海外市场扩展方向较分散，取决于自身的出口能力和以往积累的经验，没有较为明显的趋势。

下面将结合表9-5至表9-8的模型结果对其他变量进行讨论。在欧美国家、非洲国家的模型中，企业市场数量的系数显著为正，说明具有丰富市场知识的企业才有能力向这些市场扩展，而只有亚洲国家的模型中企业市场数量的系数不显著且是负的，说明亚洲国家或地区地理距离近、文化相似导致出口更容易，不具有丰富出口经验的企业也可以向亚洲扩展。非洲国家的模型中，独立企业的系数显著为负，说明只有企业集团更可能向非洲市场扩展，因为非洲情况复杂、文化差异大、政治社会环境不稳定，从而导致出口非洲市场的沉没成本较高。而向亚洲和欧美市场扩展的模型中，独立企业的系数均显著为正，说明企业能够获取到的亚洲和欧美市场的信息较多，抑或是这些市场政治社会稳定，独立企业更容易向这些市场扩展。

从企业的区位来看，东部城市的企业更容易向欧美和中南美洲市场扩展，但是却多集中于非港口城市和非省会或直辖市，而内陆城市的企业更容易向亚洲和非洲市场扩展，这可能是因为向北美和中南美洲出口需要通过太平洋海运，沿海区位更有利于降低交通运输成本，而且向这些市场扩展的企业多是外资企业，更有能力承担沿海较高的成本；而向亚洲和非洲市场扩展的企业可能多通过亚欧大陆，内陆城市更有利于降低交通成本，同时还能在内陆城市享受较低的土地与劳动力成本。

从模型结果和上述分析看，地理邻近不是影响企业向哪里扩展新市场的唯一因素，政治稳定、外交关系、历史上的殖民关系、文化与语言都是企业选择市场的重要影响因素，但企业层面的研究只能讨论东道国与市场之间的关系，企业—市场层面的模型将进一步讨论企业关联市场出口经验对企业选择新市场的影响，即前文提到的"间接搜索"。

三、企业出口市场扩展方向

（一）全样本统计结果

表9-9展示企业市场扩展模型的估计结果，除了模型2以外均控制了企业层面的变量，包括是否是外资企业、是否是私营企业、企业出口产品种类、是否是独立企业、企业是否位于内陆港口城市、是否位于沿海港口城市、是否位于省会或直辖市等。模型2是不加入任何交叉项的基本结果。距离变量 ln$dist$ 的系数显著为负，说明企业更倾向于向距离较近的市场扩展，从企业内扩展边际的角度看，传统引力模型对企业市场扩展方向仍有一定解释力。但企业为了降低出口成本，不仅需要考虑市场的距离来降低出口可变成本，而且需要获取相关的市场信息和出口渠道，这些属于出口沉没成本，如果企业自身积累了有关某国的信息或者从其他企业能较容易获取有关某国的信息，即使该国距离较远，企业向该国扩展的概率仍然较大。

表9-9模型2的结果显示，企业对某个市场的出口经验、进口经验以及关联市场出口经验均有显著的正向影响。具体来说，企业边界内对某市场的出口经验越多，企业选择该市场出口的概率越高，因为企业集团中有子公司出口过某市场，其他公司非常容易获得相关的市场信息和出口渠道，从而大大降低市场扩展的沉没成本。进口经验的系数为正，说明企业从某国家或地区的进口额越大，使企业更容易在与其供应商的直接交涉中获取该国家或地区的市场信息和出口渠道，从而更容易被企业出口扩展为新市场。关联经验的系数显著为正，说明某个市场与企业已出口市场的关联度越高，该市场被企业出口的概率越高。综上所述，企业经验三个变量都反映了企业过去积累的与新市场有关的知识，知识越多越相关，越有利于企业向该市场扩展，因为企业的历史经验显著降低探索新市场的沉没成本，同时也降低不确定性带来的风险。

对于空间溢出变量，相同市场的出口集聚与进口集聚有显著正向影响，因为扩展企业作为后来者可以通过企业间信息溢出直接获取到先驱者有关该市场的信息，空间溢出显著降低了信息获取成本，使其更容易向该市场扩展。同时，城市对某个国家或地区较多的出口与进口说明与其有很成熟的运输通道，向其扩展的

表 9 - 9　企业经验、空间溢出与企业市场多元化过程

变量名	模型 1	模型 2	模型 3	模型 4	模型 5	模型 6	模型 7	模型 8	模型 9	模型 10	模型 11
Export	0.248*** (0.022)	0.182*** (0.003)	0.136*** (0.019)	0.179*** (0.003)	0.183*** (0.003)	0.240*** (0.009)	0.182*** (0.003)	0.182*** (0.003)	0.341*** (0.016)	0.182*** (0.003)	0.183*** (0.003)
Import	-0.061** (0.026)	0.056*** (0.003)	0.056*** (0.003)	-0.108*** (0.020)	0.053*** (0.003)	0.059*** (0.003)	0.028 (0.017)	0.056*** (0.003)	0.058*** (0.003)	0.022 (0.024)	0.057*** (0.003)
Relate	-0.189*** (0.019)	0.101*** (0.004)	0.102*** (0.004)	0.103*** (0.004)	-0.018 (0.012)	0.098*** (0.004)	0.101*** (0.004)	0.102*** (0.005)	0.100*** (0.004)	0.101*** (0.004)	-0.099*** (0.017)
AgglExport	0.180*** (0.010)	0.292*** (0.006)	0.287*** (0.007)	0.276*** (0.006)	0.210*** (0.010)	0.294*** (0.006)	0.291*** (0.006)	0.292*** (0.006)	0.292*** (0.006)	0.292*** (0.006)	0.276*** (0.006)
AgglImport	0.084*** (0.005)	0.054*** (0.002)	0.054*** (0.002)	0.056*** (0.002)	0.052*** (0.002)	0.057*** (0.003)	0.054*** (0.002)	0.054*** (0.004)	0.054*** (0.002)	0.054*** (0.002)	0.047*** (0.003)
AgglRelate	0.002 (0.003)	0.007 (0.003)	-0.007** (0.003)	-0.007** (0.003)	0.001 (0.003)	-0.007** (0.003)	-0.007** (0.003)	-0.007** (0.003)	-0.003 (0.003)	-0.008** (0.003)	-0.007** (0.003)
Indist	-0.131*** (0.016)	-0.093*** (0.015)	-0.094*** (0.015)	-0.092*** (0.015)	-0.097*** (0.015)	-0.097*** (0.015)	-0.089*** (0.015)	-0.093*** (0.015)	-0.091*** (0.015)	-0.093*** (0.015)	-0.108*** (0.015)
Export × AgglExport	0.010*** (0.001)		0.002** (0.001)								
Import × AgglExport	0.012*** (0.002)			0.009*** (0.001)							
Relate × AgglExport	0.006*** (0.001)				0.008*** (0.001)						

续表

变量名	模型 1	模型 2	模型 3	模型 4	模型 5	模型 6	模型 7	模型 8	模型 9	模型 10	模型 11
Export × AgglImport	-0.004*** (0.001)					-0.003*** (0.001)					
Import × AgglImport	-0.005*** (0.001)						-0.001* (0.001)				
Relate × AgglImport	-0.003*** (0.000)							-0.000* (0.000)			
Export × AgglRelate	-0.009*** (0.001)								-0.007*** (0.001)		
Import × AgglRelate	-0.001 (0.001)									0.002 (0.001)	
Relate × AgglRelate	0.011*** (0.001)										0.009*** (0.001)
Observations	547304	547304	547304	547304	547304	547304	547304	547304	547304	547304	547304
LR chi2	23715	23413	23448	23538	23903	23357	23430	23407	23339	23423	23520
Prob > chi2	0	0	0	0	0	0	0	0	0	0	0

注：①括号中的数字是标准差；②显著性水平：*** 表示 $p < 0.01$，** 表示 $p < 0.05$，* 表示 $p < 0.1$。

交通成本也被大大降低。城市关联市场出口集聚不显著，因为关联市场的信息更容易在企业层面发挥作用，企业在自身出口网络的基础上更可能间接搜寻与其有关联的新市场，可能是地理邻近，也可能是语言相同、文化相近，还可能是具有密切的贸易往来，总之企业只有自身出口网络与新市场有关联，才有利于向新市场扩展，如果是城市中其他企业的关联市场经验，相关信息衰减严重，企业很难向该市场扩展。综上所述，城市中其他企业的直接经验溢出和进口溢出都反映了城市对一个市场所掌握的信息、知识和渠道、知识和基础设施的外部性降低了企业出口的沉没成本和出口风险，从而显著提高了企业向该市场扩展的概率。

从表9-9模型2结果可以看出，与第八章的产品扩展模型结果不同，企业经验对市场扩展的影响没有比空间溢出更强，也就是说对于市场信息溢出来说，不存在明显的企业边界衰减效应，不仅如此，城市相同市场出口集聚的系数显著大于企业出口经验的系数，一方面可能因为有关市场或出口渠道等信息的获取难度远低于新产品技术的获取难度，信息越容易获取，越难以被隔离在企业边界之内，溢出则越容易；另一方面也可能因为出口同一市场的企业集聚使企业可以共享运输通道和基础设施，大大降低出口到该市场的运输成本。这两个原因都会导致企业市场扩展更依赖空间溢出。

从模型2企业经验变量之间的横向对比可以和空间溢出变量之间的横向对比发现，有关出口市场的直接经验对企业市场扩展的影响远大于进口经验和关联市场经验等间接经验，这个结果与第八章企业产品扩展模型结果一致，因为直接经验无须任何转换成本，而企业从进口渠道获取市场信息或者通过关联市场获取信息都需要付出额外的转换成本，所以企业在市场扩展时更依赖企业自身的直接经验或者来自其他企业的直接经验溢出。

模型1加入企业经验与空间溢出变量的交叉项。表9-9的模型3至模型11的估计结果显示，同时放入交叉项与分别放入交叉项的结果相似，共线性对于系数符号没有太大影响。具体来说，相同市场出口集聚与企业经验对市场扩展的影响相互促进，也就是说，企业经验越多，越容易在溢出效应中获益。但是相同市场进口集聚与企业经验对市场扩展的影响相互抵消，说明进口集聚程度越低，企业市场扩展越依赖企业经验。关联市场出口溢出效应本身不显著，导致其与企业经验的交叉作用也不稳定。

上述研究发现企业的市场扩展同时依赖企业经验与空间溢出，与企业产品扩展更依赖企业经验的结果不同，企业市场扩展更依赖城市相同市场的出口溢出，这可能因为市场扩展更需要出口溢出所提供针对某个市场的更方便低廉的运输基础设施和运输通道，这个原因也同时解释了出口集聚与企业经验交叉项的正向影响。这里首先回顾一下第八章的负向符号，负向符号说明企业自身进出口经验减弱了对空间溢出的依赖，也就是说，对于某产品而言，企业的进出口经验越少，越依赖区域提供的知识溢出效应；相反，若企业边界内拥有丰富的知识，则受到空间溢出环境的限制较少。但是对于市场扩展来说，企业对某个市场即使拥有再多的出口经验，也无法摆脱对区域出口集聚的依赖，也是因为企业出口经验固然重要，但是如果没有区域对该市场提供的运输设施和通道，企业出口该市场的成本将大大增加，尤其对于交通运输成本原本就高的内陆地区。

（二）区域差异性

表9-10分四个区域展示企业市场扩展的路径依赖表现，结果与全样本结果相似，企业经验三个变量显著为正，说明企业掌握某个市场的信息越多，有利于降低沉没成本和风险，促进企业扩展新市场。城市中其他企业对某个市场的出口集聚和进口集聚不仅能通过信息溢出降低后进者的沉没成本和出口风险，而且可以与集聚中的其他企业共享运输通道和基础设施，从而显著提高企业向该市场扩展的概率；无论是企业经验变量还是空间溢出变量上，直接经验比间接经验对企业市场扩展的作用更大，因为间接经验需要付出转换成本。尽管有些结果相似，但企业市场扩展过程仍然存在显著的区域差异。

表 9-10　企业市场扩展的区域差异

变量名	东部	中部	西部	东北	东部	中部	西部	东北
Export	0.177 ***	0.197 ***	0.251 ***	0.206 ***	0.239 ***	0.094	− 0.250	0.264
	(0.003)	(0.021)	(0.021)	(0.019)	(0.027)	(0.194)	(0.173)	(0.166)
Import	0.052 ***	0.077 *	0.074 ***	0.089 ***	0.093 ***	− 0.038	0.602 ***	0.133
	(0.003)	(0.022)	(0.018)	(0.017)	(0.027)	(0.233)	(0.182)	(0.169)

续表

变量名	东部	中部	西部	东北	东部	中部	西部	东北
Relate	0.097 ***	0.144 ***	0.109 ***	0.110 ***	− 0.367 ***	− 0.028	0.150	− 0.089
	(0.004)	(0.025)	(0.020)	(0.023)	(0.038)	(0.279)	(0.210)	(0.187)
AgglExport	0.331 ***	0.070 ***	0.120 ***	0.173 ***	0.420 ***	0.095	0.053	0.175
	(0.007)	(0.018)	(0.020)	(0.032)	(0.040)	(0.205)	(0.179)	(0.196)
AgglImport	0.052 ***	0.043 ***	0.054 ***	0.048 ***	0.052	0.141	− 0.085	0.099
	(0.003)	(0.010)	(0.010)	(0.014)	(0.039)	(0.144)	(0.147)	(0.201)
AgglRelate	− 0.008 **	− 0.023	− 0.003	− 0.013	0.205 ***	0.152	0.246	0.161
	(0.003)	(0.023)	(0.017)	(0.020)	(0.037)	(0.264)	(0.194)	(0.172)
lndist	− 0.073 ***	− 0.202 **	− 0.253 ***	− 0.279 ***				
	(0.016)	(0.095)	(0.089)	(0.097)				
lndist × Export					− 0.008 **	0.012	0.060 ***	− 0.007
					(0.003)	(0.023)	(0.020)	(0.020)
lndist × Import					− 0.005	0.009	− 0.064 ***	− 0.005
					(0.003)	(0.028)	(0.022)	(0.020)
lndist × Relate					0.053 ***	0.019	− 0.005	0.023
					(0.004)	(0.031)	(0.024)	(0.021)
lndist × AgglExportv					− 0.010 **	− 0.003	0.008	0.000
					(0.004)	(0.023)	(0.020)	(0.022)
lndist × AgglImportv					− 0.000	− 0.011	0.016	− 0.006
					(0.004)	(0.016)	(0.017)	(0.022)
lndist × AgglRelate					− 0.024 ***	− 0.020	− 0.029	− 0.021
					(0.004)	(0.030)	(0.022)	(0.020)
常数项	502243	12956	15632	16473	502243	12956	15632	16473
LR chi2	21964	393.9	629.3	635.9	21940	398.7	638.8	638.3
Prob > chi2	0	0	0	0	0	0	0	0

注：①括号中的数字是标准差；②显著性水平：*** 表示 p < 0.01，** 表示 p < 0.05，* 表示 p < 0.1。

中部、西部和东北地区的模型中企业经验变量——市场出口经验、进口经验和关联市场出口经验的系数都显著大于东部地区，说明企业经验对于内陆企业的影响更大，也就是说内陆企业比沿海企业更依赖企业层面的能力和经验，因为内陆城市所能提供的出口信息溢出非常有限，如果能够从自己的企业集团获得支持，那么将使内陆的企业享有特殊优势，更容易向集团有进出口经验的市场扩展。虽然分区域的模型中城市相同市场出口集聚的系数都显著为正，但东部的系数远大于其他三个区域，说明与内陆企业相比，沿海企业对空间溢出效应的依赖更多。

地理距离（lndist）的系数均显著为负，说明传统引力模型有一定解释力。但对比四个区域发现，东部企业的市场扩展受到距离的影响显著小于内陆企业，与上一节的结果相呼应，东部企业选择什么市场进行扩展受到地理距离的限制较小，它们会依赖企业经验、空间溢出甚至国家支持，向较远的非洲和中南美洲扩展。

那么，企业经验和空间溢出是否会影响企业市场扩展对距离的依赖？这里需要引入距离与所有变量的交叉项，见表9-10的后四列。结果显示，企业对关联市场的出口经验对东部企业向更远市场出口起了促进作用。新市场的距离越远，越需要依赖企业的关联市场经验，即远程搜索方式，因为距离较远市场的出口集聚尚未形成，或者一些远距离国家的需求有限形成不了集聚，无论是哪个原因，东部城市向更远距离市场扩展主要还是依赖东部城市的高能力企业沿着自身出口市场网络向外拓展。

企业相同市场出口经验对西部企业向更远市场扩展起了促进作用，也就是说，西部企业若想向远距离市场扩展，由于城市不能提供相关信息和支持，只能依赖企业集团其他子公司的出口经验，这些子公司多数也是在中国的东部地区，说明我国存在这种东部的出口知识通过企业网络向内陆溢出的现象，企业边界内溢出也是东部向内陆溢出的渠道之一。

（三）企业所有制差异性

为了考察企业所有制对市场扩展过程的影响，表9-11将全样本分为外资企业、国有企业、私营企业和集体企业四类，探究四类企业的市场扩展对企业经验和空间溢出的依赖是否具有显著差异。

表 9-11 企业市场扩展的企业所有制差异

变量名	外资企业	国有企业	私营企业	集体企业	外资企业	国有企业	私营企业	集体企业
Export	0.196 ***	0.138 ***	0.177 ***	0.160 ***	0.274 ***	-0.004	0.180 **	0.339 **
	(0.004)	(0.007)	(0.009)	(0.015)	(0.032)	(0.070)	(0.086)	(0.144)
Import	0.056 ***	0.030 ***	0.042 ***	0.029 *	0.065 **	0.043	0.016	0.063
	(0.003)	(0.007)	(0.012)	(0.017)	(0.031)	(0.072)	(0.111)	(0.161)
Relate	0.084 ***	0.128 ***	0.140 ***	0.157 ***	-0.344 ***	-0.035	-0.219	-0.170
	(0.004)	(0.012)	(0.013)	(0.032)	(0.042)	(0.115)	(0.137)	(0.277)
AgglExport	0.352 ***	0.187 ***	0.164 ***	0.154 ***	0.438 ***	0.223 ***	0.313 ***	0.426 *
	(0.008)	(0.015)	(0.015)	(0.035)	(0.047)	(0.085)	(0.101)	(0.245)
AgglImport	0.066 ***	0.033 ***	0.042 ***	0.008	0.064	0.126	-0.013	0.155
	(0.003)	(0.006)	(0.006)	(0.012)	(0.045)	(0.085)	(0.089)	(0.157)
AgglRelate	0.001	-0.039 ***	-0.009	0.022	0.198 ***	0.049	0.159	-0.046
	(0.004)	(0.009)	(0.010)	(0.028)	(0.042)	(0.095)	(0.112)	(0.259)
lndist	-0.063 ***	-0.144 ***	-0.106 **	-0.289 ***				
	(0.018)	(0.043)	(0.046)	(0.091)				
lndist × Export					-0.010 ***	0.016 **	-0.000	-0.021
					(0.004)	(0.008)	(0.010)	(0.017)
lndist × Import					-0.001	-0.002	0.003	-0.004
					(0.004)	(0.008)	(0.013)	(0.019)
lndist × Relate					0.049 ***	0.018	0.040 ***	0.037
					(0.005)	(0.013)	(0.015)	(0.031)
lndist × AgglExportv					-0.010 *	-0.004	-0.017	-0.031
					(0.005)	(0.010)	(0.011)	(0.028)
lndist × AgglImportv					-0.000	-0.010	0.006	-0.016
					(0.005)	(0.009)	(0.010)	(0.017)
lndist × AgglRelate					-0.023 ***	-0.010	-0.019	0.008
					(0.005)	(0.011)	(0.013)	(0.030)
观测值	406235	68730	53458	18183	406235	68730	53458	18183
LR chi2	18638	2117	1946	463.2	18548	2129	1940	469.1
Prob > chi2	0	0	0	0	0	0	0	0

注：①括号中的数字是标准差；②显著性水平：*** 表示 p < 0.01，** 表示 p < 0.05，* 表示 p < 0.1。

与全样本得到相似的结果，四类企业的市场扩展方向对企业经验和空间溢出均有显著依赖，企业经验的影响没有比空间溢出更大。企业边界内相同市场的直接出口经验比从进口渠道和关联市场获取的间接经验对市场扩展的作用更大，具体地，企业边界内直接出口经验提高1%，外资企业、国有企业、私营企业和集体企业向该市场扩展的概率比（即扩展概率与不扩展概率的比）分别提高19.6%、13.8%、17.7%、16.0%，远远高于间接经验的影响；跨企业边界的直接经验溢出也比间接经验溢出的影响大，具体地，城市相同市场出口集聚提高1%，四类企业向该产品扩展的概率比分别提高35.2%、18.7%、16.4%、15.4%。虽然间接经验对企业的市场选择也呈显著正向影响，但由于需要付出一定的转换成本，所以比直接经验的影响更小。

外资企业受到进口集聚的影响大于其他企业，这一结果与第八章结论一致，外资企业更有能力将进口集聚的优势转化为出口能力。距离的系数均显著为负，说明传统引力模型对四种所有制企业的市场扩展方向都有影响，地理距离越远，企业越难向该市场扩展。通过对比发现，外资企业的市场扩展受到距离的限制最小，这也证实了前文的结论，即外资企业更倾向于向欧美和中南美洲扩展，这些国家或地区与中国距离较远，但外资企业在获取国际市场信息方面具有天然优势，这些优势使外资企业向这些市场扩展的沉没成本较低，从而提高其向远离市场扩展的概率。

外资企业和私营企业的关联市场出口经验与距离的交叉项显著为正，意味着外资企业和私营企业向远距离市场扩展依赖企业的间接搜索方式。从国有企业模型的交叉项结果看，国有企业向远距离市场扩展并不依赖企业的关联出口经验，而是依赖企业集团曾经的相同市场出口经验，但企业集团对于远距离国家出口经验是如何积累的我们不得而知，根据上文的结果可以推测出应该受到国家意志或外交政策的影响，尤其是对非洲的出口。

第三节　小结

本章将企业的市场扩展过程分解为两个阶段：企业是否扩展和企业如何选择

新市场。这里总结本章主要发现，并与上一章企业产品扩展的研究发现进行对比。

私营企业进行市场扩展的概率比其他类型企业大得多，而且比外资企业更倾向于进行市场扩展，这一结果与上一章私营企业明显的产品扩展行为一致，进一步断定2002~2006年良好的国际国内环境，使电子通信设备制造业私营企业的出口在这一阶段得到快速发展。在探讨各类型企业的市场扩展方向时发现，内资企业只在向非洲扩展的过程中有较显著的优势，其中国有企业最为明显，其对非洲市场的青睐可能受到国家意志、外交或政策的影响较大。

关于企业如何选择新市场的结果显示，企业更倾向于向自己已经积累丰富的进出口经验或关联市场经验的国家或地区扩展，相关信息越多，越有利于企业向该市场进行扩展，因为信息大大降低了探索新市场的沉没成本，同时也降低了不确定性导致的风险。这些经验不一定来自企业自身，城市中其他企业对某市场的出口集聚通过知识和基础设施的外部性显著提高了企业向该市场扩展的概率。

第八章企业产品扩展过程证实了以往的研究结论——超越组织边界的知识溢出有衰减效应，但本章发现企业边界对于市场信息的溢出来说，不存在明显的阻碍作用，一方面可能因为有关市场或出口渠道等信息的获取难度远低于新产品技术的获取难度，信息越容易获取，越难以被隔离在企业边界之内，溢出则更容易；另一方面也可能因为出口同一市场的企业集聚使企业可以共享运输通道和基础设施，大大降低出口到该市场的运输成本。第八章发现企业自身进出口经验可以削弱企业对空间溢出的依赖，但是对于本章的市场扩展来说，企业对某市场即使拥有再多的出口经验，也无法摆脱对出口集聚的依赖，因为企业出口经验固然重要，但是如果没有城市对该市场的出口集聚提供的运输设施和通道，企业出口该市场的成本将大大增加，尤其对于交通运输成本高的内陆地区来说。

与企业产品扩展过程相似，企业市场扩展也存在显著的区域差异。首先，内陆比沿海企业更依赖企业能力与经验，因为内陆城市所能提供的出口信息溢出非常有限，如果能够从企业集团获得支持，将使内陆的企业享有特殊优势。其次，东部城市向更远距离市场扩展主要还是通过东部城市的高能力企业依赖企业自身市场网络向外拓展。

第十章 中国出口产品多样化与市场多元化的关系

研发新产品和开拓新市场是企业出口扩展的两种选择，向新产品扩展需要投入生产技术、资本和劳动力的转换成本，向新市场扩展需要投入关于需求量、消费者偏好和出口渠道等市场信息的搜集成本。产品与市场对于企业的存活与成长都十分重要，企业在出口扩展时需要同时考虑在产品和市场两个维度的成功率，两个维度之间相互作用，共同影响中国出口多样化路径。无论选择哪个维度的扩展，都要同时考虑在另一个维度的成功率，而且一个维度的扩展会促进另一个维度的下一轮扩展。

举个例子，一个电子计算机整机组装的企业刚刚将业务扩展到新市场——德国，接触到很多德国的电子元器件企业，通过知识溢出和学习效应，该企业从德国生产商处获得了元器件的生产技术，成功生产并出口到德国，之所以选择德国作为市场是因为曾经所学习的是德国技术，所生产的产品也符合德国的市场需求，而且企业对德国市场十分了解，为降低新产品的出口风险，所以选择德国市场。这反映了企业市场多元化推动了其产品多样化过程。

企业出口新产品不可能仅满足于出口德国，其通过德国可以了解电子元器件的国际市场现状，寻找更多的合作伙伴。第九章讨论以现有市场为中心间接搜索关联市场的过程。除了市场关联以外，可能还有另一个因素对市场扩展有重要作用，那就是市场对于该产品的需求。如果两个市场其他条件相似，企业更可能会选择需求更大的市场进行扩展，继续上述例子，企业下一步可能将电子元器件出口到新市场，例如与德国市场较为相似的奥地利。这是产品多样化对市场多元化过程的促进作用。

新市场的扩展可能会让企业发现更多商机，从而进一步向新产品扩展，如此循环递进，企业的产品维度和市场维度的扩展将相互影响，共同促进企业的出口创新与成长，众多企业的出口多样化路径形成了中国出口多样化路径。

因此，本章有必要将前文探讨的出口扩展两个维度——产品和市场结合起来，讨论两者之间的关系：首先，回答什么新产品出口到哪些新市场；其次，回答两个维度之间是否相互影响、相互促进。

第一节 新产品—新市场组合

本节从产品和市场组合的角度将企业内扩展分解为新产品—旧市场、旧产品—新市场和新产品—新市场三种类型，前两者是新产品出口到旧市场和旧产品出口到新市场，属于只在一个维度进行扩展，新产品—新市场是指将新产品出口到新市场，属于企业在两个维度上同时扩展。然而，在企业—产品—市场层面，有些企业的出口扩展行为比较谨慎，只选择一个维度，就是表10-1的状态一。而有些企业在两个维度上同时扩展，两个维度的扩展也可以包括两种情况：一种是新产品与新市场是一对一匹配的，也就是说新产品只出口到新市场，且只有新产品出口到新市场，这是表10-1的状态三；还有一种企业不只为了新市场专门出口新产品，还把旧产品也卖到了新市场，或者新产品不只为了新市场而扩展，也会出口到旧市场，这种情况属于表10-1的状态二。这三类企业的数量统计如表10-1所示。之所以进一步对两个维度同时扩展的企业做这样的区分是为了考察产品或市场扩展对企业出口是否会有乘数效应，例如新产品开发出来，不仅出口到新市场，也可以出口到旧市场，从而实现出口的爆发式增长。

表10-1显示，有2万多家电子通信设备制造企业有产品或市场的扩展，其中只扩展一个维度的企业有3450家，占所有扩展企业的16.46%，说明有不少企业在出口多样化过程中较为谨慎，也说明企业要么在旧市场上发现新商机或者学习到新生产技术，要么在出口旧产品时通过间接搜索方式或其他企业的知识溢出从而开发新市场，无论是哪种情况都意味着产品和市场之间有着分不开的相互作

表 10 - 1　对于企业的产品—市场扩展类型的统计

			企业数（个）	比重（%）	累计比重（%）
只有一个维度扩展	状态一	新产品—旧市场或旧产品—新市场	3450	16.46	16.5
两个维度都有扩展	状态二	新产品出口到新市场的同时，新产品也出口旧市场或旧产品也出口到新市场	1396	6.66	23.1
	状态三	新产品只出口到新市场，且只有新产品出口到新市场（即一对一匹配）	16110	76.88	100
总计			20956	100	

用。只有 6.66% 的企业符合状态二，即能够将新产品卖到新市场的同时还能卖到旧市场，或者不仅将新产品卖到新市场，也将旧产品卖到新市场。而 76.88% 的企业是新产品与新市场一一对应，没有旧产品和旧市场参与到这一轮的出口扩展，说明新产品主要是为了供应某个特定市场而开发的。因此，产品与市场之间是要求高度匹配的：一方面，即便企业对于某个市场了如指掌，也不意味着很容易将其他产品出口到该市场；另一方面，企业在某产品的出口上极具优势，也不意味着很容易将该产品出口到其他市场。下面具体回答中国电子通信设备制造业企业将什么新产品出口到哪些新市场。

　　本节将上文识别的在新产品—新市场两个维度进行扩展的企业数在更大尺度上加总，考察企业选择什么新产品出口到哪些新市场，如图 10 - 1 所示。从新产品角度看，视听设备是企业首先进行扩展的产品，有超过 2 万家企业向视听设备进行扩展，一方面说明我国已经掌握视听设备的生产技术，在国际出口市场上有很强的竞争力，这与其他章节的结论一致；另一方面说明这一时期视听设备的国际需求猛增，才促使如此多的中国企业向该类产品扩展。其他电子通信设备和电子元器件分列第二、第三位，13000 多家企业选择电子元器件作为新产品，说明我国电子通信设备企业在向产业链上游扩展，产业链条的完整化可以降低企业对进口的依赖，意味着我国电子通信设备制造业在全球价值链的地位得到提升。通信设备和整机制造细分的产品类型较少，是扩展企业数较少的原因之一。此外，这两类产品的生产都要求企业具有规模经济，因此向其扩展的门槛较高是企业数较少的另一个原因。

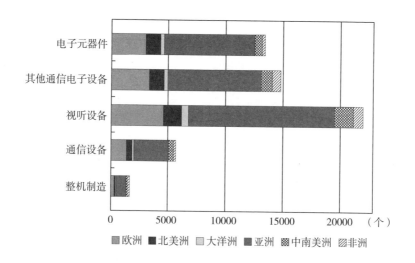

图 10 - 1 进行新产品—新市场扩展的企业数量

从新市场角度看，对于五类三位数产品，亚洲国家或地区是企业进行新产品扩展的首选市场（见图 10 - 1），一是因为对于地理邻近的新市场，企业更容易发现商机；二是因为亚洲的日本、韩国和印度是电子通信设备制造业大国，生产需求和消费需求都较大。欧洲是仅次于亚洲的市场之选，一方面因为欧洲国家经济发展水平较高，电子通信设备的需求较大；另一方面欧洲与北美洲（美国和加拿大）、大洋洲（澳大利亚和新西兰）相比，国家数量较多，从统计上对进行扩展的企业数量加总也更容易超过北美洲和大洋洲。中南美洲和非洲是研究中国企业市场扩展时不容忽视的市场，总体上向中南美洲和非洲扩展的企业数超过大洋洲。其中，巴西、南非、墨西哥是中国电子通信设备产品重要的出口扩展市场，可能因为这些国家的电子通信设备制造业发展迅速，而且在发展中国家中经济较发达、市场广阔。根据世界贸易组织统计，2002～2004 年，巴西电子通信设备进口增长近 20 亿美元，占中南美洲增长的 35.2%，远远超过中南美洲其他国家或地区；南非电子通信设备进口增长超 10 亿美元，占非洲增长的 34.5%，也远远超过非洲其他国家或地区；墨西哥的增长幅度更大，这期间增长 30 亿美元，超过非洲所有国家或地区增长总和。这些国家对于该类产品的需求猛增可能是中国企业向这些市场扩展的重要原因之一，而且这些国家与中国在很多行业都有频繁的贸易往来，使得贸易壁垒较低。此外，电子元器件和通信设备等技术密集度较高的产品较少向非洲扩展。

第二节 产品多样化与市场多元化的相互作用

如前文所述，产业多样化和市场多元化两者之间可能相互作用、相互促进，共同影响中国企业的出口多样化路径。本章在一开始列举了一个两者相互作用的例子，用来解释企业内产品或市场某一个维度的多样化过程，也可以用来解释两个维度同时多样化的过程，例如在从德国获取生产技术开发出新产品后，并没有出口到德国，而是直接出口到德国的出口贸易国，例如美国，抢占德国该产品的国际市场，这反映了市场对产品扩展的促进作用进而使企业在新产品和新市场同时扩展。本节从出口市场对产品扩展的影响和出口产品对市场扩展的影响两个角度，利用核密度分布和估计条件 Logit 模型，来讨论产品多样化与市场多元化之间的相互作用。

一、方法与数据

市场对产品多样化过程的影响是指企业的出口市场（上述例子的德国）如果大量贸易某种产品（上述例子的电子元器件），该企业就有更多机会获取关于该产品的知识溢出，该产品可能成为该企业产品扩展的方向。而产品对市场多样化过程的影响是指企业出口产品（上述例子的电子元器件）在国际市场上需求较大的国家或地区可能是企业市场扩展的方向。下文也将从这两个角度分别介绍本章的研究方法。

（一）市场对产品多样化的影响

前者需要衡量企业出口市场大量贸易什么产品，计算公式如下：

$$Trade\_country_{ij} = \text{Max}_d \ \{X_{id} \times Trade_{dj}\}$$

其中，$Trade\_country_{ij}$是企业i从已经出口的市场中能够获取的有关潜在产品j的信息与知识，X_{id}是企业i是否出口市场d，出口为1，否则为0，$Trade_{dj}$是市场d在产品j的贸易量，$X_{id} \times Trade_{dj}$是企业i每个出口市场关于产品j的贸易量，选取其中的最大值而不是对所有值进行加总是因为在有竞争力（大量贸易额）的市场上企业才能获取到足够信息和成熟技术，从而吸引企业向该产品扩展，最大值比加总值更能代表企业从出口市场获取的产品信息量。研究阶段与前面两章一致，即2002～2006年，被解释变量仍然是企业产品扩展的二值变量：2002年和2003年不出口、2004～2006年出口的产品被赋值为1，即企业向该产品扩展；2002～2006年都不出口的产品被赋值为0，即企业没有向该产品扩展。因此，作为解释变量，$Trade\_country_{ij}$公式中的国家—产品贸易量$Trade_{dj}$是2002年和2003年的平均值，这里的贸易量用进出口额衡量，并且取对数，数据来源于2002～2003年CEPII–BACI数据库。

为了研究出口市场对某产品的贸易量对企业向该产品扩展的影响，本书采用核密度分布和条件Logit回归模型。首先将城市初期不出口的产品分为两种：末期出口的新产品和末期仍然不出口的潜在产品。其次考察新产品与潜在产品在初期时企业从出口市场获取信息量的核密度分布差异，考察企业从出口市场获取的产品信息越大，该产品是否越容易被企业扩展。最后控制第八章的所有解释变量，通过条件Logit回归模型在统计上检验市场维度对企业产品多样化的影响，计量模型如下：

$$P(Y_{ci} = j \mid x_{cij}) = \frac{\exp(x'_{cij}\beta)}{\sum_{k=1}^{J} \exp(x'_{cik}\beta)}$$

其中，i和j分别表示企业和产品，c表示企业i所在城市。x_{cij}是影响企业i是否选择j的变量集合，包括$lntrade\_country_{cij}$，即企业i的出口市场在产品j的贸易量，表示企业通过市场维度获取到的产品信息。除了$lntrade\_country_{cij}$以外，其他所有变量与第八章计量模型的设置完全一样，参见第八章第二节，这里不再赘述。

（二）产品多市场多元化的影响

衡量企业的出口产品在哪些国家或地区被大量贸易，计算公式如下：

$$Trade\_product_{id} = Max_j \left\{ X_{ij} \times Trade_{dj} \right\}$$

其中，$Trade\_product_{id}$是企业 i 从产品市场获取的有关潜在市场 d 的信息，该国家或地区对该产品的贸易额越大，越可能被企业扩展为新市场。X_{ij}是企业 i 是否出口产品 j，出口为 1，否则为 0，$Trade_{dj}$是 d 在产品 j 的贸易量，$X_{ij} \times Trade_{dj}$是企业 i 每个出口产品在 d 的贸易量，选取其中的最大值而不是对所有值进行加总是因为在该产品需求大的国家或地区才有足够的市场空间，从而吸引企业向该市场扩展。被解释变量是企业市场扩展的二值变量：2002 年和 2003 年不出口、2004～2006 年出口的市场被赋值为 1，即企业向该市场进行扩展；2002～2006 年都不出口的市场被赋值为 0，即企业没有向该市场进行扩展。与前文一样，$Trade\_product_{id}$公式中的国家—产品贸易量 $Trade_{dj}$是 2002 年和 2003 年的平均值，$Trade\_product_{id}$取对数，数据来源于 2002～2003 年 CEPII – BACI 数据库。

为了研究企业依赖产品维度获取的市场信息对企业市场多样化的影响，也采用核密度分布和条件 Logit 回归模型。首先将城市初期不出口的市场分为两种：末期出口的新市场和末期仍然不出口的潜在市场，然后考察新市场与潜在市场在初期时企业获取信息能力的核密度分布差异，考察企业已出口产品在某市场的贸易量越大，该市场是否越容易被企业扩展。其次控制第九章的所有解释变量，通过条件 Logit 回归模型在统计上检验产品维度对企业市场扩展的影响，计量模型如下：

$$P(Y_{ci} = d \mid x_{cid}) = \frac{\exp(x'_{cid}\beta)}{\sum_{k=1}^{D} \exp(x'_{cik}\beta)}$$

其中，i 和 d 分别表示企业和市场，c 表示企业 i 所在城市。x_{cij}是影响企业 i 是否选择 d 的变量集合，包括$lntrade\_product_{cid}$，表示企业 i 的出口产品在 d 的贸易量。该模型除了$lntrade\_product_{cid}$以外，其他所有变量与第九章计量模型的设置完全一样，参见第九章第二节，这里不再赘述。

二、企业出口市场对产品多样化的影响

图 10 - 2 展示了新产品与潜在产品在初期时企业从出口市场获取信息的能力

是否存在核密度分布差异，其中，横轴是企业从市场获取的产品信息（上文中的 *lntrade_country*$_{cij}$）。与预期一致，新产品分布在潜在产品的右侧，经过 ANOVA 检验，两个分布在统计上有显著差异。这说明企业在自己的出口市场上获取的某产品信息越多，向该产品扩展的概率越大。

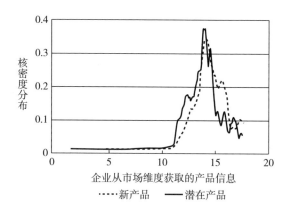

图 10-2　企业从市场获取产品信息的核密度分布（总体）

注：ANOVA 检验的 p 值为 0.0000，说明新产品与潜在产品的核密度分布具有统计上的显著差异。

本书将上述总的分布拆分为四大区域，考察这一影响是否有区域差异。从图 10-3 发现，四个区域的新产品分布都在潜在产品分布的右侧，且经 ANOVA 检验具有统计显著性，说明四个区域都表现出市场对企业产品扩展的重要作用。其中，西部两类产品的分布差异明显大于其他地区，说明西部企业的产品扩展更依赖于市场提供的信息。这一结论很重要，从前面章节发现西部企业的产品扩展更依赖于其他地区的子公司所提供的信息溢出，而对于当地环境的依赖比东部小，与本节的结论可以共同推论出，西部地区电子通信设备制造业发展远远落后于东部沿海，地方能提供的产业支撑更少，因此西部企业的产品扩展只能更依赖于企业出口市场提供的信息或者企业集团的组织边界内信息溢出，前者可以理解为国际市场网络，后者可以理解为国内组织网络，两者都是企业从地方之外获取信息的途径。表 10-2 通过估计条件 Logit 模型进一步印证了此推论。

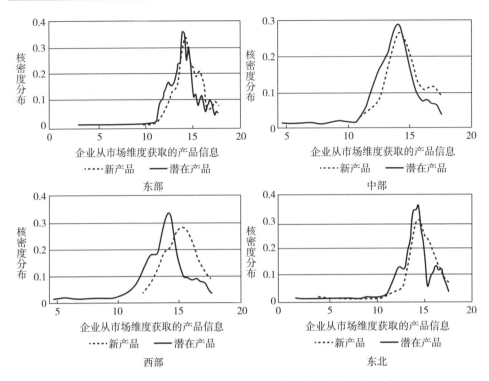

图 10 - 3 企业从市场获取产品信息的核密度分布（分区域）

注：东部、中部、西部和东北地区四个区域的 ANOVA 检验的 p 值分别为 0.0000、0.0020、0.0000、0.0002，说明新产品与潜在产品的核密度分布具有统计上的显著差异。

表 10 - 2 从市场获取的信息对企业产品扩展的影响

变量名	全部	全部	东部	中部	西部	东北
lntrade_country	0.316 ***	0.109 ***	0.308 ***	0.359 ***	0.677 ***	0.349 ***
	(0.012)	(0.033)	(0.012)	(0.115)	(0.105)	(0.077)
Export		0.176 ***				
		(0.018)				
Import		0.108 ***				
		(0.005)				
Relate		0.124 ***				
		(0.013)				
AgglExport		0.102 ***				
		(0.010)				

续表

变量名	全部	全部	东部	中部	西部	东北
AgglImport		0.012				
		(0.011)				
AgglRelate		0.054**				
		(0.027)				
企业所有制、产品数、是否是集团、是否临内陆港口、沿海港口、是否是省会城市	控制	控制	不控制	不控制	不控制	不控制
观测值	34862	34862	32904	380	633	945
LR chi2	679.9	2881	615.1	9.738	41.67	20.68
Prob > chi2	0	0	0	0.00180	1.08e-10	5.43e-06

注：①括号中的数字是标准差；②显著性水平：*** 表示 $p<0.01$，** 表示 $p<0.05$，* 表示 $p<0.1$。

三、企业出口产品对市场多元化的影响

本节研究企业依赖产品维度获取的市场信息对企业市场多元化的影响，图 10-4 展示了新市场与潜在市场在初期时的核密度分布差异，横轴是企业已出口

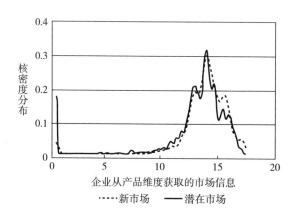

图 10-4 企业从产品市场获取市场信息的核密度分布

注：ANOVA 检验的 p 值为 0.0000，说明新市场与潜在市场的核密度分布具有统计上的显著差异。

的产品在需求较大市场的贸易额（上文中的 $lntrade\_product_{cid}$ ）。与预期一致，新市场分布在潜在市场的右侧，说明如果某国或地区对企业已出口产品的贸易额较大，其有更大概率成为企业市场扩展的方向。经过 ANOVA 检验，两个分布的差异在统计上显著。表 10 - 3 通过估计条件 Logit 模型，也得出一致结论。

表 10 - 3　企业从产品市场获取的信息对市场多元化过程的影响

变量名	全部	全部	东部	中部	西部	东北
$lntrade\_product$	0.108 ***	0.023 ***	0.108 ***	0.139 ***	0.117 ***	0.085 ***
	(0.004)	(0.004)	(0.004)	(0.028)	(0.023)	(0.024)
$Export$		0.145 ***				
		(0.004)				
$Import$		0.049 ***				
		(0.003)				
$Relate$		0.126 ***				
		(0.005)				
$AgglExport$		0.282 ***				
		(0.007)				
$AgglImport$		0.059 ***				
		(0.003)				
$AgglRelate$		- 0.024 ***				
		(0.004)				
企业所有制、产品数、是否是集团、是否临内陆港口、沿海港口、是否是省会城市	控制	控制	不控制	不控制	不控制	不控制
Observations	503606	365402	468247	10502	12845	12012
LR chi2	928.2	16920	866.3	24.56	25.15	12.42
Prob > chi2	0	0	0	7.20e - 07	5.31e - 07	0.000425

注：①括号中的数字是标准差；②显著性水平：*** 表示 $p < 0.01$，** 表示 $p < 0.05$，* 表示 $p < 0.1$。

将上述总的分布拆分为四大区域，考察区域差异性。仅从图 10 - 5 没有看出明显的区域差异，表 10 - 3 通过估计条件 Logit 模型，结果也没有展现出明显的区域差异。

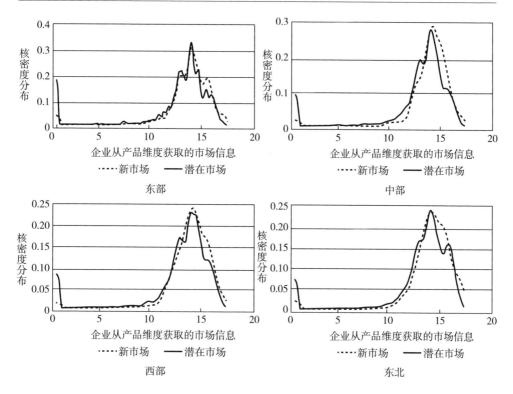

图10-5　企业从产品市场获取市场信息的分区域核密度分布

注：东部、中部、西部和东北地区四个区域的 ANOVA 检验的 p 值均为 0.0000，说明新市场与潜在市场的核密度分布具有统计上的显著差异。

第三节　小结

产品和市场是企业出口扩展的两个重要维度，缺一不可。首先，本章回答什么新产品出口到哪些新市场，发现亚洲和欧洲是中国电子通信设备制造企业进行扩展的主要市场，无论是对于劳动密集型的计算机整机制造，还是技术密集型的电子元器件来说都是如此。其次，本节通过核密度分布和条件 Logit 模型，研究产品和市场两个维度之间在出口多样化过程中的相互作用，结果发现两者确实存在着显著的相互促进作用，一方面企业从出口市场能获取到大量信息的产品更可能被企业扩展，另一方面企业的出口产品在国际市场上需求较大的国家或地区更可能成为企业市场扩展的方向。企业的产品多样化与市场多元化将相互影响，共同促进企业的创新与成长，众多企业的出口多样化路径形成了中国的出口多样化路径。

第十一章 结论与讨论

本书基于动态演化视角，以微观企业为落脚点，结合企业和区域等多尺度的互动，研究中国出口产品多样化路径和市场多元化路径及其微观机制。本章对全书的研究发现做一个简要总结，探讨企业与区域出口多样化路径的互动关系，并提出本书的不足以及未来研究方向。

一、主要研究发现

本书以企业内产品扩展和市场扩展作为切入点，研究中国出口多样化路径及其微观机制。具体来说，尝试回答三个问题：

（1）中国制造业出口额和多样化水平如何变化，以及这些变化中产品扩展和市场扩展做出多大贡献？

（2）从城市和企业层面出发，中国出口产品多样化路径和市场多元化路径是怎样的？

（3）什么因素影响企业的产品多样化和市场多元化过程？

为了回答上述问题，本书基于国际贸易理论和演化经济地理学的已有研究成果，构建"企业经验—空间溢出"解释框架，结合多重尺度来解释中国出口产品多样化路径和市场多元化路径及其微观机制。

对于第一个问题，即"中国制造业出口额和多样化水平如何变化以及扩展边际的贡献"，得到如下结论：①加入 WTO 以后，中国制造业出口呈指数增长，东部地区出口额始终占全国的 90% 左右，从比重看有向东部进一步集中的趋势，但东部与内陆地区出口增长速度的差距逐步缩小。2002～2011 年我国出口产品结构发生较大变化，纺织服装业的占比大幅下降，交通运输制造、机械制造、金属冶炼等资本密集型行业表现出更快的增长趋势，电气及电子通信设备制造业的出口额始终居于各行业首位。分区域看，东部地区产品结构变化与全国基本一致，中西部出口产品结构发生了翻天覆地的变化，电气及电子通信设备制造业出口得到飞速发展，从较低排名一跃成为中西部各行业首位，且出口额远远高于中西部其他行业。②全国和四大区域的出口多样化水平变化不大，但城市尺度的出口多样化水平上升明显，其中东部沿海城市和部分内陆省会城市远远高于其他城市，中部地区大部分城市和西部一些中心城市得到显著提高。③进一步考察产品和市场维度的城市出口多样化发现，电子通信设备制造业是 2002～2011 年城市进行产品多样化的主要方向，中部城市的新出口产品还包括化学工业和金属冶炼及制品业，西部城市的新出口产品还有纺织服装业和机械工业。欧洲和亚洲是城市出口市场多元化的主要方向，此外，东部城市还表现出向非洲和中南美洲扩展的趋势。④对出口增长和出口多样化进行分解，发现企业内出口扩展边际不仅对中国制造业出口增长有重要贡献，同时也对城市出口产品多样化和市场多元化起到越来越重要的作用。

对于第二个问题，即"中国出口产品多样化路径和市场多元化路径"，本书借鉴 Hidalgo 等（2007）的共存分析方法的思路并将其扩展到企业层面，测算产品间技术关联度和国家或地区间市场关联度，然后从城市和企业两个层面分别考察产品技术关联度对出口产品多样化路径的影响以及市场关联度对出口市场多元化路径的影响。结果发现，从全样本看，无论是城市还是企业层面，产品多样化路径和市场多元化路径均显著依赖于自身已有的产品技术基础和出口市场网络，也就是说，出口多样化的方向不是随机的，而是遵循路径依赖过程。但是分区域看，不是所有区域都遵循路径依赖过程。

从产品多样化路径看，东部城市遵循路径依赖过程，但内陆城市却实现了路径突破。同时，内陆企业的产品多样化比东部企业更依赖自身的技术基础和能力，这说明内陆地区由于城市层面集聚程度较低、技术基础较差，其产品多样化更依赖企业经验，而企业沿着路径依赖所扩展的产品却与当地技术基础的关联程度较低，可见企业路径依赖可能是内陆城市路径突破的重要来源。从市场多元化路径看，东部城市不依赖市场关联，内陆城市展示出明显的路径依赖，而企业市场多元化的结果显示，东部企业却严重依赖企业的历史路径，说明城市的路径突破不是毫无来源的，可能是企业沿着路径依赖所扩展的市场与东部城市的市场关联度低导致的，这解释了东部城市向较远距离的非洲和中南美洲扩展的微观机制。

无论是产品还是市场，城市与企业两个层面路径的差异和互动可能是中国出口多样化的重要内在动力。而企业的出口产品与市场扩展及其背后的影响机制，是理解中国出口多样化过程的重要微观视角。因此，第三个问题"企业内产品和市场扩展的影响因素"，也是本书最重要的研究内容。

就企业产品扩展来说，本书得到如下结论：

（1）企业经验显著影响企业出口产品扩展方向。具体来说，企业如果对某产品有出口经验和进口经验，或者对该产品的技术关联产品有丰富的出口经验，那么企业在该产品上积累了比其他产品更多的技术与出口知识，降低企业出口的沉没成本和出口风险，可以显著提高该产品被企业扩展的概率。

（2）空间溢出显著地影响企业产品扩展方向。相同产品的出口集聚、进口集聚、关联产品集聚都反映城市在某产品上所具有的生产与出口知识，这些知识的外部性使企业以较低成本获得有关该产品的技术溢出与出口经验溢出，也能降低企业出口的沉没成本和出口风险，从而显著增加该产品被企业扩展的概率。

（3）信息溢出存在企业边界衰减效应，企业边界内知识累积的影响比来自邻近企业的知识溢出对企业产品扩展的影响更大，这一结论与已有很多研究结果一致（Teece，1982；Álvarez et al.，2013；Turco and Maggioni，2016），证实了跨越组织边界的知识外溢有衰减效应。

（4）空间溢出与企业经验对企业产品扩展的作用相互抵消，也就是说，对于某产品而言，企业的进出口经验越少，越依赖城市提供的知识溢出效应；相反，企业自身进出口经验削弱了企业产品扩展对空间溢出的依赖，若企业边界内拥有丰富的知识与技术，则受到城市环境的限制较少。

（5）企业产品扩展的路径依赖表现出显著的区域差异，中西部企业比其他地区的企业更加依靠企业的路径依赖过程，因为本地溢出较少，不能满足企业产品扩展的各项条件，所以更加依赖企业经验；相反，发达地区的企业从空间溢出效应的获益较多。

就企业市场扩展来说，实证研究得到如下结论：

（1）企业经验显著促进企业出口市场扩展方向。无论是对相同市场的出口经验、进口经验还是对关联市场的出口经验，关于某市场的信息越多越有利于企业向该市场进行扩展，因为信息累积不仅降低了探索新市场的沉没成本，同时也降低了不确定性导致的风险。

（2）邻近企业的空间溢出显著影响企业出口市场扩展方向。城市对某市场的出口集聚、进口集聚不仅反映邻近企业所溢出的信息量和知识量，而且也反映出口该市场的运输通道和基础设施共享，知识外部性和设施外部性都有利于企业以较低成本和风险向该市场扩展。

（3）对于市场信息溢出来说，不存在明显的企业边界效应，一方面可能因为有关市场或出口渠道等信息的获取难度远低于新产品技术的获取难度，信息越容易获取，越难以被隔离在企业边界之内，溢出则更容易；另一方面也可能因为出口同一市场的企业集聚使企业可以共享运输通道和基础设施，大大降低出口到该市场的运输成本，降低扩展到该市场的难度。

（4）企业经验与空间溢出对企业市场扩展的影响相互促进，说明企业对某市场即使拥有再多的出口经验，也无法摆脱对城市出口集聚的依赖，可能因为企业出口经验固然重要，但是如果没有城市对该市场的出口集聚提供的运输设施和通道，企业出口该市场的成本将大大增加，尤其对于交通运输成本较高的内陆地区。

（5）企业市场扩展过程仍然存在显著的区域差异。首先，内陆企业比沿海企业更依赖企业经验；其次，东部企业选择什么市场进行扩展受到地理距离的限制较小，它们更有能力向更远的非洲和中南美洲扩展，东部城市向更远距离市场扩展主要还是通过东部高能力企业依赖自身出口市场网络向外拓展；最后，西部企业若想向远距离市场扩展，由于城市空间溢出效应较低，不能提供相关信息和支持，只能依赖企业集团其他子公司的出口经验，这些子公司多数也是在东部地区，说明我国存在这种东部的出口知识通过企业组织网络向内陆溢出的现象，这也是东部向内陆溢出的渠道之一。

综上所述，企业出口扩展对中国加入 WTO 以来出口的高速增长做出重要贡献，是解读中国出口多样化的重要微观视角。本书计算产品间技术关联度和国家或地区间市场关联度，以企业内扩展边际为切入点，构建"企业经验—空间溢出"解释框架解释企业产品和市场的扩展路径。在理论上不仅弥补了新新贸易理论的"空间"缺失，而且将动态演化的研究视角深化到企业内部的产品层面，丰富了演化经济地理学的微观研究与多尺度互动研究。此外，本书对中国企业和区域的协同演化做了初步探讨，为未来中国出口演化路径研究提供启示和思考。

二、中国出口贸易突围：出口多样化的内生路径

国际国内双循环的新发展格局是中国在国内外新形势下的重要战略调整，国内国际两个循环相互支撑、缺一不可。尽管双循环发展格局强调以国内循环为主，但这并不意味着对国际循环的忽视。在当今生产网络全球布局、生产环节相互嵌入的全球化时代，没有一个国家有能力以一国之力完成全球产业链和价值链的所有环节，参与全球化虽然要面对诸多挑战，但也蕴藏无限机遇。改革开放以来，中国以低端嵌入的方式在全球生产网络中谋得一席之地，并实现国家的日益强盛，尽管近年来中国在全球价值链中不断攀升，但仍然遇到重重困难，疫情前后又遭遇个别单边主义国家的围追堵截，暴露了中国低端嵌入全球价值链导致的技术"卡脖子"等问题。当今全球化虽然遇到前所未有的阻碍，但仍然是大势所趋，中国在这样的大变局中，怎样谋求高质量、高水平地嵌入全球产业链和价值链，在国际分工、合作和激烈的竞争中如何提升中国制造的国际竞争力与话语权，并从国际贸易和科技围堵中突围，是当下亟须解决的问题之一。出口产品多样化和市场多元化是中国从贸易围堵中突围的重要路径，而多样化的实现路径最终会落到区域和企业，因此如何通过在中国区域和企业层面扩展新产品和新市场实现中国出口多样化是本书关注的重点。

根据演化经济理论，路径依赖是上到国家或区域，下到企业发展新产业或开拓新增长路径来维持长期发展的基本规律。以区域为例，路径依赖是指区域更可能发展那些与已有产业有紧密技术关联的产业，因为可以通过利用已有的熟练劳动力、技术、资源和生产线等，从而降低成本（Frenken and Boschma, 2007；

Neffke et al.，2011），这种新产业的出现依赖区域产业技术基础的规律，被称为"区域路径依赖"（Iammarino，2005；Martin and Sunley，2006）。路径依赖的概念最初用来研究历史路径在技术、产业和制度转型过程中的重要作用，直到20世纪90年代，路径依赖才被经济地理学应用在空间层面上来解释区域发展路径（Grabher，1993）。Hidalgo等（2007）用技术关联和路径依赖解释，世界上南北差异持续存在并日益扩大的原因，他们认为发达国家或地区位于产品空间中的核心位置，更容易通过密集的产品技术关联网络向其他产品跳跃，而发展中国家或地区位于产品空间的边缘位置，与其他产品的连接稀疏，依靠单薄的技术基础很难发展新产业。这样一来，落后国家或地区就没有机会突破路径依赖吗？

研究也发现路径突破或路径创造的存在，即有时候新产业的出现并不依赖过去的区域生产能力，而是源于外生的冲击或剧烈的变化，例如技术革命（Bathelt and Boggs，2003）、经济危机（Meyer－Stamer，1998）、政府政策或制度变革（Asheim et al.，2011；Cooke，2007；Boschma and Gianelle，2014；Boschma，2013）。外生冲击被认为是区域实现路径突破的机会，为区域新产业或新增长路径的出现创造可能。

然而本书发现，区域路径突破不必然因外生冲击而产生，新路径可能是区域中企业依赖自身能力向新产品或新市场扩展这样的内生力量导致的，一个企业依赖自身能力创造的新路径打破了区域原有平衡，为区域积累新技术、新信息以及人力资本，通过衍生或溢出效应，影响其他企业向新路径发展，开启区域发展的良性循环。这个过程涉及企业和区域两个层面多样化路径的交互关系和协同演化。企业不仅是区域中受到区域影响的被动者，也是拉动区域发展、塑造区域新路径的主动者；区域不仅是企业所依赖的环境，也可以跟随企业一同成长。

结合研究结论，下文将从两个方面，对如何推动我国产品多样化和市场多元化提出相关建议。

（一）打造高质量的空间集聚，为区域和企业开拓新路径提供肥沃土壤

提高集聚的相关多样化水平，降低知识溢出的门槛。由于财政分权和升迁激励，地方政府尤其是相对落后地区的地方政府，为了短期内迅速提高GDP和财政收入，开拓所有可能途径招商引资，追求企业数量，无视产业间是否具有关联

性，往往导致空有集聚的空间形态，无法形成区域核心竞争力。本书研究发现，出口集聚尤其是同产品集聚和相关产品集聚，始终是中国企业出口产品多样化的外源动力。基于此，地方政府应尽可能为企业打造技术关联紧密、上下游产业相互依托、有核心竞争力的空间集聚形态，充分开发企业空间集聚的外部性效应，避免技术完全不相关的企业"扎堆"带来竞争效应和资源浪费，最终形成地区的可持续发展动力。

为实现这种空间集聚形态，地方政府需要破除区域间的行政壁垒，开展区域协作，促进要素在区域间的自由流动，为提高产业空间集聚的技术相关度打下良好的市场基础。这是个老生常谈的话题，但却是形成高质量空间集聚的重点，也是难点。尤其对于落后地区来说，地区间在先天禀赋和相对优势上拥有较高的相似度，导致地方政府在招商引资的谈判中和产业选择上处于劣势，邻近地区间竞争多于合作。但对于发达地区来说，产业与技术基础相对较好，土地等资源相对稀缺，在产业选择上有一定自主性，有开展区域协作的市场基础，因此发达地区应率先在企业合作、人才流动、基础设施建设、产业链分工、环境生态保护等方面探索区域间协作机制，逐步加快政策一体化、产业一体化乃至经济一体化进程，提高资源配置和要素流动的效率，为打造技术关联紧密的空间集聚形态提供制度和机制保障。

地方政府除了提供补贴和税收优惠等产业政策外，更应为出口企业营造国际化、市场化、法治化的营商环境，加强企业间信息溢出与知识交换的动力，激活集聚效应。地方政府成功吸引新企业或项目后，如果后续的公共服务跟不上，甚至有些承诺的优惠政策不能及时兑现，那么将影响企业后期的存活、成长与扩张。因此地方政府，尤其是落后的地区政府，不仅需要吸引更多的企业落户，更需要为已经吸引来的企业提供适宜的营商环境，一方面营造知识产权保护的市场环境；另一方面为企业搭建信息平台，让本地企业更加便利且低成本地获取外部信息，进行产品创新和市场拓展。这些企业不仅为城市提供新的产业、技术和市场，而且进一步通过知识外部性促进更多企业的创新与扩展，如此循环累积，将是落后地区实现路径突破、打造可持续发展动力的长久之计。

（二）支持高能力企业实现技术突破，在产品多样化中走向"产品空间"中心

企业自身储备的生产能力才是企业出口扩展的内在动力，以提高企业核心竞争力为目的出台有针对性的产业政策，是中国市场经济可持续发展的微观基础。在中国经济转型压力骤增和国际贸易战升级的双重背景下，提高中国企业出口多样化是中国调整出口结构、提升出口竞争力的关键。出口多样化并不意味着企业可以向任意产品扩展，中国亟须在国际出口市场上打造自己的核心竞争力，而这从根本上需要依赖出口企业的不懈努力。近些年来，中国逐步脱下"加工车间"的帽子，部分出口企业开始逐步掌握核心生产技术，在出口市场崭露头角，甚至在有些领域扮演着举足轻重的角色，但与欧美发达国家的差距仍然较大，在关键领域、关键设备和关键技术上处处受到制衡。

对于关键企业在关键技术突破或关键设备引进等方面提供国家的政策和外交等全方面支持。研究发现，在"产品空间"中从边缘向核心攀升是发展中国家或地区实现赶超的必经之路，掌握了"产品空间"的核心技术和产品不仅能使我国通过产品技术关联网络更容易进行产品创新和市场拓展，同时更能提升国际合作与竞争的话语权和利润空间。企业是走向产品空间中心的关键力量，但其往往受限于自身生产能力和技术基础的约束，在创新过程中会遇到诸多困难和挑战。中央政府或地方政府应在政策和机制上给予充分支持，建立包括融资、研发、税费减免、专利保护与知识共享等方面的一系列体制机制，降低企业进行产品创新的门槛和成本，在加快企业创新进程的同时推动国家在产品多样化中逐步走向"产品空间"中心。

在双循环新发展格局下，鼓励出口企业充分利用国内资源和市场，提升在国际循环中的核心竞争力。一方面，新冠肺炎疫情发生后，世界经济深度衰退、国际贸易和投资大幅萎缩、国际金融市场动荡、国际交往受限、经济全球化遭遇逆流等，我国出口企业面临订单大幅减少、外贸货品大量积压、资金链断裂、物流运输不畅等困难。另一方面，我国进入高质量发展阶段，拥有全球最完整、规模最大的工业体系，强大的生产能力和完善的配套能力，还有巨大的国内需求潜力。基于现状，部分出口企业短期内应立足国内市场，利用国内资源谋求企业生

存与发展，为此，中央和地方政府应采取一系列措施，例如税费减免、建立产销对接平台、完善公共信息服务等，帮助其实现出口转内销，鼓励出口企业克服阵痛，积极加入国内大循环，在国内和国际两个循环中找到结合点，在全球竞争中提高自身的抗风险能力和核心竞争力。

在鼓励产学研合作，加大基础研究投入的同时，再推动基础研究和应用研究相结合。基础研究的发展是我国走向"产品空间"中心的重要基石，关键技术和关键设备的突破离不开基础研究的支撑，我国早已意识到基础研究的重要性，并加大投入。但基础研究投入大、见效慢，为了度过目前的困难时期，除了加大力度支持基础研究以外，仍然需要继续加大力度鼓励产学研合作，推动高校科研院所的应用学科与企业合作，共同立项、共同研发，促进技术创新所需各种生产要素的有效组合，不仅为企业创新提供技术支撑，也促进高校科研院所的科研成果转化，共同推进我国从贸易和技术围堵中突围，实现我国经济的高质量、可持续发展。

参考文献

［1］柴华．中国出口贸易增长分解与机理分析［J］．世界经济研究，2009（9）：40－46．

［2］柴敏．外商直接投资对中国内资企业出口绩效的影响——基于省际面板数据的实证分析［J］．管理世界，2006（7）：46－52．

［3］陈勇兵，陈宇媚，周世民．贸易成本、企业出口动态与出口增长的二元边际［J］．经济学（季刊），2012，11（4）：1477－1502．

［4］邓向荣，曹红．产业升级路径选择：遵循抑或偏离比较优势——基于产品空间结构的实证分析［J］．中国工业经济，2016（2）：52－67．

［5］韩剑．出口多样化与经济增长：理论及对中国的经验研究［J］．国际贸易问题，2009（8）：23－29．

［6］何艳．外商直接投资的出口溢出效应——基于产业关联的分析［J］．管理世界，2009（1）：170－171．

［7］贺灿飞，董瑶，周沂．中国对外贸易产品空间路径演化［J］．地理学报，2016（6）：969－983．

［8］黄玖立，徐旻鸿．境内运输成本与中国的地区出口模式［J］．世界经济，2012（1）：58－77．

［9］黄先海，周俊子．中国出口广化中的地理广化、产品广化及其结构优化［J］．管理世界，2011（10）：20－31．

［10］刘修岩，吴燕．出口专业化、出口多样化与地区经济增长——来自中国省级面板数据的实证研究［J］．管理世界，2013（8）：30－40．

［11］刘修岩，易博杰，邵军．示范还是挤出？FDI对中国本土制造业企业

出口溢出的实证研究 [J]. 世界经济文汇, 2011 (5): 106 - 120.

[12] 刘志高, 尹贻梅, 孙静. 产业集群形成的演化经济地理学研究评述 [J]. 地理科学进展, 2011, 30 (6): 652 - 657.

[13] 刘志高, 尹贻梅. 演化经济地理学评介 [J]. 经济学动态, 2005 (12): 91 - 95.

[14] 刘志高, 张薇. 演化经济地理学视角下的产业结构演替与分叉研究评述 [J]. 经济地理, 2016, 36 (12): 218 - 223, 232.

[15] 彭国华, 夏帆. 中国多产品出口企业的二元边际及核心产品研究 [J]. 世界经济, 2013 (2): 42 - 63.

[16] 綦建红, 冯晓洁. 市场相似性、路径依赖与出口市场扩张——基于 2000 - 2011 年中国海关 HS - 6 产品数据的检验 [J]. 南方经济, 2014 (11): 25 - 42.

[17] 钱学锋, 王胜, 陈勇兵. 中国的多产品出口企业及其产品范围: 事实与解释 [J]. 管理世界, 2013 (1): 9 - 27.

[18] 钱学锋, 熊平. 中国出口增长的二元边际及其因素决定: 经验研究 [J]. 经济研究, 2010 (1): 65 - 79.

[19] 钱学锋. 企业异质性、贸易成本与中国出口增长的二元边际 [J]. 管理世界, 2008 (9): 48 - 56.

[20] 强永昌, 龚向明. 出口多样化一定能减弱出口波动吗——基于经济发展阶段和贸易政策的效应分析 [J]. 国际贸易问题, 2011 (1): 12 - 19.

[21] 邱斌, 周荣军. 集聚与企业的出口决定——基于中国制造业企业层面数据的实证分析 [J]. 东南大学学报 (哲学社会科学版), 2011, 13 (6): 9 - 14.

[22] 施炳展, 李坤望. 中国靠什么实现了对美国出口的迅速增长——基于产品广度、产品价格和产品数量的分解 [J]. 世界经济研究, 2009 (4): 32 - 37.

[23] 施炳展. 中国出口增长的三元边际 [J]. 经济学 (季刊), 2010, 9 (4): 1311 - 1330.

[24] 王周杨, 胡晓辉, 马木兰. 演化经济地理的理论基础及其在集群研究中的应用 [J]. 人文地理, 2013, 28 (4): 13 - 19.

［25］杨梦泓，刘振兴．挤出还是溢出：FDI 出口溢出效应研究［J］．浙江社会科学，2011（7）：13 – 19.

［26］张明志，林娟，铁瑛．出口专业化、出口多样化与中国经济增长——兼谈中国经济增长出口驱动力的转换［J］．国际贸易问题，2013（6）：16 – 26.

［27］赵婷，金祥荣．出口集聚之溢出效应研究——基于中国企业层面数据的实证分析［J］．浙江社会科学，2011（6）：16 – 25.

［28］赵伟，陈文芝．FDI 的出口溢出效应：机理分析与典型产业实证［J］．技术经济，2008，27（3）：22 – 27.

［29］赵勇，白永秀．知识溢出：一个文献综述［J］．经济研究，2009（1）：144 – 156.

［30］Acs Z J, Anselin L, Varga A. Patents and innovation counts as measures of regional production of new knowledge［J］. Research Policy, 2002, 31（7）: 1069 – 1085.

［31］Acs Z J, Fitzroy F R, Smith I. High technology employment, wages and university R&D spillovers: Evidence from US cities［J］. Economics of Innovation and New Technology, 1999, 8（1 – 2）: 57 – 78.

［32］Ahn J B, Khandelwal A K, Wei S J. The role of intermediaries in facilitating trade［J］. Journal of International Economics, 2011, 84（1）: 73 – 85.

［33］Aitken B J, Harrison A E. Do domestic firms benefit from direct foreign investment? Evidence from Venezuela［J］. American Economic Review, 1999, 89（3）: 605 – 618.

［34］Aitken B, Hanson G H, Harrison A E. Spillovers, foreign investment, and export behavior［J］. Journal of International Economics, 1997, 43（1）: 103 – 132.

［35］Albornoz F, Pardo H F C, Corcos G, et al. Sequential exporting［J］. Journal of International Economics, 2012, 88（1）: 17 – 31.

［36］Álvarez R, Faruq H, López R A. Is previous export experience important for new exports［J］. The Journal of Development Studies, 2013, 49（3）: 426 – 441.

［37］Amiti M, C. Freund. The Anatomy of China's Export Growth［A］//

Robert Feenstra and Shang – Jin Wei. China's Growing Role in World Trade. University of Chicago Press, 2010: 35 – 56.

[38] Amurgo – Pacheco A, Pierola M D. Patterns of export diversification in developing countries: Intensive and Extensive Margins [R]. Policy Research of World Bank Working Paper, 2008.

[39] Anderson J E, Van Wincoop E. Trade Costs [J]. Journal of Economic Literature, 2004 (42): 691 – 751.

[40] Anselin L, Varga A, Acs Z J. Geographic and sectoral characteristics of academic knowledge externalities [J]. Papers in Regional Science, 2000, 79 (4): 435 – 443.

[41] Anwar S, Nguyen L P. Foreign direct investment and export spillovers: Evidence from Vietnam [J]. International Business Review, 2011, 20 (2): 177 – 193.

[42] Arkolakis C, Muendler M A. The extensive margin of exporting products: A firm – level analysis [R]. National Bureau of Economic Research Working Paper, 2010.

[43] Arrow K. Economic welfare and the allocation of resources for invention [A] //The rate and direction of inventive activity: Economic and social factors [C]. Princeton University Press, 1962: 609 – 626.

[44] Arthur W B, Ermoliev Y M, Kaniovski Y M. Path – dependent processes and the emergence of macro – structure [J]. European Journal of Operational Research, 1987, 30 (3): 294 – 303.

[45] Asheim B T, Boschma R, Cooke P. Constructing regional advantage: Platform policies based on related variety and differentiated knowledge bases [J]. Regional Studies, 2011, 45 (7): 893 – 904.

[46] Audretsch D B, Feldman M P. R&D spillovers and the geography of innovation and production [J]. The American Economic Review, 1996 (86): 630 – 640.

[47] Auray S, Eyquem A, Poutineau J C. The effect of a common currency on the volatility of the extensive margin of trade [J]. Journal of International Money and

Finance, 2012, 31 (5): 1156 – 1179.

[48] Baldwin J, Gu W. The impact of trade on plant scale, production – run length and diversification [A] //Producer dynamics: New evidence from micro data [C]. University of Chicago Press, 2009: 557 – 592.

[49] Baldwin L, Javorcik B S. Multi – product exporters: Product churning, uncertainty and export discoveries [J]. The Economic Journal, 2010, 120 (544): 481 – 499.

[50] Baldwin R. Heterogeneous firms and trade: Testable and untestable properties of the Melitz model [R]. National Bureau of Economic Research Working Paper, 2005.

[51] Barney J. Firm resources and sustained competitive advantage [J]. Journal of Management, 1991, 17 (1): 99 – 120.

[52] Barrios S, Görg H, Strobl E. Explaining firms' export behaviour: R&D, spillovers and the destination market [J]. Oxford Bulletin of Economics and Statistics, 2003, 65 (4): 475 – 496.

[53] Bas M, Strauss – Kahn V. Does importing more inputs raise exports? Firm – level evidence from France [J]. Review of World Economics, 2014, 150 (2): 241 – 275.

[54] Bathelt H, Boggs J S. Toward a reconceptualization of regional development paths: Is Leipzig's media cluster a continuation of or a rupture with the past [J]. Economic Geography, 2003, 79 (3): 265 – 293.

[55] Bathelt H. Regional competence and economic recovery: Divergent growth paths in Boston's high technology economy [J]. Entrepreneurship & Regional Development, 2001, 13 (4): 287 – 314.

[56] Beaudry C, Schiffauerova A. Who's right, Marshall or Jacobs? The localization versus urbanization debate [J]. Research Policy, 2009, 38 (2): 318 – 337.

[57] Belderbos R, Olffen W V, Zou J. Generic and specific social learning mechanisms in foreign entry location choice [J]. Strategic Management Journal,

2011, 32（12）: 1309 – 1330.

［58］ Bergin P R, Glick R. Tradability, productivity, and international economic integration ［J］. Journal of International Economics, 2007, 73（1）: 128 – 151.

［59］ Bernard A B, Jensen J B, Redding S J, et al. Firms in international trade ［J］. The Journal of Economic Perspectives, 2007, 21（3）: 3.

［60］ Bernard A B, Jensen J B, Redding S J, et al. The margins of US trade ［J］. The American Economic Review, 2009, 99（2）: 487 – 493.

［61］ Bernard A B, Jensen J B. Why some firms export ［J］. Review of Economics and Statistics, 2004, 86（2）: 561 – 569.

［62］ Bernard A B, Redding S J, Schott P K. Multiple – product firms and product switching ［J］. American Economic Review, 2010, 100（1）: 70 – 97.

［63］ Bernard A B, Redding S J, Schott P K. Multiproduct firms and trade Liberalization ［J］. The Quarterly Journal of Economics, 2011（126）: 1271 – 1318.

［64］ Bernard A B, Van Beveren I, Vandenbussche H. Multi – product exporters and the margins of trade ［J］. Japanese Economic Review, 2014, 65（2）: 142 – 157.

［65］ Bernard A, Wagner J. Export entry and exit by German firms ［J］. Review of World Economics, 2001, 137（1）: 105 – 123.

［66］ Berthou A, Fontagné L. How do multiproduct exporters react to a change in trade costs ［J］. The Scandinavian Journal of Economics, 2013, 115（2）: 326 – 353.

［67］ Beugelsdijk S. The regional environment and a firm's innovative performance: A plea for a multilevel interactionist approach ［J］. Economic Geography, 2007, 83（2）: 181 – 199.

［68］ Bishop P, Gripaios P. Spatial externalities, relatedness and sector employment growth in Great Britain ［J］. Regional Studies, 2010, 44（4）: 443 – 454.

［69］ Boschma R. Balland P A. Kogler D F. Relatedness and technological change in cities: The rise and fall of technological knowledge in US metropolitan areas from 1981 to 2010 ［J］. Industrial and Corporate Change, 2015, 24（1）: 223 – 250.

[70] Boschma R A, Frenken K. Why is economic geography not an evolutionary science? Towards an evolutionary economic geography [J]. Journal of Economic Geography, 2006, 6 (3): 273 –302.

[71] Boschma R, Capone G. Relatedness and diversification in the European Union (EU – 27) and European neighbourhood policy countries [J]. Environment and planning C: Government and Policy, 2016, 34 (4): 617 –637.

[72] Boschma R, Frenken K. Technological relatedness and regional branching [A] //Bathelt H, Feldman M P, Kogler D F. Beyond territory: Dynamic geographies of knowledge creation, diffusion and innovation. London: Routledge, 2012: 64 –81.

[73] Boschma R, Frenken K. The emerging empirics of evolutionary economic geography [J]. Journal of Economic Geography, 2011, 11 (2): 295 –307.

[74] Boschma R, Gianelle C. Regional branching and smart specialization policy [R]. JRC Technical Reports, 2013.

[75] Boschma R, Iammarino S. Related variety, trade linkages, and regional growth in Italy [J]. Economic Geography, 2009, 85 (3): 289 –311.

[76] Boschma R, Martin R. Editorial: Constructing an evolutionary economic geography [J]. Journal of Economic Geography, 2007 (7): 537 –548.

[77] Boschma R, Minondo A, Navarro M. Related variety and regional growth in Spain [J]. Papers in Regional Science, 2012, 91 (2): 241 –256.

[78] Boschma R, Minondo A, Navarro M. The emergence of new industries at the regional level in Spain: A proximity approach based on product relatedness [J]. Economic Geography, 2013, 89 (1): 29 –51.

[79] Boschma R, Wenting R. The spatial evolution of the British automobile industry: Does location matter [J]. Industrial and Corporate Change, 2007, 16 (2): 213 –238.

[80] Boschma R. Constructing regional advantage and smart specialization: Comparison of two european policy concepts [R]. Utrecht University Working Paper, 2013.

[81] Boschma R. Proximity and innovation: A critical assessment [J] . Regional Studies, 2005, 39 (1): 61 – 74.

[82] Brenton P, and R Newfarmer. Watching more than the Discovery channel: Export cycles and diversification in development [R] . Policy Research of the World Bank Working Paper, 2007.

[83] Breschi S, Lissoni F, Malerba F. Knowledge – relatedness in firm technological diversification [J] . Research Policy, 2003, 32 (1): 69 – 87.

[84] Burchardi K B, Hassan T A. The economic impact of social ties: Evidence from German reunification [J] . The Quarterly Journal of Economics, 2013, 128 (3): 1219 – 1271.

[85] Caniels M C J. Knowledge spillovers and economic growth [M] . Cheltenham: Edward Elgar, 2000.

[86] Cantner U, Graf H. Growth, development and structural change of innovator networks: The case of Jena [A] //Boschma R, Martin R. Handbook of evolutionary economic geography [C] . Cheltenham, UK: Edward Elgar Publishing, 2010: 370 – 387.

[87] Cassey A J, Schmeiser K N. The agglomeration of exporters by destination [J] . The Annals of Regional Science, 2013, 51 (2): 495 – 513.

[88] Castaldi C, Frenken K, Los B. Related variety, unrelated variety and technological breakthroughs: An analysis of US state – level patenting [J] . Regional Studies, 2015, 49 (5): 767 – 781.

[89] Castellani D, Serti F, Tomasi C. Firms in international trade: Importers' and exporters' heterogeneity in Italian manufacturing industry [J] . The World Economy, 2010, 33 (3): 424 – 457.

[90] Caves R E. Diversification and seller concentration: Evidence from changes, 1963 – 1972 [J] . The Review of Economics and Statistics, 1981, 63 (2): 289 – 293.

[91] Chaney T. The network structure of international trade [J] . American Economic Review, 2014, 104 (11): 3600 – 3634.

［92］Chang S J. An evolutionary perspective on diversification and corporate restructuring: Entry, exit, and economic performance during 1981 – 1989 ［J］. Strategic Management Journal, 1996, 17 （8）: 587 – 611.

［93］Choquette E, Meinen P. Export spillovers: Opening the black box ［J］. The World Economy, 2014, 38 （12）: 1912 – 1946.

［94］Coe D T, Helpman E. International R&D spillovers ［J］. European Economic Review, 1995, 39 （5）: 859 – 887.

［95］Cohen W M, Levinthal D A. Absorptive capacity: A new perspective on learning and innovation ［J］. Administrative Science Quarterly, 1990, 34 （1）: 128 – 152.

［96］Colombelli A, Krafft J, Quatraro F. The emergence of new technology – based sectors in European regions: A proximity – based analysis of nanotechnology ［J］. Research Policy, 2014, 43 （10）: 1681 – 1696.

［97］Combes P P, Lafourcade M, Mayer T. The trade – creating effects of business and social networks: Evidence from France ［J］. Journal of International Economics, 2005, 66 （1）: 1 – 29.

［98］Cooke P. To construct regional advantage from innovation systems first build policy platforms ［J］. European Planning Studies, 2007, 15 （2）: 179 – 194.

［99］Cristea A D. Buyer – seller relationships in international trade: Evidence from US States' exports and business – class travel ［J］. Journal of International Economics, 2011, 84 （2）: 207 – 220.

［100］Danneels E. The dynamics of product innovation and firm competences ［J］. Strategic Management Journal, 2002, 23 （12）: 1095 – 1121.

［101］Das S, Roberts M J, Tybout J R. Market entry costs, producer heterogeneity, and export dynamics ［J］. Econometrica, 2007, 75 （3）: 837 – 873.

［102］David P A. Clio and the economics of QWERTY ［J］. The American Economic Review, 1985, 75 （2）: 332 – 337.

［103］Dawley S. Creating new paths? Offshore wind, policy activism, and peripheral region development [J]. Economic Geography, 2014, 90 (1): 91 – 112.

[104] Defever F, Heid B, Larch M. Spatial exporters [J]. Journal of International Economics, 2015, 95 (1): 145 – 156.

[105] Demsetz H. Industry structure, market rivalry, and public policy [J]. The Journal of Law & Economics, 1973, 16 (1): 1 – 9.

[106] Dosi G. Opportunities, incentives and the collective patterns of technological change [J]. Economic Journal, 1997 (107): 1530 – 1547.

[107] Dumais G, Ellison G, Glaeser E L. Geographic concentration as a dynamic process [J]. Review of Economics and Statistics, 2002, 84 (2): 193 – 204.

[108] Eaton J and Kortum S. Technology, geography, and trade [J]. Econometrica, 2002, 70 (5): 1741 – 1779.

[109] Eaton J, Kortum S, Kramarz F. Dissecting trade: Firms, industries, and export destinations [J]. The American Economic Review, 2004, 94 (2): 150 – 154.

[110] Eaton, Jonathan, Samuel Kortum, Francis Kramarz. An Anatomy of international trade: Evidence from French firms [J]. Econometrica, 2008 (79): 1453 – 1498.

[111] Eckel C, Neary J P. Multi – product firms and flexible manufacturing in the global economy [J]. The Review of Economic Studies, 2010, 77 (1): 188 – 217.

[112] Eckhardt G. Culture's consequences: Comparing values, behaviors, institutions and organisations across nations [J]. Australian Journal of Management, 2002, 27 (1): 89 – 94.

[113] Eisenhardt K M, Martin J A. Dynamic capabilities: What are they? [J]. Strategic Management Journal, 2000, 21 (10 – 11): 1105 – 1121.

[114] Essletzbichler J. Relatedness, industrial branching and technological cohesion in US metropolitan areas [J]. Regional Studies, 2015, 49 (5): 752 – 766.

[115] Evenett S, Venables A J. Export growth in developing countries: Market

entry and bilateral trade [R]. London School of Economics Working Paper, 2002.

[116] Fan J P H, Lang L H P. The measurement of relatedness: An application to corporate diversification [J]. Journal of Business, 2000, 73 (4): 629 –660.

[117] Farjoun M. The independent and joint effects of the skill and physical bases of relatedness in diversification [J]. Strategic Management Journal, 1998, 19 (7): 611 –630.

[118] Farjoun M. Beyond industry boundaries: Human expertise, diversification and resource – related industry groups [J]. Organization Science, 1994, 5 (2): 185 –199.

[119] Feenstra R C, Kee H L. Trade liberalisation and export variety: A comparison of Mexico and China [J]. The World Economy, 2007, 30 (1): 5 –21.

[120] Feenstra R C. New product varieties and the measurement of international prices [J]. The American Economic Review, 1994, 84 (1): 157 –177.

[121] Feenstra R, Ma H. Optimal choice of product scope for multiproduct firms under monopolistic competition [R]. National Bureau of Economic Research Working Paper, 2007.

[122] Felbermayr G J, Kohler W. Exploring the intensive and extensive margins of world trade [J]. Review of World Economics, 2006, 142 (4): 642 –674.

[123] Fernandes A P, Tang H. Learning to export from neighbors [J]. Journal of International Economics, 2014, 94 (1): 67 –84.

[124] Fink C, Mattoo A, Neagu I C. Assessing the impact of communication costs on international trade [J]. Journal of International Economics, 2005, 67 (2): 428 –445.

[125] Flam H, Nordström H. Euro effects on the intensive and extensive margins of trade [J]. Social Science Research Network, 2006 (1881).

[126] Frenken K, Boschma R A. A theoretical framework for evolutionary economic geography: Industrial dynamics and urban growth as a branching process [J]. Journal of Economic Geography, 2007, 7 (5): 635 –649.

[127] Frenken K, Van Oort F, Verburg T. Related variety, unrelated variety and regional economic growth [J]. Regional Studies, 2007, 41 (5): 685 – 697.

[128] Freund C L, Pierola M D. Export entrepreneurs: Evidence from Peru. World Bank Policy Research Working Paper, 2010.

[129] Freund C L, Weinhold D. The effect of the Internet on international trade [J]. Journal of International Economics, 2004, 62 (1): 171 – 189.

[130] Garmendia A, Llano C, Minondo A, Requena F. Networks and the disappearance of the intranational home bias [J]. Economics Letters, 2012, 116 (2): 178 – 182.

[131] Gertler M S. Rules of the game: The place of institutions in regional economic change [J]. Regional Studies, 2010, 44 (1): 1 – 15.

[132] Gertler M S. Tacit knowledge and the economic geography of context, or the undefinable tacitness of being (there) [J]. Journal of Economic Geography, 2003, 3 (1): 75 – 99.

[133] Girma S, Wakelin K. Regional underdevelopment: Is FDI the solution? A semiparametric analysis [R]. VCEPR Discussion Papers, 2001.

[134] Glasmeier A. Technological discontinuities and flexible production networks: The case of Switzerland and the world watch industry [J]. Research Policy, 1991, 20 (5): 469 – 485.

[135] Goldberg P K, Khandelwal A K, Pavcnik N, et al. Multiproduct firms and product turnover in the developing world: Evidence from India [J]. The Review of Economics and Statistics, 2010, 92 (4): 1042 – 1049.

[136] Grabher G. The weakness of strong ties: The lock – in of regional development in the Ruhr area [A] // Grabher G. The Embedded Firm On the Socioeconomics of Industrial Networks [C]. London Routledge, 1993: 255 – 277.

[137] Greenaway D, Sousa N, Wakelin K. Do domestic firms learn to export from multinationals? [J]. European Journal of Political Economy, 2004, 20 (4): 1027 – 1043.

［138］Greenstone M, Hornbeck R, Moretti E. Identifying agglomeration spillovers: Evidence from winners and losers of large plant openings ［J］. Journal of Political Economy, 2010, 118 （3）: 536 – 598.

［139］Griliches Z. Output measurement in the service sectors ［M］. Chicago: University of Chicago Press, 1992: 1 – 22.

［140］Grossman G M, Helpman E. Innovation and growth in the global economy ［M］. MIT Press, 1993.

［141］Guo Q, He C F, Li D Y. Entrepreneurship in China: The role of localisation and urbanisation economies ［J］. Urban Studies, 2016, 53 （12）: 2584 – 2606.

［142］Guo Q, He C F. Production space and regional industrial evolution in China ［J］. GeoJournal, 2017, 82 （2）: 379 – 396.

［143］Hagedoorn J. Inter – firm R&D partnerships: An overview of major trends and patterns since 1960 ［J］. Research Policy, 2002, 31 （4）: 477 – 492.

［144］Hausmann R, Hidalgo C. Country diversification, product ubiquity, and economic divergence ［R］. Social Science Research Network, Working Paper, 2010.

［145］Hausmann R, Klinger B. The structure of the product space and the evolution of comparative advantage ［R］. CID Working Paper, 2007.

［146］Haveman J, Hummels D. Alternative hypotheses and the volume of trade: The gravity equation and the extent of specialization ［J］. Canadian Journal of Economics/Revue Canadienne D'économique, 2004, 37 （1）: 199 – 218.

［147］He C F, Yan Y, Rigby D. Regional industrial evolution in China ［J］. Papers in Regional Science, 2018, 97 （2）: 173 – 198.

［148］Helfat C E, Peteraf M A. The dynamic resource – based view: Capability lifecycles ［J］. Strategic Management Journal, 2003, 24 （10）: 997 – 1010.

［149］Helpman E, Melitz M, Rubinstein Y. Estimating trade flows: Trading partners and trading volumes ［J］. The Quarterly Journal of Economics, 2008, 123 （2）: 441 – 487.

［150］Henderson J V, Kuncoro A, Turner, M. Industrial development in cities

［J］．Journal of Political Economy，1995，103（5）：1067 - 1085.

［151］Herander M G，Saavedra L A. Exports and the structure of immigrant - based networks：The role of geographic proximity［J］．Review of Economics and Statistics，2005，87（2）：323 - 335.

［152］Hidalgo C A，Hausmann R. The building blocks of economic complexity［J］．Proceedings of the National Academy of Sciences，2009，106（26）：10570 - 10575.

［153］Hidalgo C A，Klinger B，Barabási A L，et al. The product space conditions the development of nations［J］．Science，2007，317（5837）：482 - 487.

［154］Hidalgo C. The dynamics of economic complexity and the product space over a 42 year period［R］．Center for International Development Working Paper，2009.

［155］Hillberry R，McDaniel C. A decomposition of North American trade growth since NAFTA［J］．International Economic Review，USITC Publication，2002（3527）：1 - 6.

［156］Hodgson G M. Institutional economics into the twenty - first century［J］．Studie Note di Economia，2009，14（1）：3 - 26.

［157］Holmes，Thomas J. The diffusion of wal - mart and the economies of density［J］．Econometrica，2011，79（1）：253 - 302.

［158］Hummels D，Klenow P J. The variety and quality of a nation's exports［J］．American Economic Review，2005，75（3）：704 - 723.

［159］Iacovone L，Javorcik B S. Multi - product exporters：Product churning，uncertainty and export discoveries［J］．The Economic Journal，2010，120（544）：481 - 499.

［160］Iacovone L，Smarzynska Javorcik B. Multi - product exporters：Diversification and micro - level dynamics［R］．World Bank Policy Research Working Paper Series，2008.

［161］Impullitti G，Irarrazabal A A，Opromolla L D. A theory of entry into and exit from export markets [J]. Journal of International Economics, 2013, 90 (1): 75 - 90.

[162] Jaffe A B, Trajtenberg M, Henderson R. Geographic localization of knowledge spillovers as evidenced by patent citations [J]. Quarterly Journal of Economics, 1993, 108 (3): 577 - 598.

[163] Jaffe A B. Characterizing the "technological position" of firms, with application to quantifying technological opportunity and research spillovers [J]. Research Policy, 1989, 18 (2): 87 - 97.

[164] Jia P. What happens when Wal - Mart comes to town: An empirical analysis of the discount retailing industry [J]. Econometrica, 2008, 76 (6): 1263 - 1316.

[165] Jones B F, Olken B A. The anatomy of start - stop growth [J]. The Review of Economics and Statistics, 2008, 90 (3): 582 - 587.

[166] Kancs A. Trade growth in a heterogeneous firm model: Evidence from South Eastern Europe [J]. The World Economy, 2007, 30 (7): 1139 - 1169.

[167] Kehoe T J, Ruhl K J. How important is the new goods margin in international trade? [J]. Journal of Political Economy, 2013, 121 (2): 358 - 392.

[168] Kneller R, Pisu M. Industrial linkages and export spillovers from FDI [J]. The World Economy, 2007, 30 (1): 105 - 134.

[169] Koenig P, Mayneris F, Poncet S. Local export spillovers in France [J]. European Economic Review, 2010, 54 (4): 622 - 641.

[170] Koenig P. Agglomeration and the export decisions of French firms [J]. Journal of Urban Economics, 2009, 66 (3): 186 - 195.

[171] Krautheim S. Heterogeneous firms, exporter networks and the effect of distance on international trade [J]. Journal of International Economics, 2012, 87 (1): 27 - 35.

[172] Krugman P R. Geography and trade [M]. Massachusetts: MIT Press, 1991.

［173］Krugman P. Scale economies, product differentiation, and the pattern of trade ［J］. The American Economic Review, 1980, 70 (5): 950 – 959.

［174］Lacovone L, Smarzynska Javorcik B. Multi – product exporters: Diversification and micro – level dynamics ［R］. World Bank Policy Research Working Paper Series, 2008.

［175］Lawrence R Z, Weinstein D E. Trade and growth: Import – led or export – led? Evidence from Japan and Korea ［R］. National Bureau of Economic Research Working Paper, 1999.

［176］Lawson C. Towards a competence theory of the region ［J］. Cambridge Journal of Economics, 1999, 23 (2): 151 – 166.

［177］Lemelin A. Relatedness in the patterns of interindustry diversification ［J］. The Review of Economics and Statistics, 1982, 64 (4): 646 – 657.

［178］Lychagin S, Pinkse J, Slade M E, et al. Spillovers in space: Does geography matter? ［R］National Bureau of Economic Research Working Paper, 2010.

［179］Ma A C. Export spillovers to Chinese firms: Evidence from provincial data ［J］. Journal of Chinese Economic and Business Studies, 2006, 4 (2): 127 – 149.

［180］MacDonald J M. R&D and the directions of diversification ［J］. The Review of Economics and Statistics, 1985, 67 (4): 583 – 590.

［181］MacKinnon D, Cumbers A, Pyke A, et al. Evolution in economic geography: Institutions, political economy, and adaptation ［J］. Economic Geography, 2009, 85 (2): 129 – 150.

［182］Mahoney J T, Pandian J R. The resource – based view within the conversation of strategic management ［J］. Strategic Management Journal, 1992, 13 (5): 363 – 380.

［183］Malmberg A, Malmberg B, Lundequist P. Agglomeration and firm performance: Economies of scale, localisation, and urbanisation among Swedish export firms ［J］. Environment and Planning A, 2000, 32 (2): 305 – 322.

［184］Manova K, Zhang Z. China's exporters and importers: Firms, products and trade partners [R] . National Bureau of Economic Research Working Paper, 2009.

[185] Markusen A. Sticky places in slippery space: A typology of industrial districts [J] . Economic Geography, 1996, 72 (3): 293 –313.

[186] Marshall A. Principles of Economics [M] . London: Macmillan, 1920.

[187] Martin R, Sunley P. Path dependence and regional economic evolution [J] . Journal of Economic Geography, 2006, 6 (4): 395 –437.

[188] Maskell P, Malmberg A. The competitiveness of firms and regions "Ubiquitification" and the importance of localized learning [J] . European Urban and Regional Studies, 1999, 6 (1): 9 –25.

[189] Maskell P. Towards a knowledge – based theory of the geographical cluster [J] . Industrial and Corporate Change, 2001, 10 (4): 921 –943.

[190] Maurseth P B, Medin H. Market – specific sunk export costs: The impact of learning and spillovers [J] . World Economy, 2016, 40 (6): 1105 –1127.

[191] Mayer T, Melitz M J, Ottaviano G I P. Market size, competition, and the product mix of exporters [J] . American Economic Review, 2014, 104 (2): 495 – 536.

[192] Mayneris F, Poncet S. Chinese firms' entry to export markets: The role of foreign export spillovers [J] . The World Bank Economic Review, 2015, 29 (1): 150 –179.

[193] Melitz M J. The impact of trade on intra – industry reallocations and aggregate industry productivity [J] . Econometrica, 2003, 71 (6): 1695 –1725.

[194] Meyer – Stamer J. Path dependence in regional development: Persistence and change in three industrial clusters in Santa Catarina, Brazil [J] . World Development, 1998, 26 (8): 1495 –1511.

[195] Morales E, Sheu G, Zahler A. Gravity and extended gravity: Estimating a structural model of export entry [R] . MPRA Paper, 2011.

[196] Moxnes A. Are sunk costs in exporting country specific? [J] . Canadian

Journal of Economics/Revue canadienne d'économique, 2010, 43 (2): 467 –493.

[197] Muñoz – Sepúlveda J A, Rodriguez D. Geographical and industrial spillovers in entry decisions across export markets [J]. Applied Economics, 2015, 47 (39): 4168 –4183.

[198] Neffke F, Hartog M, Boschma R, et al. Agents of structural change: The role of firms and entrepreneurs in regional diversification [J]. Economic Geography, 2018, 94 (1): 23 –48.

[199] Neffke F, Henning M, Boschma R. How do regions diversify over time? Industry relatedness and the development of new growth paths in regions [J]. Economic Geography, 2011, 87 (3): 237 –265.

[200] Neffke F, Henning M. Skill relatedness and firm diversification [J]. Strategic Management Journal, 2013, 34 (3): 297 –316.

[201] Nelson R R, Winter S G. An evolutionary theory of economic change [M]. Cambridge: Harvard University Press, 1982.

[202] Nelson R R. The co – evolution of technology, industrial structure, and supporting institutions [J]. Industrial and Corporate Change, 1994, 3 (1): 47 –63.

[203] Nocke V, Yeaple S. Globalization and endogenous firm scope [R]. National Bureau of Economic Research Working Paper, 2006.

[204] Nooteboom B, Van Haverbeke W, Duysters G, et al. Optimal cognitive distance and absorptive capacity [J]. Research Policy, 2007, 36 (7): 1016 –1034.

[205] Nooteboom B. Learning by interaction: Absorptive capacity, cognitive distance and governance [J]. Journal of Management and Governance, 2000, 4 (1 – 2): 69 –92.

[206] Orlando M J. Measuring spillovers from industrial R&D: On the importance of geographic and technological proximity [J]. The RAND Journal of Economics, 2004 (35): 777 –786.

[207] Penrose E T. The theory of the growth of the firm [M]. New York: John Wiley, 1959.

[208] Peri G. Determinants of knowledge flows and their effect on innovation [J]. Review of Economics and Statistics, 2005, 87 (2): 308 – 322.

[209] Persson M. Trade facilitation and the EU – ACP economic partnership agreements [J]. Journal of Economic Integration, 2008 (8): 518 – 546.

[210] Peteraf M A. The cornerstones of competitive advantage: A resource – based view [J]. Strategic Management Journal, 1993, 14 (3): 179 – 191.

[211] Pfirrmann O. The geography of innovation in small and medium – sized firms in West Germany [J]. Small Business Economics, 1994, 6 (1): 41 – 54.

[212] Pike A, Birch K, Cumbers A, et al. A geographical political economy of evolution in economic geography [J]. Economic Geography, 2009, 85 (2): 175 – 182.

[213] Poncet S, De Waldemar F S. Product relatedness and firm exports in China [J]. World Bank Economic Review, 2015, 29 (3): 579 – 605.

[214] Porter M. The economic performance of regions [J]. Regional Studies, 2003, 37 (6 – 7): 545 – 546.

[215] Ramos R, Moral – Benito E. Agglomeration by export destination: Evidence from Spain [J]. Journal of Economic Geography, 2018, 18 (3): 599 – 625.

[216] Rauch J E, Casella A. Overcoming informational barriers to international resource allocation: Prices and ties [J]. The Economic Journal, 2003, 113 (484): 21 – 42.

[217] Rauch J E, Trindade V. Ethnic Chinese networks in international trade [J]. Review of Economics and Statistics, 2002, 84 (1): 116 – 130.

[218] Rauch J E. Networks versus markets in international trade [J]. Journal of International Economics, 1999, 48 (1): 7 – 35.

[219] Requena F, Castillo J. Information spillovers and the decision about where to export: Evidence from Spanish young SMEs [J]. Small Business Economics, 2007 (28): 69 – 86.

[220] Rhee Y W, Belot T, Banque mondiale. Export catalysts in low – income

countries: A review of eleven success stories [M]. Washington DC: World Bank, 1990.

[221] Roberts M J, Tybout J R. The decision to export in Colombia: An empirical model of entry with sunk costs [J]. The American Economic Review, 1997, 8 (4): 545 – 564.

[222] Rodríguez – Pose A. Do institutions matter for regional development [J]. Regional Studies, 2013, 47 (7): 1034 – 1047.

[223] Romer P M. Increasing returns and long – run growth [J]. The Journal of Political Economy, 1986, 94 (5): 1002 – 1037.

[224] Rosenthal S, Strange W. Geography, industrial organization, and agglomeration [J]. The Review of Economics and Statistics 2003 (85): 377 – 393.

[225] Ruane F, Sutherland J M. Foreign direct investment and export spillovers: How do export platforms fare? [R]. SSRN Discussion Paper, 2005.

[226] Schamp E W. On the notion of co – evolution in economic geography [A] //Boschma R, Martin R. Handbook of evolutionary economic geography [C]. Cheltenham, UK: Edward Elgar Publishing, 2010: 432 – 449.

[227] Shenkar O. Cultural distance revisited: Towards a more rigorous conceptua lization and measurement of cultural differences [J]. Journal of International Business Studies, 2012, 43 (1): 1 – 11.

[228] Silvente F R and Giménez J C. Information spillovers and the choice of export destination: A multinomial logit analysis of spanish young smes [J]. Small Business Economics, 2007, 28 (1): 69 – 86.

[229] Simon H A. Bounded rationality and organizational learning [J]. Organization Science, 1991, 2 (1): 125 – 134.

[230] Sinani E, Hobdari B. Export market participation with sunk costs and firm heterogeneity [J]. Applied Economics, 2010, 42 (25): 3195 – 3207.

[231] Singh T. Does international trade cause economic growth? A survey [J]. The World Economy, 2010, 33 (11): 1517 – 1564.

[232] Sternberg R, Arndt O. The firm or the region: What determines the innovation behavior of European firms? [J]. Economic Geography, 2001, 77 (4): 364 – 382.

[233] Storper M. The resurgence of regional economies, ten years later the region as a nexus of untraded interdependencies [J]. European Urban and Regional Studies, 1995, 2 (3): 191 – 221.

[234] Subramanian A, Wei S J. The WTO promotes trade, strongly but unevenly [J]. Journal of International Economics, 2007, 72 (1): 151 – 175.

[235] Swenson D L, Chen H. Multinational exposure and the quality of new Chinese exports [J]. Oxford Bulletin of Economics and Statistics, 2014, 76 (1): 41 – 66.

[236] Swenson D L. Multinationals and the creation of Chinese trade linkages [J]. Canadian Journal of Economics/Revue Canadienne D'économique, 2008, 41 (2): 596 – 618.

[237] Tadesse B, White R. Cultural distance as a determinant of bilateral trade flows: Do immigrants counter the effect of cultural differences? [J]. Applied Economics Letters, 2010, 17 (2): 147 – 152.

[238] Tang L. Communication costs and trade of differentiated goods [J]. Review of International Economics, 2006, 14 (1): 54 – 68.

[239] Teece D J, Pisano G, Shuen A. Dynamic capabilities and strategic management [J]. Strategic Management Journal, 1997, 18 (7): 509 – 533.

[240] Teece D J, Rumelt R, Dosi G, et al. Understanding corporate coherence: Theory and evidence [J]. Journal of Economic Behavior & Organization, 1994, 23 (1): 1 – 30.

[241] Teece D J. Economies of scope and the scope of the enterprise [J]. Journal of Economic Behavior & Organization, 1980, 1 (3): 223 – 247.

[242] Teece D J. Towards an economic theory of the multiproduct firm [J]. Journal of Economic Behavior & Organization, 1982, 3 (1): 39 – 63.

[243] Thompson P, Fox – Kean M. Patent citations and the geography of know

ledge spillovers: A reassessment [J]. American Economic Review, 2005, 95 (1): 450 – 460.

[244] Timmermans B, Boschma R. The effect of intra – and inter – regional labour mobility on plant performance in Denmark: The significance of related labour inflows [J]. Journal of Economic Geography, 2014, 14 (2): 289 – 311.

[245] Tinbergen J. Shaping the World Economy: Suggestions for an International Economic Policy [M]. New York: The Twentieth Century Fund, 1962.

[246] Tödtling F, Kaufmann A. Innovation systems in regions of Europe—A comparative perspective [J]. European Planning Studies, 1999, 7 (6): 699 – 717.

[247] Turco A L, Maggioni D. [J]. Journal of Economic Geography, 2016, 16 (5): 975 – 1006.

[248] Tushman M L, Anderson P. Technological discontinuities and organizational environments [J]. Administrative Science Quarterly, 1986, 31 (3): 439 – 465.

[249] Wang C C, Lin G C S. Dynamics of innovation in a globalizing china: Regional environment, inter – firm relations and firm attributes [J]. Journal of Economic Geography, 2013, 13 (3): 397 – 418.

[250] Wernerfelt B. A resource – based view of the firm [J]. Strategic Management Journal, 1984, 5 (2): 171 – 180.

[251] Woiceshyn J, Daellenbach U. Integrative capability and technology adoption: Evidence from oil firms [J]. Industrial and Corporate Change, 2005, 14 (2): 307 – 342.

[252] Zahler A. Decomposing world export growth and the relevance of new destinations [R]. University Library of Munich Germany Working Paper, 2007.

[253] Zhu S J, He C F, Zhou Y. How to jump further and catch up? Path – breaking in an uneven industry space [J]. Journal of Economic Geography, 2017, 17 (3): 521 – 545.

[254] Zollo M, Winter S G. Deliberate learning and the evolution of dynamic capabilities [J]. Organization Science, 2002, 13 (3): 339 – 351.

附录　产业分类对应表

行业编码	制造业两位数名称	行业大类汇总
13	农副食品加工业	食品制造及烟草加工业
15	饮料制造业	食品制造及烟草加工业
16	烟草制品业	食品制造及烟草加工业
17	纺织业	纺织服装业
18	纺织服装、鞋、帽制造业	纺织服装业
19	皮革、毛皮、羽毛（绒）及其制品业	纺织服装业
20	木材加工及木、竹、藤、棕、草制品业	木材加工及家具制造业
21	家具制造业	木材加工及家具制造业
22	造纸及纸制品业	造纸印刷及文教用品制造业
23	印刷业和记录媒介的复制	造纸印刷及文教用品制造业
24	文教体育用品制造业	造纸印刷及文教用品制造业
25	石油加工、炼焦及核燃料加工业	化学工业
26	化学原料及化学制品制造业	化学工业
27	医药制造业	化学工业
28	化学纤维制造业	化学工业
29	橡胶制品业	化学工业
30	塑料制品业	化学工业
31	非金属矿物制品业	非金属矿物制品业
32	黑色金属冶炼及压延加工业	金属冶炼及制品业
33	有色金属冶炼及压延加工业	金属冶炼及制品业

续表

行业编码	制造业两位数名称	行业大类汇总
34	金属制品业	金属冶炼及制品业
35	通用设备制造业	机械工业
36	专用设备制造业	机械工业
37	交通运输设备制造业	交通运输设备制造业
39	电气机械及器材制造业	电气机械及电子通信设备制造业
40	通信设备、计算机及其他电子设备制造业	电气机械及电子通信设备制造业
41	仪器仪表及文化、办公用机械制造业	其他制造业
42	工艺品及其他制造业	其他制造业